suhrkamp taschenbuch 1857

Bernard Shaw, geboren am 26. Juli 1856 in Dublin, ist am 2. November 1950 in Ayot St. Lawrence/Hertfordshire gestorben. Er gilt als meistgespielter Dramatiker unseres Jahrhunderts, seine Stücke zählen zu den weltweit erfolgreichsten aller Zeiten. 1925 wurde Shaw mit dem Nobelpreis ausgezeichnet.

Eine »Debatte« hat er sein umstrittenes Bühnenstück unter dem sachlichen Titel *Heiraten* genannt, das kaum der herkömmlichen Vorstellung eines vor allem durch Handlung belebten Dramas entspricht. Die Dialogkunst des virtuosen Rhetorikers erreicht mit dem brisanten Thema der Ehe und ihrer individuellen wie sozialpolitischen Problematik einen Höhepunkt der Auseinandersetzung mit verschiedenen Wertvorstellungen und Konventionen.

Das Stück, als Buchausgabe hier erstmals in neuer Übersetzung, wird von der berühmt-berüchtigten Vorrede Shaws, einem Essay über den »Aufstand gegen die Ehe« eingeleitet, dem im Lauf der Jahre eine fast größere Aufmerksamkeit zuteil wurde als dem Bühnenwerk selbst. Der Autor überdenkt auf die ihm eigene fulminante Weise Fragen wie: Ist die Ehe unvermeidlich? Oder ein Überrest sexueller Sklaverei? Ist sie pathologisch, kriminell oder tatsächlich eine Erhöhung des Daseins zweier freier Individuen? Könnte in einem gegebenen Fall nicht auch die Scheidung eine sakramentale Pflicht sein?

Der alte Bernard Shaw wird gegen Ende seines Lebens, nach fünfundvierzigjähriger Ehe, die eheliche Gemeinschaft als ein »Mysterium« bezeichnen, der jüngere Skeptiker beleuchtet sie in seinem 1907/1908 entstandenen Stück *Heiraten* als ein riskantes und deshalb möglichst vorher zu regelndes Unternehmen, dem er alle Sympathie entgegenbringt, jedoch nicht auf Kosten der Menschenwürde.

Bernard Shaw
Gesammelte Stücke in
Einzelausgaben

Herausgegeben von
Ursula Michels-Wenz

Band 8

Bernard Shaw
Heiraten

Eine Debatte

Deutsche Erstausgabe
in der Übersetzung
von Dieter Hildebrandt

*Mit der Vorrede
des Autors*

Suhrkamp

Originaltitel: *Getting Married*
Erstmals erschienen in dem Sammelband: *The Doctor's Dilemma, Getting Married* und *The Shewing-Up of Blanco Posnet*, London 1911. Die erste deutsche Übersetzung erschien noch vor der englischen Ausgabe unter dem Titel *Ehe*, Berlin 1910; später als *Heiraten*. Übersetzung der Vorrede in diesem Band von Siegfried Trebitsch, redigiert von Ursula Michels-Wenz.
Umschlagbild: Bernard Shaw. Foto: The Raymond Mander and Joe Mitchenson Theatre Collection

suhrkamp taschenbuch 1857
Erste Auflage 1991

Satz: Uhl + Massopust, Aalen
Druck: Nomos Verlagsgesellschaft Baden-Baden
Printed in Germany
Umschlag nach Entwürfen von
Willy Fleckhaus und Rolf Staudt

1 2 3 4 5 6 – 96 95 94 93 92 91

Vorrede zu *Heiraten*

Inhalt:

Der Aufstand gegen die Ehe

Über kein Thema wird mehr gefährlicher Unsinn geredet und gedacht als über die Ehe. Wenn sich der Unfug auf Reden und Denken beschränkte, wäre es schon schlimm genug, aber er geht weiter und übt eine verheerend anarchische Wirkung aus. Weil unsere Ehegesetzgebung so unmenschlich und widersinnig ist, daß man sie geradezu verabscheuen muß, gehen die kühneren und rebellischen Geister illegitime Verhältnisse ein und versenden herausfordernde Anzeigen an ihre Freunde, in denen sie verkünden, was sie getan haben. Junge Frauen kommen zu mir und fragen mich, ob ich der Ansicht sei, daß sie in die Heirat mit dem Mann, mit dem zu leben sie sich entschlossen haben, einwilligen sollten; und sie sind sprachlos und bestürzt, wenn ich, der ich (Gott weiß wieso) den Ruf genieße, über dieses Thema jeweils die fortschrittlichsten Ansichten zu haben, ihnen dringend rate, sich auf keinen Fall zu kompromittieren ohne die Sicherheit eines authentischen Eheringes. Sie führen das Beispiel George Eliots an, die ein illegitimes Verhältnis mit Lewes einging. Sie zitieren ein Nietzsche zugeschriebenes Sprichwort, daß ein verheirateter Philosoph lächerlich sei, obwohl die Männer ihrer Wahl keine Philosophen sind. Wenn sie schließlich die Idee, unsere Eheeinrichtungen durch private Initiative und persönliche Rechtschaffenheit zu reformieren, fallenlassen und einwilligen, zum Standesamt oder sogar zum Altar geführt zu werden, bestehen sie darauf, zuerst ein ausdrückliches Übereinkommen zu treffen, wonach beide Parteien trotz der gesetzlichen Bande vollkommen frei sein sollen, nach Lust und Laune an jeder Blume zu naschen. Ich kann nicht finden, daß sich ihre Ehen als weniger monogam erweisen als diejenigen anderer Leute; tatsächlich ist es eher umgekehrt. Infolgedessen weiß ich nicht, ob sie weniger Aufhebens machen als gewöhnliche Menschen, wenn eine der beiden Parteien von der Vertragsklausel profitieren will; aber die Existenz des Vertrages zeigt dieselbe anarchische Auffassung, das Gesetz könne von zwei beliebigen Privatpersonen einfach dadurch umgangen werden, daß man einander verspricht, es zu ignorieren.

Die Ehe trotzdem unvermeidlich

Nun sind aber die meisten Gesetze – und eigentlich sollten es alle sein – stärker als das stärkste Individuum. Sicherlich ist es das Ehegesetz. Die einzigen, die ihm erfolgreich ausweichen, sind diejenigen, die sich tatsächlich seinen Schutz verschaffen, indem sie vorgeben, verheiratet zu sein, wenn sie es nicht sind, und Bohemiens, die keine Positionen zu verlieren und keine Karriere aufzugeben haben. In jedem andern Fall bedeutet offene Verletzung der Ehegesetze entweder völligen Ruin oder so viel Ungemach und Schädigung, daß ein kluger Mann oder eine kluge Frau sich lieber zehnmal verheiraten würde, als solches auf sich zu nehmen. Und diese Schädigung, dieses Ungemach sind nicht einmal der Preis der Freiheit; denn wie Brieux in »Les Hannetons« so überzeugend gezeigt hat, erweist sich ein eingestandenermaßen illegitimes Verhältnis in der Praxis oft als ebenso tyrannisch und unausweichlich wie das schlimmste legitime.

Wir können also annehmen, daß, wenn eine Wohngemeinschaft erwogen wird und somit Kinder- und Eigentumsfragen eine Rolle spielen, die Ehe tatsächlich für alle normalen Menschen obligatorisch ist. Solange das Gesetz nicht geändert ist, bleibt uns nichts andres übrig, als daraus, wie es eben jetzt ist, das Beste zu machen. Selbst wenn keine solche Gemeinschaft gewünscht wird, fallen heimliche Unregelmäßigkeiten als Alternative zur Ehe nicht ins Gewicht. Wie verbreitet diese sind, weiß niemand; denn trotz des mächtigen Schutzes, der den Beteiligten durch das Gesetz gegen Verleumdung gewährt wird, und obwohl die Gesellschaft aus verschiedenen Gründen bereit ist, sich hinters Licht führen zu lassen, wenn nur der allerdurchsichtigste Schein gewahrt wird, werden die meisten wahrscheinlich niemals verdächtigt. Aber diese Unregelmäßigkeiten sind weder würdig noch sicher noch angenehm, was sie für durchschnittlich anständige Menschen von selbst unmöglich macht. Die Ehe bleibt praktisch unvermeidlich, und je früher wir dies zur Kenntnis nehmen, desto eher werden wir trachten, sie anständig und vernünftig zu gestalten.

Was bedeutet das Wort: Ehe?

Wie sehr wir auch alle durch die Ehe leiden mögen, so denken doch die meisten von uns so wenig über sie nach, daß wir sie als festen Bestandteil der Weltordnung betrachten wie das Gesetz der Schwerkraft. Außer diesem Irrtum, der als konstant betrachtet werden kann, gebrauchen wir das Wort mit bedenkenloser Ungenauigkeit, indem wir ein Dutzend verschiedener Dinge damit meinen und dennoch immer annehmen, daß es für einen anständigen Menschen nur eine Bedeutung haben könne. Der fromme Bürger, der zum Beispiel den Sozialisten unaussprechlicher Dinge verdächtigt und ihn aufgeregt fragt, ob er die Ehe abschaffen wolle, regt sich über die unbeantwortbare Spitzfindigkeit auf, wenn der Sozialist ihn fragt, welche besondere Art von Ehe er denn meine: ob die englische Zivilehe, die kirchliche Ehe, die unauflösbare römisch-katholische Ehe, die Ehe zwischen Geschiedenen, die schottische Ehe, die irische Ehe, die französische, deutsche, türkische Ehe oder diejenige von Süd-Dakota. In Schweden, einem der höchstzivilisierten Länder der Welt, wird eine Ehe auf Wunsch beider Parteien aufgelöst, gleichgültig wie sie geführt wurde. Das bedeutet »Ehe« in Schweden. In Clapham nennt man das mit einer sinnlosen Bezeichnung »freie Liebe«. Im britischen Weltreich haben wir unbeschränkte kulinische Polygamie, mohammedanische Polygamie, die auf vier Frauen beschränkt ist, Kinderehen und, näher dem Mutterland, Ehen zwischen Vettern ersten Grades; alles Greuel in den Augen mancher würdiger Personen. Nicht nur kann der ehrbare britische Verfechter der Ehe irgendeine dieser sehr verschiedenen Einrichtungen meinen; manchmal meint er überhaupt nicht die Ehe. Er meint die Monogamie, die Keuschheit, die Mäßigkeit, die Ehrbarkeit, die Moral, die christliche Gesinnung, den Antisozialismus und ein Dutzend anderer Dinge, die nicht wirklich etwas mit der Ehe zu tun haben. Oft meint er etwas, was er nicht einzugestehen wagt: zum Beispiel den Besitz der Persönlichkeit eines anderen Menschen. Und niemals gesteht er die Wahrheit über seine eigene Ehe, weder sich selbst noch einem anderen.

Mit jenen Individualisten, die im neunzehnten Jahrhundert von der völligen Abschaffung der Ehe träumten, mit der Begründung, das sei Privatangelegenheit zwischen zwei Menschen und die Gesellschaft habe nichts damit zu schaffen, brauchen wir uns jetzt nicht mehr abzugeben. Die Mode »nur für sich selbst verantwortlich zu sein«, ist vorüber, und wir dürfen diskussionslos annehmen, daß Gemeinschaften mit dem Zweck der Familiengründung auch in Zukunft vom Staat registriert und reguliert werden. Eine solche Registrierung ist die Ehe, und sie wird auch künftig Ehe genannt werden, wenn die Bedingungen der Registrierung sich längst so sehr verändert haben, daß kein heute [d. i. 1908] lebender Bürger sie als Ehebedingungen erkennen würde, wenn er wieder auf die Welt käme. Daher steht die Abschaffung der Ehe außer Frage. Ein sehr dringendes Problem ist jedoch die Verbesserung ihrer Bedingungen. Ich habe noch nie jemanden getroffen, der wirklich für die Aufrechterhaltung der Ehe war, so wie sie jetzt in England besteht. Ein Katholik gehorcht vielleicht seiner Kirche, indem er wörtlich der Lehre von der unauflösbaren Ehe zustimmt. Aber niemand, der in Betracht kommt, glaubt unmittelbar, frei und instinktiv, daß, wenn jemand einen Mord begeht und dafür zwanzig Jahre ins Gefängnis kommt, der freie und unschuldige Gatte oder die Gattin dieses Mörders durch die Ehe gebunden bleiben soll. Um es kurz zu machen: Ein Vertrag auf Gedeih und Verderb ist ein

Vertrag, der nicht toleriert werden sollte. Tatsächlich wird er nicht einmal von der römisch-katholischen Kirche restlos toleriert, denn römisch-katholische Ehen können vom Papst, wenn auch nicht von den weltlichen Gerichtshöfen, aufgelöst werden. Die unauflösliche Ehe ist eine akademische Fiktion, nur von Ledigen verfochten und von angenehm verheirateten Leuten, die sich vorstellen, daß, wenn andere Paare sich unbehaglich fühlen, es ihre eigene Schuld sein müsse, genauso wie reiche Leute sich gerne vorstellen, daß anderen Leuten, wenn sie arm sind, recht geschieht. Es gibt immer eine Möglichkeit der Auflösung. Die Bedingungen der Auflösung können sehr verschieden sein, angefangen mit denen, unter welchen Heinrich VIII die Scheidung von Katharina von Aragon erlangte, bis zu den Vorwänden, deretwegen Amerikanerinnen die Scheidung erhalten (zum Beispiel »seelische Angstzustände«, dadurch verursacht, daß der Mann unterließ, seine Zehennägel zu schneiden). Aber es gibt immer einen Punkt, bei dem die Theorie der unverletzbaren »Ehe auf Gedeih und Verderb« in der Praxis zusammenbricht. Süd-Carolina hat zwar ein Gesetz erlassen, das wir als Mißgeburt bezeichnen können: Es erklärt, eine Ehe könne unter keinen Umständen geschieden werden. Doch wird ein solcher Widersinn wahrscheinlich durch die bloße Macht der Umstände außer Kraft gesetzt oder ergänzt werden, noch ehe diese Worte in Druck gegangen sind. Die einzige Frage, die erwogen werden muß, ist diejenige nach den Bedingungen der Scheidung.

Überreste der sexuellen Sklaverei

Wenn wir uns die allgemeine romantische Auffassung zu eigen machen, wonach das Ziel der Ehe die Glückseligkeit sei, dann ist der wichtigste Grund für die Scheidung einer Ehe, daß sie der einen oder andern Partei oder beiden unangenehm ist. Wenn wir die Ansicht vertreten, das Ziel der Ehe sei die

Sorge um Zeugung und Erziehung von Kindern, dann sollte Kinderlosigkeit ein triftiger Grund für die Scheidung sein. Da keiner dieser Gründe verheiratete Personen zur Scheidung berechtigt, ist es ohne weiteres klar, daß unser Ehegesetz auf keiner der beiden Annahmen beruht. Worauf es wirklich beruht, ist die Moral des Zehnten Gebotes, und die Engländerinnen werden es eines Tages schon fertigbringen, dieses von den Wandtafeln unserer Kirche zu tilgen, wenn sie sich weigern, ein Gebäude zu betreten, in welchem sie öffentlich in einem Atemzug mit dem Haus des Mannes, seinem Ochsen und seinem Esel als seiner beweglichen Habe angeführt werden. Zufolge dieser Moral gilt weiblicher Ehebruch als bösartiges Hintergehen von seiten der Frau und als Diebstahl von seiten des Mannes, während männlicher Ehebruch mit einer unverheirateten Frau überhaupt kein Vergehen ist. Aber obwohl dies nicht nur die Theorie unserer Ehegesetze, sondern auch die praktische Moral vieler von uns ist, so ist es doch keine anerkannte Moral mehr, noch hängt ihr Fortbestehen von der Ehe ab; denn die Abschaffung der Ehe würde, falls andere Dinge unverändert blieben, die Frauen tatsächlich in noch stärkerer Sklaverei halten, als sie es jetzt sind. Wir werden später die Frage der wirtschaftlichen Abhängigkeit der Frauen von den Männern behandeln; im Augenblick aber beschränken wir uns besser auf die Theorien über die Ehe, die einzugestehen und zu verteidigen wir uns nicht schämen, und auf Grund derer die Ehereformatoren werden vorgehen müssen.

Wir dürfen, glaube ich, vom Gebiet der praktischen Politik die extreme priesterliche Auffassung der Ehe als eines heiligen und unauflöslichen Vertrages ausschalten, weil sie, obschon durch unglückliche Ehen unterstützt, wie aller Fanatismus durch menschliche Opfer unterstützt wird, durch die Einführung der Zivilehe und der Scheidung zu einer privaten und sozial nicht handhabbaren Exzentrizität geworden ist. Theoretisch sind unsere standesamtlich verheirateten Paare für einen Katholiken unverheiratete Paare; das heißt, sie leben in offener Sünde.

Praktisch werden diese Paare in der Gesellschaft, von Katholiken und allen anderen Menschen, jedoch ebenso aufgenommen wie kirchlich verheiratete Paare; dasselbe gilt für Leute, die von ihren Frauen oder Männern geschieden sind und sich wieder verheiratet haben. Dennoch wird die Ehe von der öffentlichen Meinung so stürmisch erzwungen, daß die leiseste Andeutung von Nachlässigkeit in ihrer Befürwortung selbst für den höchsten und besten Ruf verhängnisvoll ist, obwohl man einer Nachlässigkeit im persönlichen Betragen mit grinsender Toleranz zublinzelt. So machen wir die Erfahrung, daß der tadellos lebende Shelley als Teufel in menschlicher Gestalt bezeichnet wird, während Nelson, der seine Frau vor aller Welt verließ und mit Sir William und Lady Hamilton einen »ménage à trois« bildete, vergöttert wird. Shelley hätte in jeder Grafschaft Englands ein uneheliches Kind haben dürfen, wenn er offen als Sünder vorgegangen wäre. Sein unverzeihliches Verbrechen bestand darin, daß er die Ehe als Institution angriff. Wir empfinden ihm gegenüber eine seltsame Bedrängnis, die aus Schrecken und Haß besteht, wie gegen jemand, der uns mit einer tödlichen Verletzung bedroht. Was ist das Element in seinen Vorschlägen, das diese Wirkung hervorbringt?

Auf die Antwort der Spezialisten haben wir bereits angespielt: daß nämlich der Angriff auf die Ehe ein Angriff auf den Besitz ist. Daher ist Shelley für einen Ehemann etwas Verdammenswerteres als ein Pferdedieb – nämlich ein Frauendieb – und für eine Ehefrau etwas Verdammenswerteres als ein Einbrecher – nämlich jemand, der ihr das Haus ihres Gatten über ihrem Kopf wegstiehlt und sie mittel- und namenlos auf der Straße zurückläßt. Nun erklärt dies ohne Zweifel ein gut Teil des Vorurteiles gegen Shelley; eines Vorurteiles, das in unseren Gewohnheiten so tief verwurzelt ist, daß, wie ich in meinem Stück gezeigt habe, Männer, die noch kühnere Freidenker sind als Shelley, sich ebensowenig zu einem Ehebruch zwingen können wie zu irgendeinem gewöhnlichen Diebstahl, während Frauen, die sexuelle Sklaverei noch wütender hassen als

Mary Wollstonecraft, unfähig sind, die Unsicherheit und Entwürdigung des Vagabundenlebens auf sich zu nehmen, das für eine herrenlose Frau die einzige Alternative zum Zölibat ist. Aber trotz alledem gibt es einen Aufstand gegen die Ehe, und er hat sich innerhalb meiner Lebenszeit sehr schnell ausgebreitet. Wir alle glauben zwar noch immer an die Existenz einer riesigen und gefährlichen Majorität, welche die leiseste Andeutung von Skepsis gegenüber der Schönheit und Heiligkeit der Ehe als infam und verabscheuungswürdig betrachtet. Aber manchmal wundere ich mich, warum es so schwierig ist, ein authentisches, lebendes Mitglied dieser gefürchteten Armee der Konvention außerhalb der Masse von Leuten zu finden, die überhaupt nie über öffentliche Fragen nachdenken und die, trotz ihres zahlenmäßigen Gewichts und ihrer anscheinend unbesiegbaren Vorurteile, heutzutage soziale Änderungen ebenso zahm aufnehmen, wie ihre Ahnen die Reformation unter Heinrich und Eduard aufnahmen, die Restauration unter Maria, und, nach Marias Tod, das wunderliche Gebräu, welches Elisabeth aus beiden Lehren zusammenmischte und die »Artikel der Kirche von England« nannte. Wenn alles dem einfachen Volk überlassen bliebe, gäbe es überhaupt nie irgendwelche Änderungen, und die Gesellschaft würde zugrunde gehen wie eine Schlange, die ihre Haut nicht abstoßen kann. Ihnen zum Trotz wechselt aber die Schlange ihre Haut, und es gibt Zeichen dafür, daß unser Ehegesetz denkende Menschen beunruhigt und bald abgestoßen werden wird, ob nun die andern damit zufrieden sind oder nicht. Daher erhebt sich die Frge: Was gibt es in der Ehe, was die denkenden Menschen so sehr beunruhigt?

Der neue Angriff auf die Ehe

Die Antwort auf diese Frage ist eine Antwort, die jedermann weiß und keiner gerne gibt. Was unsere Geistlichen und Staatsmänner dazu treibt, schließlich mit ihr herauszuplat-

zen, ist die einfache Tatsache, daß die Ehe eben jetzt das Land mit solch erschreckender Schnelligkeit zu entvölkern beginnt, daß wir gezwungen sind, unsere Schamhaftigkeit abzuwerfen wie Menschen, die, von einem Feueralarm geweckt, im Nachthemd oder überhaupt ohne Kleider auf die Straße stürzen. Der fiktive Anhänger der freien Liebe, von dem man glaubte, daß er die Ehe angreife, weil sie seinen ordnungswidrigen Gefühlen ein Hindernis entgegensetze und ihn davon abhalte, aus dem Leben einen Karneval zu machen, ist verschwunden und durch den sehr wirklichen, sehr starken, sehr strengen Rächer des verletzten Anstands ersetzt worden, der erklärt, daß die Ausschweifung der Ehe jetzt, wo sie die menschliche Rasse nicht mehr erneuert, diese zerstört.
Wie üblich ist dieser Frontwechsel noch nicht bemerkt worden von unsern Zeitungskämpfern und von den vorstädtischen Theater-Abonnenten, deren Ansichten von den Zeitungen fabriziert werden. Sie verteidigen die Festung noch immer auf der Seite, die niemand angreift, und lassen ihre schwächste Front unverteidigt.
Der religiöse Aufstand gegen die Ehe ist sehr alt. Das Christentum nahm seinen Anfang mit einem wütenden Angriff auf die Ehe, und bis zum heutigen Tage stellt die Ehelosigkeit der römisch-katholischen Priesterschaft einen ständigen Protest gegen die Vereinbarkeit der Ehe mit dem höheren Leben dar. Des heiligen Paulus zögernde Genehmigung der Ehe, sein persönlicher Protest, er unterstütze sie notgedrungen und gegen seine Überzeugung, sein verachtungsvolles: »Besser freien denn Brunst leiden«, ist nur deshalb veraltet, weil er glaubte, der Weltuntergang stehe unmittelbar bevor, und es gebe deshalb keine Bevölkerungsprobleme mehr. Sein instinktives Zurückweichen vor ihrem häßlichsten Aspekt als einer Versklavung durch die Lust, welche zwei Menschen dazu bringt, gegenseitige Sklaverei auf sich zu nehmen, ist bis zum heutigen Tag eine aktive Kraft in der Welt geblieben und wirkt derzeit beunruhigender denn je. Wir haben mehr und mehr paulinische Ehelose, deren Einwand gegen die Ehe die uner-

tragliche Würdelosigkeit ist, die darin besteht, daß man das Eheleben so wünschen oder leben solle, wie es normalerweise aufgefaßt wird. Jeder denkende oder beobachtende Geistliche wird verwirrt durch die Entschlossenheit seiner Herde, die Ehe als geheiligten Zufluchtsort der Lust anzusehen. Er sieht nämlich, daß die berüchtigten Lüstlinge seiner Gemeinde sichtlich viel weniger an Unmäßigkeit leiden als viele Eheleute, die jene als lasterhafte Ungeheuer brandmarken.

Eine vergessene Konferenz verheirateter Männer

Der verstorbene Hugh Price Hughes, ein hervorragender methodistischer Geistlicher, veranstaltete einmal in London eine Konferenz angesehener Männer, um dieses Thema zu besprechen. Sie blieb ergebnislos (hätte auch in Abwesenheit der Frauen zu keinem Ergebnis kommen können), aber sie hatte einen bestimmten Wert: sie gab anwesenden jungen Soziologen, unter denen ich mich befand, einen authentischen Begriff davon, was eine auserwählte Versammlung angesehener Männer unter Eheleben verstand. Es war tatsächlich eine überwältigende Offenbarung. Peter der Große wäre schokkiert gewesen, Byron entsetzt; Don Juan wäre aus der Konferenz in ein Kloster geflohen. Die angesehenen Männer betrachteten samt und sonders die Heiratszeremonie als einen Ritus, der sie von den Gesetzen der Hygiene und der Mäßigkeit lossprach, den Beginn lebenslanger Flitterwochen darstellte und ihre Lüste auf genau dieselbe Ebene hob wie ihre Gebete. Es schien ihnen völlig angemessen und natürlich, daß sie von je vierundzwanzig Stunden ihres Lebens acht allein mit ihren Frauen, in ein Zimmer eingeschlossen, verbringen sollten, und dies nicht wie die Vögel zur Paarungszeit, sondern das ganze Jahr hindurch und Jahr für Jahr. Wie sie selbst so viel weniger dringende Fragen erledigten, etwa, welche Partei zu entscheiden habe, ob und wie weit das Fenster offen stehen, wie viele Wolldecken auf dem Bett liegen und um welche Zeit man zu Bett gehen und aufstehen sollte, um einander nicht im Schlaf zu stören, das schien mir ein unlösbares Problem. Aber den Mitgliedern der Konferenz schien es nichts auszumachen. Sie waren zufrieden, das ganze nationale Wohnungsproblem auf der Basis von einem Zimmer für zwei Menschen zu behandeln. Das war für sie das Wesen der Ehe. Man darf übrigens nicht vergessen, daß ihre Lebensbedingungen nicht dazu angetan waren, ihrer Unmäßigkeit Einhalt zu gebieten. Sie waren Geschäftsleute, das heißt, Leute, die meistens mit Routinearbeit beschäftigt waren, welche weder ihren Geist noch ihren Körper entsprechend ihren Fähigkeiten voll in Anspruch nahm. Verglichen mit Staatsmännern, hochrangigen Berufstätigen, Künstlern und sogar, was körperliche Übung angeht, mit Arbeitern und Handwerkern, waren sie unterbeschäftigt und hätten das Beste von ihren Fertigkeiten und die letzten paar Zentimeter ihres Brustumfanges entbehren können, ohne daß sie deswegen für ihre tägliche Routine weniger tauglich gewesen wären. Hätte ich ihre Gewohnheiten angenommen, so würde sich, ehe vierzehn Tage um gewesen wären, eine bestürzende Verschlechterung in meiner schriftstellerischen Leistung bemerkbar gemacht und mich wieder in eine Askese gescheucht haben, die ihnen unmöglich erschienen wäre. Aber sie büßten nicht dafür, wenigstens nicht bewußt. Sie hatten so viel Gesundheit wie sie wünschten, das heißt, sie empfanden kein Bedürfnis nach einem Arzt. Sie genossen Rauchen, Essen, hübsche Kleider, zärtliche Spiele mit ihren Kindern, Aussichten auf größere Profite oder Saläre, den freien Samstagnachmittag und den Sonntagsspaziergang und alles übrige. Sie arbeiteten weniger als zwei Stunden täglich und brauchten dafür sieben bis neun Bürostunden. Und sie taugten für keinen einzigen sterblichen Zweck als für die Fortsetzung dieser Lebensweise. Sie waren respektabel nur in bezug auf den Standard, den sie selbst festgesetzt hatten. Betrachtete man sie jedoch im Ernst als Wähler, die ein Reich durch ihre Stimme lenken und seine religiösen und moralischen Einrichtungen durch ihre Macht der sozialen Verfolgung wählen und aufrechterhalten, so waren sie eine schwarzberockte Armee des Unglücks. Sie waren unfähig, die Industrie, für die sie arbeiteten, die Gesetze, unter welchen sie lebten, oder die Beziehungen ihres Landes zu andern Ländern zu verstehen. Sie lebten zufrieden das Leben von Greisen. Sie waren auf eine schüchterne Weise konservativ, in einem Alter, in dem jedes gesunde menschliche Wesen geräuschvoll revolutionär sein sollte. Und ihre Frauen lebten in der Routine von Küche, Kinderstube und Salon genau wie sie selbst in der Büroroutine. Sie waren alle, wie sie es nannten, seßhaft geworden, gleich Ballons, die ihren Auftrieb verloren haben. Und es war klar, daß der Vorgang des Seßhaftwerdens weitergehen würde, bis sie sich in ihren Gräbern niederließen. Sie lasen angestrengt altmodische Zeitungen und griffen jetzt gierig nach einer neuen Art Zeitung, die einen halben Penny kostete und von der sie glaubten, sie sei außerordentlich klug und interessant; sie hatte aber niemals wirklichen Erfolg, bis sie äußerst langweilig wurde, alle ernsthaften Nachrichten ausschaltete und durch leeres Geschwätz ersetzte, und anstatt politischer Artikel, die wenigstens auf einem Anflug von Bildung in Wirtschaft, Geschichte und verfassungsmäßiger Gesetzgebung beruhten, so armselige Torheiten, Sentimentalitäten, Snobismen und Parteigezänk brachte, wie die Unwissenheit sie verstehen und die Verantwortungslosigkeit sie genießen konnte.

Was sie Patriotismus nannten, war die Überzeugung, daß sie, weil sie in Tooting oder Camberwell geboren waren, Beethoven, Rodin, Ibsen, Tolstoi und allen übrigen unwissenden Ausländern von Natur aus überlegen seien. Diejenigen von ihnen, die es nicht für unrecht hielten, ins Theater zu gehen, liebten über alles ein Stück, dessen Held Dick hieß, dauernd an einer Pfeife herumfingerte und, nachdem er durch drei Akte hindurch von Bewunderung und Liebe überschüttet worden war, schließlich kraft eines erschreckenden Mangels an Tugend mit dem legalen Besitz einer hübschen Heldin belohnt wurde. Tatsächlich stellen sie sich unter dem Wort Tugend nichts anderes vor, als daß man die Frauen anderer Männer nicht stehlen oder sich weigern dürfe, ihre Töchter zu heiraten. In bezug auf Gesetz, Religion, Ethik und konstitutionelle Regierung konnte ihnen jede Fälschung imponieren. Jeder Atheist konnte sich ihnen gegenüber als Bischof ausgeben, jeder Anarchist als Richter, jeder Despot als Liberaler, jeder sentimentale Sozialist als Konservativer, jeder, der einen Liebestrank mischte oder Hexen ausfindig machte, als Wissenschaftler und jeder Phrasendrescher als Staatsmann. Diejenigen, die nicht an die Geschichte von Jonas und dem Walfisch glaubten, glaubten um so leichter, daß Metalle verwandelt und alle Krankheiten mit Radium geheilt werden, und daß die Menschen, wenn sie saure Milch trinken, zweihundert Jahre alt werden können. Aber selbst diese Leichtgläubigkeit war für viele eine zu schwere Anstrengung: es war leichter zu grinsen und an nichts zu glauben. Sie bewahrten sich ihre Selbstachtung, indem sie »das Spiel mitspielten« (das heißt, taten, was jeder tat) und indem sie sich auskannten in Hüten, Krawatten, Hunden, Pfeifen, Kricket, Gärten, Blumen und ähnlichem. Sie konnten über ihre gegenseitige Zahlungsfähigkeit und Ehrbarkeit mit einigem Scharfblick diskutieren und waren imstande, geradezu komplizierte Systeme von Besuchemachen und gegenseitigem »Kennenlernen« durchzuführen. Sie fühlten sich ein wenig vulgär, wenn sie einen Tag in Margate, und ganz vornehm und weitgereist, wenn sie ihn in Boulogne verbrachten. Sie waren außer in bezug auf ihre Kleider »nicht heikel«: das heißt, sie konnten sich mit einem häßlichen Anblick, mit häßlichen Tönen, ungesunden Gerüchen und unbequemen Häusern, mit unmenschlicher Apathie und Gefühllosigkeit abfinden. Sie hatten in bezug auf Erwachsene eine Theorie, wonach die menschliche Natur so schwach war, daß ein Versuch, die Welt zu verbessern, nutzlos wäre. In bezug auf Kinder aber glaubten sie, daß sie, wenn man sie nur genügend belehrte und verprügelte, zu einem Zustand moralischer Vollkommenheit hin erzogen werden könnten, wie sie kein Fanatiker jemals seiner Gottheit angedichtet hat. Obschon sie nicht mit Absicht boshaft waren, verübten sie die entsetzlichsten Grausamkeiten aus bloßer Gedankenlosigkeit: sie steckten Männer und Frauen, wegen eines Einbruchs in ihre Häuser, ohne weiteres bis zu zwanzig Jahren ins Gefängnis; sie behandelten ihre Kinder wie wilde Bestien, die mit einem System von Schlägen und Karzern, Erziehung genannt, gezähmt werden mußten, und hatten Klaviere in ihren Häusern, nicht für musikalische Zwecke, sondern um ihre Töchter mit sinnlosem Stumpfsinn zu quälen, der einen Inquisitor abgestoßen hätte.

Kurz, lieber Leser, sie waren dir und mir sehr ähnlich. Ich könnte hundert Seiten füllen mit der Aufzählung unserer Torheiten und immer noch vieles unerwähnt lassen, aber was ich hier wahllos niedergeschrieben habe, genügt, um das System, das uns hervorgebracht hat, zu verurteilen. Der Eckpfeiler dieses Systems war die Familie und die Institution der Ehe, wie wir sie heute in England haben.

Herd und Heim

Es gibt kein Ausweichen: wenn die Ehe nicht dazu gebracht werden kann, etwas Besseres hervorzubringen als das, was wir sind, wird die Ehe abtreten müssen, sonst muß die Nation abtreten. Es nützt nichts, von Ehre, Tugend, Reinheit und gesundem, süßem, reinem englischen Familienleben zu sprechen, wenn wir nichts anderes als die beschriebenen Gewohnheiten meinen. Die platte Tatsache ist, daß das englische Familienleben weder anständig, tugendhaft, gesund, süß, rein noch in irgendeiner glaubhaften Art besonders englisch ist. Es ist in mancher Hinsicht auffallend das Gegenteil; der Brauch, Kinder in noch sehr jugendlichem Alter der Kinderstube vollkommen zu entwöhnen und sie in eine öffentliche Schule und dann an eine Universität zu schicken, bringt, obwohl diese Institutionen vom Klassenbewußtsein verseucht und in mancher Hinsicht abscheulich korrupt sind, sozial fähigere Menschen hervor. Auch Frauen werden besser durch die Flucht aus dem Heim, die durch die Frauen-Colleges ermöglicht wird; aber da sehr wenige Frauen das Glück haben, diesen Vorteil zu genießen, sind die meisten so gründlich hausbacken, daß sie für die menschliche Gesellschaft untauglich sind. So wenig wird von ihnen erwartet, daß wir in Sheridans »Lästerschule« kaum bemerken, was für ein weiblicher Grobian die Heldin ist, ebenso verabscheuungswürdig und ehrlos in ihrer Reue wie vulgär und albern in ihrer Unart. Es blieb einem ungewöhnlichen Kritiker wie George Gissing vorbehalten, auf die auffallende Tatsache hinzuweisen, daß in der Sammlung von Lebensstudien viktorianischer Frauen, wie man sie in Dickens' Romanen findet, die überzeugend echtesten entweder auf niedrige Weise unliebenswert oder auf komische Weise verächtlich sind; seine Versuche aber, durch die Idealisierung des hausbackenen Frauentums bewundernswerte Heldinnen darzustellen, sind nicht nur absurd, sondern nicht einmal vergnüglich absurd: man hat keine Geduld mit ihnen.

All dies kann verbessert werden, wenn das häusliche Leben und Gefühl auf einigermaßen vernünftige Maße im Leben des Individuums herabgesetzt wird; die Gefahren der Häuslichkeit liegen nämlich nicht in der menschlichen Natur. Häuslich leben, wie wir es verstehen, ist uns nicht natürlicher als der Käfig dem Kakadu. Es gefährdet aber die Nation aufs schwerste durch seine Engherzigkeit, seine unnatürlich aufgestachelten und trotzig eifersüchtigen Begierden, seine kleinliche Tyrannei, seine falsche soziale Anmaßung, seine endlose Mißgunst und Zänkerei. Seinetwegen opfert der Sohn die Zukunft, weil er zur Unterstützung der Familie zu einer Zeit Geld verdienen muß, in der er sich für sein ganzes Leben ausbilden sollte (man erinnere sich an den jungen Dickens und die Schuhwichsefabrik). Seinetwegen werden die Aussichten der Tochter geopfert, indem man sie zur Sklavon kranker oder selbstsüchtiger Eltern macht. In kleine Backstubenhäuser werden kleine Menschenpakete von schlecht zusammengestellten Altersstufen gepackt, wo die Alten die Jungen schelten oder schlagen, weil sie sich wie junge Leute, und die Jungen die Alten hassen und behindern, weil sie sich wie alte Leute benehmen. Schließlich zeitigt es all die andern aussprechbaren und unaussprechlichen Übel, die sich aus übertriebener Absonderung ergeben. Diese Übel aber werden als Wohltaten und Segnungen dargestellt, welche den höchsten erreichbaren Grad von Ehre und Tugend darstellen, während jede Kritik und Auflehnung gegen sie als äußerste Lasterhaftigkeit wütend verfolgt wird. Der Aufstand, zur Heimlichkeit verdammt und daher noch schlimmer, hat von Heuchelei verhüllte Ausschweifungen zur Folge und ein überwältigendes Verlangen nach liederlichem Unterhaltungstheater, dem keine Zensur Einhalt gebieten kann. Die allerschlimmste Folge ist jedoch eine Vermengung der Begriffe Tugend und Moral: die bloße Moral erniedrigt das Niveau der Tugend, und schließlich wird das Echte gehaßt, weil die Fälschung hassenswert ist. Literarische Traditionen entstehen, in welchen die Ausschweifenden und Ruchlosen – Tom Jones und Charles Surface – die Helden sind, die Korrekten und Gesetzesfürchtigen dagegen – Blifil und Joseph Surface – die Schurken und Sündenböcke. Die Menschen glauben gern, daß eine Nell Gwynne jede liebenswürdige Eigenschaft hat und die Frau des Bischofs jede abstoßende. Der arme Pecksniff, der im allgemeinen nichts Schlimmeres ist als ein Windbeutel mit einer Vorliebe für pompöse Phrasen, wird als Verbrecher hingestellt, anstatt als sehr typischer englischer pater familias, der sich selbst und seinen Töchtern ein Dach überm Kopf schafft, indem er die Leute für seine Dienste mehr bezahlen läßt, als sie wert sind. In den extremsten Beispielen des Aufstands gegen die Konvention erhalten Mörderinnen scheffelweise Heiratsanträge, und wenn die Natur jenes seltsame Phänomen hervorbringt, nämlich einen skrupellosen Lüstling, ist sein Erfolg bei den »wohlerzogenen« Mädchen so mühelos und die Hingabe, die er auslöst, so übertrieben, daß es unmöglich ist zu übersehen, wie der Aufstand gegen die konventionelle Ehrbarkeit einen gewöhnlichen Schurken in eine Art anarchistischen Heiland verwandelt hat. Was den ehrbaren Lüstling angeht, der den Omar-Chajjam-Klubs beitritt und bei Swinburnes' Beschwörung der Dolores, »herabzukommen und uns von der Tugend zu erlösen« ergriffen mitschwingt, so ist er in jeder Vorstadt zu finden.

Zuviel des Guten

Wir müssen, was unsere häuslichen Ideale betrifft, vernünftig sein. Ich glaube nicht, daß das Leben in einem Internat einem Jungen durchaus gut bekommt –, so wenig wie das Barackenleben einem Soldaten. Aber andererseits ist auch das häusliche Leben nicht durchaus bekömmlich. Die gute Wirkung, die es haben mag, beruht, möchte ich sagen, darauf, daß es von eben der Atmosphäre frei ist, die es zu schaffen vorgibt. Diese Atmosphäre wird gewöhnlich beschrieben als eine der Liebe: eine Definition, die genügen sollte, um jeden gesunden Menschen vor ihr zu warnen. Menschen, die sprechen und schreiben, als ob der höchsterreichbare Zustand die Familie sei, die von der Wiege bis zum Grabe vor Liebe trieft, dürften einem so übertriebenen Vorschlag kaum fünf Minuten ernsthafter Betrachtung gewidmet haben. Sie dürften sich nicht einmal schlüssig sein, was sie unter Liebe verstehen, denn wenn sie sich über ihre Behauptung verbreiten, so sprechen sie manchmal von Güte und manchmal vom bloßen Appetit. In beiden Fällen sind sie gleich weit von den Wirklichkeiten des Lebens entfernt. Kein gesunder Mensch, kein gesundes Tier beschäftigt sich mit Liebe gleich welcher Art länger als einen sehr kleinen Bruchteil der Zeit, die man der Arbeit widmen muß und den Zeiten der Erholung, die ganz und gar nichts mit Liebe zu tun haben.

Eine Frau, die sich ausschließlich mit der Liebe zu ihrem Mann, eine Mutter, die sich ausschließlich mit der Liebe zu ihren Kindern beschäftigt, mag in einem Buch am Platz sein (für Leute, die derlei Bücher gern haben), aber im wirklichen Leben ist sie eine Plage. Ihr Gatte kann ihr entrinnen, da sein Geschäft ihn zwingt, den ganzen Tag außer Haus zu verbringen, kleine Kinder aber können von ihr zu Tode geherzt und gehätschelt, korrigiert und gepredigt werden. Ziemlich häufig gehen sie wirklich daran zugrunde – vor allem an den ständigen Versuchen der Mutter, eine frühreife Sentimentalität zu erregen: eine Praxis, die so fragwürdig und möglicherweise so schädlich ist wie die schlimmsten Tricks der schlimmsten Kindermädchen.

Große und kleine Familien

In den meisten gesunden Familien ist eine Auflehnung gegen diese Tendenz vorhanden. Der Austausch von Geburtstagsgeschenken und dergleichen wird mit allgemeiner Zustimmung abgeschafft, und die Beziehungen der einzelnen untereinander werden durch ein ausdrückliches Abkommen auf unsentimentaler Grundlage bestimmt.

Unglücklicherweise ist diese Milderung der Familiensentimentalität viel bezeichnender für große Familien als für kleine. Früher hieß es, daß Mitglieder großer Familien in der Welt vorwärtskommen, und es ist sicher wahr, daß zum Zwecke der sozialen Ausbildung ein zwanzigköpfiger Haushalt einem fünfköpfigen so weit überlegen ist wie ein Oxford-College einem Achtzimmerhaus in einer schlechten Wohnlage. Zehn Kinder mit den nötigen Erwachsenen bilden eine Gemeinschaft, in welcher ein Übermaß an Sentimentalität unmöglich ist. Zwei Kinder bilden ein Puppenheim, in welchem sowohl Eltern als auch Kinder degenerieren, wenn sie sich auf den Umgang miteinander beschränken. Ja mehr noch, als große Familien in Mode waren, waren sie viel eher als Tyrannei organisiert denn als »Atmosphäre der Liebe«. Francis Place erzählt, daß er seinem Vater aus dem Weg ging, weil dieser niemals an einem Kind in Reichweite vorbeiging, ohne es zu schlagen; und obwohl der Fall eine Ausnahme war, so handelte es sich doch um einen Ausnahmezustand, der eine Tendenz bestätigte. Als Sir Walter Scott unvorsichtigerweise seinem Vergnügen am Porridge Ausdruck gab, warf sein Vater eine Handvoll Salz hinein im instinktiven Gefühl, daß es seine Vaterpflicht wäre, seinen Sohn an diesem Genuß zu hindern. Ruskins Mutter befriedigte die sinnliche Seite ihrer mütterlichen Leidenschaft nicht, indem sie ihn verhätschelte, sondern indem sie ihn peitschte, wenn er die Treppe hinunterfiel oder beim Auswendiglernen der Bibel nachlässig war, und dieses groteske Sicherheitsventil der Wollust hatte, wenn es auch in mancher Weise schädlich war, wenigstens den Vorteil, daß das Kind keinen Genuß daran fand und nicht davon verdorben wurde, wie es von sentimentalen Anfällen verdorben worden wäre.

Aber heutzutage können wir uns auf diese ehemaligen Sicherungen nicht mehr verlassen. Wir haben keine großen Familien mehr: alle Familien sind zu klein, um den Kindern die nötige soziale Ausbildung zu geben. Der römische Vater ist aus der Mode, und Peitsche und Stock sind in Ungnade gefallen, nicht sosehr wegen der alten Argumente gegen körperliche Züchtigung (so beweiskräftig diese waren), sondern weil der Schleier über der Tatsache, daß Auspeitschen eine Form der Ausschweifung ist, allmählich gelüftet wurde. Wer das Peitschen als Züchtigung befürwortet, ist jetzt sehr unangenehmen Verdächtigungen ausgesetzt; und seit Rousseau sich dazu aufraffte, eine gewisse, sehr lächerliche Beichte über dieses Thema abzulegen, hat man immer mehr eingesehen, daß das Peitschen sogar für die Kinder selber nicht immer so unschuldig ist, wie es vorgibt. Auf jeden Fall können wir die Tatsache nicht in Abrede stellen, daß die Familien kleiner sind als früher und daß Leidenschaften, die sich früher in Tyrannei auslebten, weitgehend in der Sentimentalität einen Abfluß gefunden haben. Ein wenig Sentimentalität kann zwar sehr gut sein, aber chronische Sentimentalität ist ein Greuel, gefährlicher, weil leichter möglich, als die Erotomanie, die wir alle verdammen, wenn wir sie nicht gerade gedankenlos als Idealzustand der Ehe glorifizieren.

Das Evangelium von Laodicea

Wir wollen zum Grundirrtum dieser falschen häuslichen Lehren vorstoßen. Weshalb predigte der verstorbene Samuel Butler aus einer Überzeugung, die mit seiner Lebenserfahrung wuchs, das Evangelium von Laodicea und beschwor die Leute, mit dem »Gutsein«, wie sie es nannten, ebenso mäßig zu sein wie in allem andern? Warum habe ich, wenn ich eine wohlmeinende Person junge Menschen ermahnen höre, sie sollten es sich zur Regel machen, jeden Tag wenigstens eine gute Tat zu vollbringen, ungefähr das gleiche Gefühl, als ob ich sie Kinder überreden hörte, sich wenigstens einmal täglich zu betrinken? Abgesehen von dem Grundunsinn, einen Zustand als dauernd anzusehen, unter welchem es in diesem Land genug Elend gäbe, um Gelegenheit für mehrere tausend Millionen guter Taten jährlich zu liefern, wäre die Wirkung auf den Charakter der Urheber dieser Taten erschreckend. Ein Monat ernsthaften Versuches, solche Ratschläge zu befolgen, hätte wahrscheinlich einschneidendere Gesetze zur Folge gegen Taten, die im Bereich der Güte den strengen Buchstaben des Gesetzes überschreiten, als wir sie jetzt gegen Ausschreitung im gegenteiligen Sinne besitzen.
Es gibt keinen gefährlicheren Irrtum als den Glauben, daß wir nicht zuviel des Guten tun können. In Wahrheit ist ein übermäßig guter Mensch viel gefährlicher als ein übermäßig schlechter; deshalb wurde Savonarola verbrannt und Johannes von Leyden mit glühenden Zangen in Stücke gerissen, während massenhaft unerlöste Schurken mit abgehauenen

Ohren, versengten Handflächen, Auspeitschung oder ein paar Jahren Galeere davonkamen. Deshalb hat das Christentum die Welt nicht eher durchdrungen, als bis es seinen Anspruch an die Aufmerksamkeit des gewöhnlichen Bürgers praktisch auf ein paar Stunden an jedem siebenten Tag herabsetzte und ihn an Wochentagen in Ruhe ließ. Wenn die Fanatiker, die sich tagtäglich mit ihrer eigenen Errettung beschäftigten, gesund, tugendhaft und weise wären, dürfte man den Laodiceanismus des gewöhnlichen Mannes als beklagenswerten Mangel ansehen; tatsächlich aber könnte uns kein entsetzlicheres Unglück bedrohen als eine allgemeine Verbreitung des Fanatismus. Was die Leute Gutsein nennen, muß ebensosehr gezügelt werden wie das, was sie Schlechtsein nennen, denn die menschliche Konstitution hält von beiden nicht viel aus ohne ernste psychologische Schädigung, die im Wahnsinn oder im Verbrechen endet. Die Tatsache, daß der Wahnsinn privilegiert sein kann – Savonarola brachte es fertig, das gesellschaftliche Leben in Florenz zu zerstören –, ändert daran nichts. Wir zögern immer, einen gefährlich guten Menschen als Geistesgestörten zu behandeln, denn es kann sich herausstellen, daß er ein wahrer Prophet ist, das heißt, ein Mann von außergewöhnlich gesundem Geist, der im Recht ist, während wir im Unrecht sind. Wie nötig es auch gewesen sein mag, Savonarola loszuwerden, so war es doch töricht, Sokrates zu vergiften und die heilige Johanna zu verbrennen. Nichtsdestoweniger ist es nötig, sich mit Entschiedenheit der ungeheuerlichen Behauptung zu widersetzen, daß gewisse Haltungen und Gefühle, weil sie in einer augenblicklichen Krise heroisch und bewunderungswürdig sind, lebenslänglich auf der selben Höhe erhalten werden könnten oder sollten. Ein Leben, das mit Gebet und Almosenspenden verbracht wird, ist tatsächlich so vernunftwidrig wie ein Leben, das mit Fluchen und Stehlen verbracht wird; täte es jedermann, die Wirkung wäre gleich verheerend. Die abergläubische Duldung, die den Mönchen und Nonnen bis jetzt gewährt wurde, wird unausweichlich von der sehr allgemeinen und sehr natürlichen Praxis verdrängt, ihre Zufluchtsorte zu konfiszieren und sie aus ihrem Land zu vertreiben. Das Ergebnis ist, daß sie nach England und Irland kommen, wo sie zum Teil unbemerkt leben und zum Teil gefördert werden, weil sie technische Schulen leiten und unseren Mädchen eine sanftere Sprechweise und angenehmere Manieren beibringen als unsere vergleichsweise groben Grundschullehrer. Aber man ist immer noch durchaus der Ansicht, daß, weil es den Menschen möglich ist, den Gipfel des Montblanc zu erklimmen und dort eine Stunde lang zu bleiben, es ihnen auch möglich sei, in dieser Höhe zu leben. Kinder werden bestraft und gescholten, weil sie das nicht können, und Erwachsene sind ernstlich beleidigt, wenn man nicht annimmt, daß sie es können.

Tatsächlich ist uns ethische Überanstrengung ebenso schädlich wie psychische. Es ist wünschenswert, daß das normale Niveau des Benehmens, bei welchem die Menschen sich keiner besonderen Tugend bewußt sind, aber ein schlechtes Gefühl haben, wenn sie daruntergehen, so hoch als möglich gesteigert werde. Aber es ist nicht wünschenswert, daß sie versuchen, über diesem Niveau zu leben, sowenig als sie gewohnheitsmäßig mit fünf Meilen Stundengeschwindigkeit marschieren oder ständig einen Zentner auf ihrem Rücken tragen sollen. Ihr normaler Zustand sollte keineswegs schwierig oder bemerkenswert sein. Es ist ein vollkommen gesunder Instinkt, der uns rät, einem guten Menschen ebenso zu mißtrauen wie einem schlechten, und gegen einen Pfarrer, der frömmer ist, als sein Beruf es erfordert, dieselben Einwände zu haben wie gegen einen Berufsboxer, der im Privatleben streitsüchtig und gewalttätig ist. Wir brauchen gute und schlechte Menschen sowenig wie Riesen und Zwerge. Was wir wirklich brauchen, ist eine hohe Qualität unserer Normalmenschen, Menschen, die viel anständiger sein können als das, was wir jetzt anständig nennen, und dies ohne Selbstaufopferung. Bewußtes Gutsein, wie bewußte physische Anstrengung, kann in Notfällen nützlich sein, aber für den täglichen gesellschaftlichen Gebrauch fällt es nicht ins Gewicht, und seine Wirkung auf den Charakter des Individuums wird leicht verheerend sein.

Auf Gedeih und Verderb

Es würde schwerhalten, ein praktisch täglich verwendetes Dokument zu finden, in welchem diese offensichtlichen Wahrheiten so blödsinnig außer acht gelassen scheinen wie in der Trauungsliturgie. Wie wir gesehen haben, ist es tatsächlich aber nur scheinbarer Blödsinn; eigentlich war diese Liturgie nichts als ein ehrlicher Versuch, aus einem geschäftlichen Vertrag über Besitz und Sklaverei das Beste zu machen, indem man ihn einer religiösen Beschränkung unterwarf und ihn durch einen Anflug von Poesie emporhob. Das tatsächliche Ergebnis ist aber, daß man von zwei Menschen, wenn sie unter dem Einfluß der heftigsten, wahnsinnigsten, täuschendsten und vergänglichsten aller Leidenschaften stehen, den Schwur verlangt, in diesem erregten, abnormalen und erschöpfenden Zustand zu verharren, bis daß der Tod sie scheidet. Und obwohl natürlich niemand von ihnen erwartet, daß sie etwas so Unmögliches und Ungesundes durchhalten, beruht doch das Gesetz, das ihre Beziehungen, und die öffentliche Meinung, die dieses Gesetz regelt, in Wirklichkeit auf der Annahme, daß das Ehegelübde nicht nur durchführbar, sondern sogar schön und heilig sei, und daß Menschen, wenn sie es brechen, weder Sympathie noch irgendeine Erleichterung verdienen. Wenn alle Eheleute wirklich zusammenlebten, würde unzweifelhaft die bloße Wucht der Tatsache diesem unmenschlichen Unsinn innerhalb eines Monats, wenn nicht eher, ein Ende bereiten. Aber er wird dieser Prüfung sehr selten unterzogen. Der typische Ehemann sieht seine Frau viel seltener als seinen Geschäftspartner, seinen Kollegen im Büro oder diejenigen, die Tag für Tag mit ihm arbeiten. Mann und Frau leben in der Regel nicht zusammen. Sie essen lediglich morgens und abends gemeinsam und schlafen im selben Zimmer. In den meisten Fällen weiß die Frau nichts vom Arbeitsleben des Mannes, und er weiß nichts von ihrem Arbeitsleben (er nennt es ihr häusliches Leben). Es ist auffallend, daß gerade diejenigen Leute, welche von der Geschlossenheit und Heiligkeit der Ehe die absurdeste und romantischste Auffassung haben, andererseits am tiefsten überzeugt sind, daß der Bereich des Mannes und der Frau gänzlich getrennt bleiben müssen und die Eheleute nur in den Augenblicken ihrer Muße zusammen sein dürfen. Ein Mann, der mit seiner eigenen Frau so vertraut ist wie ein Beamter mit seiner Bürokraft oder wie ein Premierminister mit dem Führer der Opposition, ist einer unter Zehntausend. Die Mehrheit der Ehepaare lernen einander niemals wirklich kennen: sie gewöhnen sich nur daran, dasselbe Haus, dieselben Kinder und dasselbe Einkommen zu haben, und das ist etwas ganz anderes. Die relativ wenigen Männer, die zu Hause arbeiten – Schriftsteller, Künstler und in gewissem Maße Geistliche – müssen im Haus irgendeine Trennung zustande bringen, sonst gehen sie ein schweres Risiko ein, ihre häuslichen Beziehungen zu überspannen. Wenn das Paar so arm ist, daß es sich nur ein einziges Zimmer leisten kann, ist die Anstrengung unerträglich: heftiger Streit ist das Ergebnis. Sehr wenig Paare können in einer Einzimmermietwohnung leben, ohne einander ziemlich häufig zu schlagen. In der Klasse der Müßiggänger gibt es oft überhaupt kein richtiges Familienleben. Die Söhne sind an einer vornehmen Schule, die Töchter sind im Schulzimmer unter der Aufsicht einer Gouvernante, der Gatte ist in seinem Klub oder in einer Gesellschaft, die seiner Frau fremd ist, und die Einrichtung der Ehe genießt den Ruf häuslichen Friedens, obwohl dieser kaum intimer ist als die Beziehung unter Gefangenen im selben Gefängnis oder unter Gästen auf einer Gartenparty. Nehmen wir diese zwei Fälle – denjenigen der Einzimmerwohnung und den des unverdienten Einkommens – als Extreme an, so können wir vielleicht den Punkt auf der dazwischen liegenden Skala erraten, wo irgendeine beliebige Familie steht. Aber es ist klar genug, daß die Einzimmerlösung, obwohl ihre Bedingungen die Ausführung des Ehegelübdes mit der höchst erreichbaren Genauigkeit erlauben, in der Praxis viel schwerer auszuhalten und viel schädlicher in ihrer Wirkung auf die Beteiligten und damit auf die Gemeinschaft ist als die andere Lösung. Somit sehen wir, daß der Aufstand gegen die Ehe sich keineswegs nur gegen ihre Schändlichkeit als Überrest der sexuellen Sklaverei richtet. Man kann sogar mit einiger Glaubwürdigkeit behaupten, daß dies eben derjenige Teil davon ist, der sich in der Praxis am glattesten bewährt. Der Aufstand gilt jedoch auch ihrer Sentimentalität, ihrer Romantik, ihrer Verhimmelung der Verliebtheit, ja sogar ihrem enervierenden Glück.

Gesucht: ein unmoralischer Staatsmann

Wir erkennen jetzt, daß der Staatsmann, der es unternimmt, das Eheproblem zu behandeln, einer erschreckend komplizierten öffentlichen Meinung gegenübersteht. Er wird daher Meinungen soviel als möglich aus dem Spiel lassen und sich statt dessen mit der menschlichen Natur befassen müssen. Denn selbst wenn eine wirkliche öffentliche Meinung in einer Gesellschaft wie der unseren, einem bloßen Klassenpöbel, möglich wäre, wobei jede Klasse ihre eigenen Gewohnheiten und Vorurteile hat, so wäre sie im besten Fall ein Wirrwarr von Aberglaube und Eigeninteresse, von Tabus und Heuchelei, der nicht in eine zusammenhängende Verfügung verschmolzen werden könnte. Man würde wahrscheinlich mit Leidenschaft behaupten, daß es nicht im geringsten darauf ankomme, welche Art Kinder wir haben, oder wie wenig oder wie viel, wenn sie nur ehelich sind. Auch daß es nicht im geringsten darauf ankomme, was für Erwachsene wir haben, wenn sie nur verheiratet sind. Kein Staatsmann, der diese Bezeichnung verdient, kann auf Grund solcher Ansichten vorgehen. Er muß notwendigerweise *ein* gesundes uneheliches Kind zehn gebrechlichen ehelichen vorziehen und *ein* energisches und fähiges unverheiratetes Paar einem Dutzend weniger fähiger und apathischer Eheleute. Wenn bewiesen werden könnte, daß illegitime Verhältnisse je drei Kinder hervorbringen und Ehen nur je anderthalb, so müßte er notwendigerweise illegitime Verhältnisse fördern und gegen die Ehe arbeiten, ja sie sogar mit Strafen bedrohen. Auf der Grundlage der allgemeinen Ansicht, daß die bestehenden Eheformen nicht politische Erfindungen, sondern heilige ethische Verpflichtungen seien, welchen im Notfall alles, selbst das Fortbestehen der Menschheit, geopfert werden müsse (und darauf läuft die vulgäre Moral, zu der wir uns in dieser Hinsicht meistens bekennen, hinaus), darf keine vernünftige Regierung auch nur einen Augenblick lang handeln. Dennoch beeinflußt sie, oder jedenfalls glaubt man das, so viele Wähler, daß keine Regierung die Ehefrage berühren will, sofern sie es vermeiden kann, – selbst wenn ein Verlangen nach Lockerung der Ehebeschränkung besteht, wie dies der Fall war bei dem eben erlassenen, lange hinausgeschobenen Gesetz, das die Ehe mit der Schwester der verstorbenen Frau erlaubt. Wenn eine Reform im gegenteiligen Sinn nötig ist (zum Beispiel die Lockerung der Scheidungsbeschränkung), so wird nicht einmal das Bestehen der unerträglichsten Härten unsere Staatsmänner zu einem Schritt bewegen, solange sich die Opfer wie Schafe unterwerfen; nehmen diese aber die Sache selbst in die Hände, so wird gleich eine Untersuchung eingeleitet. Aber was jetzt einen Schritt in dieser Angelegenheit dringend notwendig macht, sind weder die Leiden derer, die lebenslänglich an Verbrecher, Trinker, physisch ungesunde und gefährliche Gatten und ganz allgemein unwürdige und unliebenswerte Menschen gebunden sind, noch die Unmoral der Paare, die durch eine gesetzliche Trennung, welche ihre Ehe nicht auflöst, gezwungen sind, sondern der Rückgang der Geburten. Die öffentliche Meinung wird uns nicht aus dieser Schwierigkeit helfen: sie wird im Gegenteil, wenn möglich, jeden strafen, der sie erwähnt. Als Zola versuchte, Frankreich wieder zu bevölkern, indem er einen Roman zum Preis des Elterntums schrieb, war der einzige Kommentar, der hierzulande laut wurde: das Buch könne unmöglich ins Englische übersetzt werden, denn sein Thema sei unanständig.

Die Grenzen der Demokratie

Wäre England in der Vergangenheit von Staatsmännern regiert worden, die sich willig von einer derartigen öffentlichen Meinung hätten leiten lassen, so wäre es schon längst von der politischen Landkarte verschwunden. Die moderne Vorstellung, Demokratie bedeute, daß ein Land auf Grund der Ignoranz seiner Mehrheiten regiert werde, ist nie verhängnisvoller, als wenn irgendeine Frage sexueller Moral behandelt werden muß. Es ist nicht, wie einige von uns zu glauben scheinen, Sache eines demokratischen Staatsmannes, die Wähler davon zu überzeugen, daß er die Methoden, das gemeinsame Beste zu erreichen, nicht besser kenne als sie. Im Gegenteil, er muß sie überzeugen, daß er sie viel besser kennt und daher über jede mögliche Frage der Methode anderer Meinung ist als sie. Die Pflicht des Wählers ist es, dafür zu sorgen, daß die Regierung aus Männern besteht, denen er die Unterstützung von Einrichtungen zum Zwecke der gemeinsamen Wohlfahrt zutrauen kann. Diese Arbeit verlangt hohe Geschicklichkeit. Von Leuten regiert zu werden, die sie nicht anders anpacken, als es der Mann auf der Straße täte, heißt »dem Ruin und dem Verfall der Gesetze« direkt entgegengehen. Voltaire sagte, Herr Jedermann sei klüger als irgendwer. Ob das wahr ist oder nicht, Herr Jedermanns Wille wird ohnehin maßgebend sein. Wille und Weg sind aber nicht dasselbe. Zum Beispiel ist an einem heißen Tag der Wille des Volkes, daß die Mittel, welche die Wirkung der Hitze mildern, in jedermanns Reichweite liegen. Nichts könnte unschuldiger, hygienischer und für die soziale Wohlfahrt wichtiger sein.

Aber die meisten Leute pflegen bei solcher Gelegenheit große Mengen von Bier oder, in den luxuriöseren Klassen, gekühlten Bordeaux, Zitronensaft und ähnliches zu trinken. Um ein moralisches Bild zu verwenden: der Wille, bei der Arbeit schlechtes Betragen zu unterdrücken und Tüchtigkeit zu fördern, ist allgemein und gesund, aber die Idee, daß der beste und einzig wirksame Weg mit Klagen, Schelten, Strafen und Racheakten eingeschlagen werde, ist ebenso allgemein. Als Frau Squeers einen Abszeß auf dem Kopf ihres Schülers mit einem tintenverschmierten Federmesser öffnete, war ihre Absicht durchaus lobenswert. Ihr Herz war am rechten Fleck, und ein Staatsmann, der eingeschritten wäre, mit der Begründung, er wünsche die Heilung des Jungen nicht, hätte eine Anklage wegen grober Gewaltherrschaft verdient. Aber ein Staatsmann, der die Chirurgie durch Laien mit tintenverschmierten Federmessern an einer Schule duldete, wäre ein sehr schlechter Erziehungsminister. Im Bereich der *Methode* hat der Experte etwas zu sagen. Ich bin zwar genügend demokratisch gesinnt, um darauf zu bestehen, daß er zuerst eine repräsentative Körperschaft von Laien davon überzeugen muß, daß sein Weg der richtige und Frau Squeers' Weg der falsche sei. Dennoch möchte ich nicht, daß Sie glauben, Frau Squeers' laienhaftes Vorgehen sei richtig, weil sie der Demokratie, der Minister aber der Bürokratie angehöre. Überhaupt sollte es keiner andern Prüfung unterzogen werden als derjenigen, welche Wirkung es auf das menschliche Wohlergehen hat.

Wissenschaft und Kunst der Politik

Politische Wissenschaft bedeutet nichts anderes als die Planung der besten Maßnahmen, den Willen der Welt zu erfüllen, und, ich wiederhole, es ist eine Arbeit, die hohe Geschicklichkeit erfordert. Ist einmal der Weg entdeckt, sind die Methoden bestimmt und die ausführenden Organe vorgesehen, so ist die Arbeit des Staatsmannes getan und die des Beamten beginnt. Zum Beispiel braucht der Polizist, der den Straßenverkehr lenkt, nicht besser zu sein als die Leute, die dem Wink seiner Hand gehorchen. Jede Zusammenarbeit bringt Unterordnung und die Ernennung von Direktoren mit sich, auf deren Befehl die andern handeln. Diese brauchen dem Rest nicht überlegen zu sein, sowenig der Schlußstein eines Bogens härter zu sein braucht als die übrigen Steine. Aber wenn es sich darum handelt, die Anweisungen, denen gehorcht werden soll, zu planen, das heißt, neue Einrichtungen einzuführen und alte abzubauen, brauchen wir die Aristokratie im Sinn der Regierung durch die Besten. Ein militärischer Staat, der so organisiert wäre, daß die Impulse des durchschnittlichen Soldaten genau in die Tat umgesetzt würden, würde kein Jahr überdauern. Das Ergebnis des Versuches, die Kirche von England zum Echo der Ideen des durchschnittlichen Kirchgängers zu machen, hat sie zur Ziffer degradiert, mit Ausnahme ihrer Zwecke als launisch-irreligiöser, sozialer und politischer Klub. Die Demokratie mag, wenn es sich um das handelt, was getan werden muß, unvermeidlich sein (daher die dringende Notwendigkeit einer Demokratie von Übermenschen), Demokratie aber in bezug auf Art und Weise, etwas zu tun, heißt, die Passagiere den Zug lenken lassen: das kann nur in Entgleisungen und Trümmern enden. Tatsächlich gelangen wir nicht zu Reformen, indem wir die Wählerschaft Statuten entwerfen lassen, sondern indem wir sie davon überzeugen, daß ein bestimmter Minister und sein Kabinett mit genügend politischer Weisheit begabt sind, um herauszufinden, wie das gewünschte Resultat erzielt werden kann. Und die übliche Buße für das Ausnutzen dieser Macht, unsere Einrichtungen zu reformieren, ist die Niederlage durch einen heftigen »Ausschlag des Pendels« bei der nächsten Wahl. Hierin liegt die Gefahr und der Ruhm demokratischer Regierungskunst. Ein Staatsmann, der sich auf populäre Gesetzgebung beschränkt, oder, um beim Thema zu bleiben, ein Dramatiker, der sich auf populäre Stücke beschränkt –, ist wie der Hund eines Blinden, der überall hintrottet, wo der Blinde ihn hinzieht, mit der Begründung, daß beide an denselben Ort gelangen wollen.

Warum Staatsmänner der Ehefrage ausweichen

Die Reform der Ehe wird also ein sehr glänzendes und sehr gefahrenreiches Abenteuer für den Premierminister sein, der sie in die Hand nimmt. Sein Bild wird an jedem Bretterzaun hängen, und er selbst wird in jeder Oppositionszeitung und besonders in den Sportzeitungen als Zerstörer des Heims, der Familie, des Anstands, der Moral, der Keuschheit und zahlloser anderer Dinge gebrandmarkt werden. Alle Gemeinplätze aus der Rede des modernen dummdreisten Antisozialisten werden ihm entgegengeschleudert werden. Und er wird ohne das leiseste Zugeständnis an sie vorgehen müssen, indem er den Dummdreisten gibt, was der Dummdreisten ist, nämlich die Versicherung: »Ich weiß besser, wie wir unsere Ziele erreichen, als ihr.« Er wird sein politisches Leben auf den Glauben gründen, der diese Versicherung erzeugt: Dieser Glaube aber wird weitgehend von der Bestimmtheit abhängen, mit der die Versicherung vorgetragen wird, und diese wiederum kann nur erreicht werden durch das Studium der Tatsachen der Ehe und durch das Verständnis für die Bedürfnisse des Volkes. Und schließlich wird er einsehen, daß die frommen Gemeinplätze, in welchen er und die Wählerschaft übereinstimmen, ein völliges Auseinanderklaffen der wahren Absichten verhüllen: die seinen sind öffentlich, weitblickend und unpersönlich, diejenigen der Wählerschaft aber in hohem Maße engherzig, persönlich, eifersüchtig und korrupt. Unter solchen Umständen kann es nicht verwundern, daß die bloße Erwähnung der Ehefrage ein britisches Kabinett vor Angst erschauern und hastig zu einer verläßlicheren Angelegenheit übergehen läßt. Nichtsdestoweniger kann die Reform der Ehe nicht ewig aufgeschoben werden. Welches werden die Punkte sein, die das Kabinett anpacken muß, wenn die Stunde schlägt?

Das Bevölkerungsproblem

Zuerst wird man feststellen müssen, wie viele Menschen wir im Lande brauchen. Wollen wir weniger als jetzt, so müssen wir ermitteln, um wieviel weniger; wollen wir die Verminderung durch die Fortsetzung der gegenwärtigen Sterilisationspraxis der Ehe zulassen, so müssen wir festlegen, wie das Verfahren abgebrochen werden soll, wenn es genügend gewirkt hat. Wünschen wir aber die Bevölkerungsziffer auf ihrer gegenwärtigen Höhe zu halten oder sie zu steigern, so müssen wir augenblicklich Schritte unternehmen, um mäßig bemittelte Leute zu früherer Heirat und zu einer größeren Kinderzahl zu bewegen. Der Fall der sehr Armen und der sehr Reichen ist weniger dringend. Sie zeugen hemmungslos: die Reichen, weil sie es sich leisten können, und die Armen, weil sie sich die Vorsichtsmaßnahmen nicht leisten können, mit welchen die Handwerker und der Mittelstand große Familien vermeiden. Trotzdem nimmt die Bevölkerung ab, weil die hohe Geburtenziffer der sehr Armen durch eine ungeheure Kindersterblichkeit in den Elendsvierteln wettgemacht wird, während es andererseits nur wenige sehr Reiche gibt und diese durch den sich ausbreitenden Aufstand ihrer Frauen gegen übermäßiges Kindergebären – manchmal gegen jegliches Kindergebären – unfruchtbar werden. Dieser letzte Grund ist wichtig. Er kann durch keinen wirtschaftlichen Ausgleich aus der Welt geschafft werden. Würde ab morgen jede Familie mit einem Jahreseinkommen von zehntausend Pfund versehen, so würden sich trotzdem die Frauen immer heftiger weigern, weiterhin bis zur Erschöpfung Kinder zu gebären, solange viele andere überhaupt keine Kinder gebären. Selbst wenn jede Frau, die ein wertvolles Kind gebiert und aufzieht, eine ansehnliche Reihe von Zahlungen erhielte und dadurch die Mutterschaft zu einem wirklichen Beruf erhoben würde, wie sie es sein sollte, so wäre die Zahl der Frauen, die fähig und willens wären, mehr Zeit ihres Lebens herzugeben, als sie das Austragen und die Pflege von drei oder vier Kindern kostet, trotzdem nicht sehr groß. Der Fortschritt in der gesellschaftlichen Ordnung und im sozialen Gewissen, der sich in solchen Zahlungen auswirkte, brächte nämlich auch andere Existenzmöglichkeiten für Frauen mit sich. Und es darf nicht vergessen werden, daß die städtische Zivilisation selbst, insoweit sie eine planmäßige Evolutionsstufe ist (wenn sie das nicht ist, so ist sie ganz einfach ein Unfug), in bezug auf Zahlen einen Sterilisationsprozeß darstellt. Es ist schwerer, den Nachwuchs an Elefanten sicherzustellen als den Nachwuchs an Sperlingen und Kaninchen, und aus demselben Grund wird es schwerer sein, einen Nachwuchs von hochkultivierten Menschen sicherzustellen als einen solchen von Landarbeitern. Die Bienen lösen diese Schwierigkeit durch ein spezielles Fütterungssystem, das eine Königin instandsetzt, täglich viertausend Eier zu legen, während die anderen Weibchen ihr Geschlecht überhaupt verlieren, Arbeiterinnen werden und die Männchen in Luxus und Müßiggang erhalten, bis die Königin ihren Partner gefunden hat, den sie anschließend tötet, während die einstigen Weibchen alle übrigen töten. (So wenigstens lautet der Bericht romantischer Naturforscher.)

Das Recht auf Mutterschaft

Dieses System zeigt zweifellos eine viel höhere Entwicklung der sozialen Intelligenz als unser Ehesystem; wäre es aber physisch möglich, es in die menschliche Gesellschaft einzuführen, so würde es durch eine umgekehrte und nicht weniger wichtige Revolte der Frauen zertrümmert: die Revolte gegen obligatorische Unfruchtbarkeit. Dies betrifft zwei Arten von Frauen: solche, die zwar keinen Wunsch nach Kindern und deren Bemutterung, trotzdem aber das Gefühl haben, daß die Mutterschaft notwendig sei, um ihre psychische Entwicklung, ihre Einsicht in sich selbst und andere zu vervollständigen – und solche, die, obwohl sie unfähig sind, einen Gatten zu finden, oder nicht willens, mit einem zu leben, sich gerne mit der Aufzucht von Kindern beschäftigen würden. Meine eigene Erfahrung in der Behandlung dieser Fragen führt mich zu dem Glauben, daß der eine Punkt, in welchem alle Frauen sich in einem geheimen wütenden Aufstand gegen das bestehende Gesetz befinden, die Verquickung des Rechts auf ein Kind mit der Verpflichtung ist, Dienerin eines Mannes zu werden. Adoption oder das Erbetteln, Kaufen oder Stehlen des Kindes einer andern Frau bringen keine Abhilfe: es verschafft nicht die erhabene Erfahrung, ein Kind zu gebären. Keine politische Verfassung wird Erfolg haben noch verdienen, wenn sie die Anerkennung des absoluten Rechtes auf sexuelle Erfahrung ausschließt oder überhaupt irgendwie beeinflußt ist von der paulinischen oder romantischen Ansicht, eine solche Erfahrung sei an sich sündig. Und da diese Erfahrung im Fall der Frau letztendlich bis zum Gebären eines Kindes gehen sollte, so kann sie mit der Einwilligung in die Ehe mit dem Vater des Kindes nur vereint werden, wenn die Vielweiberei legalisiert würde; denn es gibt mehr erwachsene Frauen als Männer im Lande. Obwohl im größten Teil des britischen Weltreiches schon Vielweiberei herrscht und hier sogut wie in Indien durchgeführt werden kann, läßt sich aber eine ganze Menge dagegen sagen und noch mehr dagegen fühlen. Wir wollen jedoch für einen Augenblick unsere Gefühle beiseite stellen und die Frage politisch betrachten.

Die Einehe, die Vielweiberei und die Vielmännerei

Die Zahl der Frauen, die einem einzigen Mann erlaubt sind, und die Zahl der Männer, die eine Frau haben darf, ist kein ethisches Problem; sie hängt einzig vom Verhältnis der Geschlechter innerhalb der Bevölkerung ab. Würden infolge eines großen Krieges drei Viertel der Männer in diesem Land getötet, so wäre es unumgänglich notwendig, die mohammedanische Möglichkeit der Ehe eines Mannes mit vier Frauen einzuführen, um die Bevölkerungsziffer wiederherzustellen. Der eigentliche Grund dafür, daß Frauen ihr Leben nicht in Schlachten aufs Spiel setzen dürfen und daß ihnen bei allen gefährliche Vorfällen als ersten die Möglichkeit der Flucht vorbehalten ist – kurz, daß man ihr Leben behandelt, als sei es wertvoller als das männliche Leben – ist nicht im geringsten ein ritterlicher Grund, obwohl die Männer alldem in der Illusion der Ritterlichkeit zustimmen mögen. Es ist ganz einfach notwendig, denn wenn ein großer Prozentsatz der Frauen getötet oder verkrüppelt würde, so könnte keine Neuordnung des Ehegesetzes die Entvölkerung und den daraus entstehenden politischen Ruin des Landes aufhalten, weil eine Frau mit mehreren Männern weniger Kinder gebiert als eine Frau mit nur einem Mann; ein Mann aber kann so viele Familien ins Leben rufen, wie er Frauen hat. Die natürliche Grundlage für die Institution der Einehe hängt nicht mit etwas Verwerflichem zusammen, was der Vielweiberei oder Vielmännerei an sich innewohnen würde, sondern mit der harten Tatsache, daß Männer und Frauen in ungefähr gleicher Zahl geboren werden. Unglücklicherweise töten wir so viele männliche Kinder in ihrer frühen Jugend, daß uns ein Überfluß an erwachsenen Frauen bleibt, groß genug, um unsere Aufmerksamkeit zu beanspruchen, aber nicht groß genug, um jedem Mann zwei Frauen zu erlauben. Selbst wenn es möglich wäre, so hätten wir noch eine wirtschaftliche Schwierigkeit zu überwinden. Ein Kaffer ist entsprechend der Anzahl seiner Frauen reich, weil die Frauen Broterwerber sind. Aber in unserer Zivilisation werden die Frauen nicht für ihre soziale Arbeit bezahlt, die im Gebären und Aufziehen der Kinder und im Führen des Haushalts besteht, sondern sie sind von den Einnahmen ihrer Männer abhängig. Bei uns könnten sich wenigstens vier von fünf Männern nicht zwei Frauen leisten, ohne daß ihr Salär annähernd verdoppelt werden müßte. Wäre es daher nicht ratsam, die unbeschränkte Vielweiberei zu erproben, damit das andere Fünftel so viele Frauen haben könnte, wie es sich leisten kann? Wir wollen die Auswirkungen einer solchen Lösung betrachten.

Der männliche Widerstand gegen die Vielweiberei

Die Erfahrung zeigt, daß Frauen sich der Vielweiberei, wo sie Brauch ist, nicht widersetzen, im Gegenteil, sie sind ihre glühendsten Befürworter. Der Grund ist leicht zu finden. Die Frage, wie sie die Frau in der Praxis beantworten muß, lautet: Ist es besser, einen zehntklassigen Mann allein oder aber ein Zehntel eines erstklassigen Mannes zu besitzen? Ersetzt man das Wort Mann durch das Wort Einkommen, so hat man die Frage, wie sie sich der abhängigen Frau in wirtschaftlicher Hinsicht stellt. Die Frau, deren Instinkte mütterlich sind, die sich vor allem vorzügliche Kinder wünscht, wird nicht zögern. Sie würde, wenn nötig, lieber von einem Manne den tausendsten Teil annehmen, der *ein Mann* unter Tausenden wäre, als daß sie einen verhältnismäßig kümmerlichen Schwächling ganz für sich allein hätte. Es ist der verhältnismäßig kümmerliche Schwächling, dem durch die Vielweiberei die Frau genommen würde, der sich einer solchen Lösung widersetzt. So waren es nicht die Frauen von Salt Lake City, noch überhaupt die Frauen Amerikas, die die mormonische Vielweiberei bekämpften. Es waren die Männer. Und das ist nur zu verständlich. Andererseits widersetzen sich Frauen der Vielmännerei, weil diese die besten Frauen instand setzt, alle Männer in Beschlag zu nehmen, gerade wie die Vielweiberei die besten Männer instand setzt, alle Frauen für sich in Anspruch zu nehmen. Deshalb gehen alle unsere gewöhnlichen Männer und Frauen in der Verteidigung der Einehe konform; die Männer, weil sie die Vielweiberei ausschließt, und die Frauen, weil sie die Vielmännerei ausschließt. Die Frauen an und für sich würden die Vielweiberei dulden. Die Männer an und für sich würden die Vielmännerei dulden. Aber die Vielweiberei würde eine ganze Menge von Männern und die Vielmännerei eine ganze Menge von Frauen der Ehelosigkeit aussetzen, weil sie dann vernachlässigt würden. Daher der Widerstand, den jeder Versuch, die unbeschränkte Vielweiberei einzuführen, nicht von seiten der Besten, sondern von seiten der Mittelmäßigen und Unterdurchschnittlichen zu gewärtigen hat. Gelänge es uns, unsere Unterdurchschnittlichen loszuwerden und das durchschnittliche Niveau so hoch zu steigern, daß Mittelmäßigkeit keinen Vorwurf mehr darstellte und jeder Mann vernünftigerweise als Vater in Betracht käme und jede Frau vernünftigerweise als Mutter begehrenswert wäre, so würden Vielmännerei und Vielweiberei augenblicklich und wahrhaftig in Verruf geraten. Denn die Einehe ist so viel bequemer und wirtschaftlicher, daß niemand seinen Mann oder seine Frau mit andern würde teilen wollen, wenn er (oder sie) einen genügend guten Partner für sich alleine haben könnte. So scheint es, daß die Knappheit an Männern und Frauen erster Qualität die Ursache ist, die die Frauen zur Vielweiberei und die Männer zur Vielmännerei führt, und würde dieser Knappheit abgeholfen, so würde die Einehe in dem Sinne, daß nur ein Gatte oder eine Gattin auf einmal erlaubt wären (Möglichkeiten des Wechsels sind wieder etwas anderes), als befriedigend empfunden.

Unterschied zwischen orientalischer und abendländischer Vielweiberei

Man kann sich fragen, warum die Völker, bei welchen die Vielweiberei üblich ist, nicht allmählich der Einehe zutreiben wie die Heiligen der Letzten Tage von Salt Lake City. Wir brauchen die Antwort nicht lange zu suchen: ihre Vielweiberei ist beschränkt. Unter dem mohammedanischen Gesetz kann ein Mann nicht mehr als vier Frauen heiraten, und unter dem ungeschriebenen Gesetz der Notwendigkeit kann kein Mann mehr Frauen erhalten, als er sich leisten kann, so daß also ein Mann mit vier Frauen in Asien eine ebenso große Ausnahme darstellt wie in Europa ein Mann mit einem Reitpferd oder einer Luxuslimousine; dies, obwohl wir ja so viele Reitpferde und Luxuslimousinen haben dürfen, wie wir bezahlen können. Die kulinische Vielweiberei, obwohl unbeschränkt, ist keine wirklich populäre Einrichtung: ein Angehöriger einer hohen Kaste mag einen andern Angehörigen einer höchst erhabenen Kaste bezahlen, damit dieser seine Tochter für einen Augenblick zu einer seiner sechzig oder siebzig Frauen macht, die er gerade hat; dadurch wird das Blut der Enkel veredelt. Aber diese Mode einer kleinen und äußerst snobistischen Klasse fällt nicht als allgemeiner Präzedenzfall ins Gewicht. Auf jeden Fall heiraten die Männer und Frauen im Osten nicht einfach irgend jemand, der ihnen zusagt, wie in England oder Amerika. Die Frauen halten sich abgesondert, und die Ehen werden vermittelt. In Salt Lake City konnte die freie, unabgesonderte Frau den fähigsten Mann der Gemeinschaft sehen und treffen und ihn mit allen Künsten, die den Frauen der englischsprechenden Länder zur Verfügung stehen, verlocken, sie zu seiner zehnten Frau zu machen. Keine Frau des Ostens kann dergleichen tun. Der Mann allein hat alle Initiative, aber er hat keinen Zugang zur Frau; außerdem ist, wie wir gesehen haben, die Schwierigkeit, die von der männlichen Ungebundenheit herrührt, nicht die Vielweiberei, sondern die Vielmännerei, und die ist dort nicht erlaubt.

Wir müssen die Vielweiberei, wenn sie ein Erfolg werden soll, also beschränken. Wenn wir zwei Frauen auf einen Mann haben, so dürfen wir einem Mann nur zwei Frauen erlauben. Das ist einfach, aber unglücklicherweise ist unsere wirkliche Proportion ungefähr die folgende: $1\frac{1}{11}$ Frauen auf einen Mann. Man kann nun natürlich nicht fordern, daß jeder Mann $1\frac{1}{11}$ Frauen für sich haben dürfe, oder daß jede Frau, die keinen Mann für sich allein findet, sich zwischen elf bereits verheirateten Männern aufteile. So gibt es für uns keine Lösung durch Vielweiberei. Es gibt überhaupt keinen Ausweg aus dem gegenwärtigen System, das die überzähligen Frauen zur Unfruchtbarkeit verurteilt, als daß die Kinder der Frauen, die mit dem Vater dieser Kinder nicht verheiratet sind, als rechtmäßig anerkannt werden.

Das Recht der alten Jungfer auf Mutterschaft

Das Recht, Kinder zu gebären, ohne einen Mann zu heiraten, brauchte aber nicht auf Frauen beschränkt werden, die in der Berechnung der Einehen überzählig erscheinen. Es besteht die praktische Schwierigkeit, daß, obwohl es in unserer Bevölkerung ungefähr eine Million überzähliger Frauen gibt (wenn man die Einehe als Basis der Berechnung annimmt), es dennoch ganz unmöglich ist, von irgendeiner erstbesten unverheirateten Frau zu sagen, sie gehöre zu diesen Überzähligen. Und überdies besteht eine prinzipielle Schwierigkeit. Das Recht, ein Kind zu gebären – vielleicht das heiligste aller Frauenrechte –, dürfte überhaupt keinen Bedingungen unterworfen sein, außer der Rücksicht auf das Wohlergehen der Menschheit. Es gibt viele Frauen von bewundernswertem Charakter, stark, fähig und selbständig, die die häuslichen Gewohnheiten von Männern nicht mögen, die keine natürliche Neigung haben, sie zu bemuttern und zu verhätscheln, und die die Einräumung ehelicher Rechte irgend jemandem gegenüber unter irgendwelchen Bedingungen als unvereinbar mit ihrer Selbstachtung empfinden. Dennoch erkennt der Gemeinsinn der Gesellschaft in diesen Frauen die fähigsten Personen zur Beaufsichtigung von Kindern und vertraut ihnen, wenn sie für solche Arbeit zu haben sind, als Schullehrerinnen und Leiterinnen von Instituten mehr als allen anderen Frauen. Warum sollte ihnen, als Preis für ihr Recht auf Mutterschaft, die Annahme eines Gatten aufgezwungen werden? Ich bin völlig außerstande, diese Frage zu beantworten.

Ich sehe, daß eine ganze Menge erstklassiger mütterlicher Fähigkeit für Bienen und Geflügel, Dorfschulen und Landspitäler verwendet wird, und ich frage mich immer wieder unwillkürlich, warum dieser wertvolle Charakterzug im nachwachsenden Volk sterilisiert sein sollte. Leider sind gerade die Frauen, die wir zum Besten der Menschheit verlocken sollten, Mutter zu werden, diejenigen, die ihrem Lande zuallerletzt einen diesbezüglichen Bereitschaftsdienst aufdrängen würden. Plato wies längst darauf hin, wie wichtig es ist, von Männern regiert zu werden, die genügend Verantwortlichkeitssinn und Verständnis für öffentliche Pflichten besitzen, um das Regierungsamt nur mit Zögern zu übernehmen. Dennoch haben wir uns seine Lehren so wenig zu Herzen genommen, daß wir gegenwärtig heftig an einer Regierung durch Männer leiden, die sich zu allen niedrigen Wahlkniffen herablassen und alle hohen Kosten einer Wahl auf sich nehmen, um nur ja einen Sitz im Parlament zu erhalten. Aber unseren Sentimentalisten hat man noch nicht erklärt, daß sich auf die Mutterschaft genau dasselbe anwenden läßt wie auf die Regierungskunst. Die besten Frauen sind nicht diejenigen, die von ihren primitiven Instinkten so versklavt sind, daß sie Kinder gebären, gleichgültig, wie hart die Bedingungen sind, sondern gerade diejenigen, die ihre Dienste sehr hoch bewerten und durchaus bereit sind, alte Jungfern zu werden, wenn der Preis zu hoch befunden wird, – und die sogar Gott danken, daß sie entwischt sind. Unsere demokratischen und ehelichen Einrichtungen mögen ihre Vorteile haben: jedenfalls sind sie meistens Reformen von etwas Schlechterem; aber sie setzen in bestimmten, sehr wichtigen Angelegenheiten eine Belohnung aus auf den Mangel an Selbstachtung, und die Folge ist, daß wir schlecht regiert und im großen ganzen eine häßliche, gemeine, übel erzogene Rasse sind.

Wir wollen jedoch bei aller Sympathie für die überzähligen Frauen nicht vergessen, daß ihre Kinder ebensogut Väter wie Mütter haben müssen. Wer sollen ihre Väter sein? Alle Anhänger der Einehe und alle verheirateten Frauen werden sich beeilen zu antworten: Junggesellen oder Witwer. Und diese Lösung wird soviel taugen wie irgendeine andere, denn es wäre Heuchelei vorzugeben, daß die Schwierigkeit praktischer Natur sei. Nichtsdestoweniger werden die Anhänger der Einehe, wenn sie gebührend nachgedacht haben, darauf hinweisen, daß die überzähligen Frauen, wenn es genug Witwer gäbe, ja gar nicht überzählig wären. Und deshalb wäre nicht einzusehen, warum die Beteiligten nicht wie andere Leute in allen Ehren heiraten sollten. Und sie würden in diesem Falle auch recht haben, wenn die Ursachen nur im Bereich von Zahlen lägen, das heißt, wenn jede Frau willens wäre, einen Gatten zu nehmen, falls man einen für sie fände, und jeder Mann unter denselben Umständen willens, eine Frau zu nehmen; und wenn – vergessen wir das nicht – die Witwen ehelos blieben, um den unverheirateten Frauen auch eine Chance zu geben. Diese »Wenns« werden sich nicht erfüllen. Wir müssen einsehen, daß es zwei Arten alter Jungfern gibt; erstens die wirklich überzähligen Frauen und zweitens die Frauen, die Mutterschaft ablehnen, wenn sie nur unter der Bedingung der (für sie) unerträglichen ehelichen Verbindung mit einem Mann möglich ist. Von beiden Arten dürfen wir vielleicht im Augenblick den großen Prozentsatz der Frauen abziehen, die sich die Extraausgaben für ein oder mehrere Kinder nicht leisten könnten. Ich sage »vielleicht«; denn es ist keineswegs sicher, daß innerhalb vernünftiger Grenzen Mütter nicht einen tüchtigeren Existenzkampf führen und nicht im großen und ganzen ein reicheres Leben haben als alleinstehende Frauen. Auf jeden Fall stehen wir zwei deutlich verschiedenen Fällen gegenüber; den Überzähligen und den Freiwilligen. Und es sind die Freiwilligen, an denen uns am meisten liegt, deren Intelligenz wir fortpflanzen sollten. Aber auch hier können wir nicht mit dem Finger auf irgendeinen besonderen Fall weisen und Fräulein Robinson als überzählig, Fräulein Wilkinson dagegen als freiwillig bezeichnen. Wie wir das Kind der unverheirateten Frau legitimieren, ob aus Pflicht gegen die Überzähligen oder als Köder für die Freiwilligen, das praktische Ergebnis muß dasselbe bleiben: nämlich, daß die Bedingung der Ehe, die jetzt mit der legitimen Elternschaft verknüpft ist, allen Frauen erlassen wird und fruchtbare außereheliche Verhältnisse von der Gesellschaft anerkannt werden. Nun würden aber die Folgen damit natürlich nicht ihr Ende finden. Die charaktervollen Damen, die entschlossen sind, Herrinnen in ihrem eigenen Haus zu sein, würden nicht die einzigen bleiben, die das neue Gesetz ausnutzen. Selbst Frauen, für die ein Heim ohne Mann überhaupt kein Heim wäre und die durchaus beabsichtigen würden, mit einem Mann, falls er sich als der richtige erwiese, genauso zu leben, wie Eheleute es tun, würden jedes Interesse daran haben, die neuen Bedingungen anstatt der alten anzunehmen, wenn sie nur materiell unabhängig wären. Allein die Frauen, deren einzige Existenzmöglichkeit die Ehe wäre, würden noch auf ihr bestehen; so entstünde eine Tendenz, die Ehe mehr und mehr zu einem Brauch zu machen, der den Armen von der Notwendigkeit aufgezwungen wird. Die freiere Form des Verhältnisses aber – zweifellos geordnet durch verschiedenartige Abkommen und Privatverträge – würde bei den Reichen üblich, das heißt, sie würde Mode werden. An diesem Punkt angelangt, würde nichts als die Erreichung der wirtschaftlichen Unabhängigkeit durch die Frau, welche schon jetzt klar in Sichtweite ist, die Ehe gänzlich verschwinden lassen – nicht durch formelle Abschaffung, sondern einfach, weil man keine Ehe mehr einginge. Das Privatvertrag-Stadium dieses Vorganges ist im alten Rom erreicht worden. Die einzige praktisch mögliche Alternative dazu scheint eine solche Ausdehnung des Scheidungsrechts, daß die Gefahren und Verpflichtungen der Ehe weit genug herabgemindert werden, so daß sie nicht schlimmer sind als diejenigen der Alternativen zur Ehe. Wie wir sehen werden, ist dies die Lösung, zu welcher alle Argumente hinstreben. Dabei muß man zugeben, daß ein Staatsmann sehr viel Ursache hat zu zögern, ehe er sich in eine Einrichtung einmischt, die, so unerträglich ihre Nachteile sind, überall in Stücke zu zerfallen droht, wenn ein einziger ihrer Fäden zerschnitten wird. Ibsens Gleichnis vom maschinengenähten Kettenstich, der beim ersten Zug den ganzen Saum auflöst, wenn ein einziger Stich aufgerissen wird, läßt sich sehr leicht auf den Knoten der Ehe anwenden.

Der Gegensatz zwischen Ideal und Wirklichkeit

Aber ehe wir uns dadurch abhalten lassen, das geheiligte Gewebe zu berühren, müssen wir ermitteln, ob es nicht infolge der dauernden Überbeanspruchung durch die Umstände bereits überall in Stücke zerfällt. Ohne Zweifel: wäre die Ehe alles, was sie zu sein vorgibt, und arbeitete die menschliche Natur reibungslos innerhalb ihrer Grenzen, so wäre weiter nichts zu sagen; sie würde in Ruhe gelassen, wie sie in gröberen Stadien der Zivilisation immer in Ruhe gelassen wird. Aber im Augenblick, wo wir uns den Tatsachen zuwenden, entdecken wir, daß die ideale Ehe und Häuslichkeit, welche die Frömmler uns anflehen als Eckpfeiler unserer Gesellschaft zu bewahren, eine Fiktion ist. Was wir in Wirklichkeit haben, ist etwas ganz anderes: fragwürdig im besten Fall und abscheulich im schlimmsten. Das Wort rein, das von gedankenlosen Leuten so oft dafür verwandt wird, ist widersinnig, denn wenn sie damit nicht Zölibat meinen, so meinen sie gar nichts, und wenn sie tatsächlich Zölibat meinen, dann ist die Ehe die legalisierte Unreinheit, – ein Schluß, der abstoßend und unmenschlich ist. Die Ehe als Tatsache gleicht der Ehe als Ideal nicht im geringsten. Täte sie das, so hätten die plötzlichen Änderungen, die auf dem Kontinent erfolgten, die

Gesellschaft von Grund auf erschüttert – die unauflösliche römisch-katholische Ehe wurde zu einer Ehe, die in Frankreich durch eine Ohrfeige, in Deutschland durch eine Beleidigung und in Schweden einfach auf Wunsch beider Parteien aufgelöst werden kann, ganz zu schweigen von den Experimenten einiger amerikanischer Staaten. Die Änderungen haben aber tatsächlich so wenig Wirkung gehabt, daß die Engländer erstaunt die Augen aufreißen, wenn sie etwas davon erfahren.

Die Schwierigkeit, Beweise herbeizuschaffen

Was das tatsächliche Wesen der Ehe betrifft, so hätte man gerne Beweise statt Vermutungen; da aber alle Abweichungen vom Ideal als entehrend angesehen werden, können keine Beweise herbeigeschafft werden, denn wenn die ganze Gemeinschaft unter Anklage steht, will niemand für den Staatsanwalt zur Zeugenbank gehen. Einige Vermutungen aber können wir mit ziemlicher Zuversicht wagen. Zum Beispiel können wir, wenn man gegen jede Änderung einwendet, daß unsere Junggesellen und Witwer dann keine Galahade mehr wären, ohne Übertreibung und Zynismus antworten, viele von ihnen seien auch jetzt keine Galahade, und die einzige Änderung bestünde also darin, daß die Heuchelei nicht mehr obligatorisch wäre. Überhaupt ist das kaum eine Vermutung: die Beweise liegen auf der Straße. Wenn wir aber versuchen, die volle Wahrheit über unsere Ehen zu ermitteln, so haben wir eigentlich keine verläßlichen Vermutungen. Ich selber kann sagen, daß ich die wahre Geschichte von vielleicht einem halben Dutzend Ehen kenne. Jeder Familienanwalt kennt mehr; aber selbst wenn seine Praxis noch so groß ist, weiß ein Familienanwalt nichts von den Millionen Familien, die keine Anwälte haben und die trotzdem die Ehe zu dem machen, was sie wirklich ist. Was immer er sagen kann, ist schließlich nicht mehr, als was ich sage: nämlich, daß keine

Ehe, von der ich irgend etwas weiß, der idealen Ehe im geringsten ähnelt. Ich will nicht behaupten, daß sie schlechter ist – sie ist einfach anders. Außerdem ist die Gesellschaft weit davon entfernt, in der Verteidigung ihres Ideals so eifersüchtig und unerbittlich einig zu gehen, daß der kleinste Schritt über den geraden Weg hinaus Bloßstellung und Ruin bedeutet – im Gegenteil, es ist beinahe unmöglich, durch irgendeine übertrieben schlechte Aufführung die Gesellschaft zu bewegen, ihr unerschütterliches Simulieren aufzugeben: außer man tut eines oder auch beides von zwei verhängnisvollen Dingen. Das eine besteht darin, daß man in die Zeitung kommt – das andere in einem Geständnis. Wenn man ehrbaren Männern und Frauen sein schlechtes Benehmen eingesteht, so müssen sie sich entweder von einem lossagen oder praktisch zu Helfershelfern werden; deshalb sind sie so wütend auf den, der gesteht. Wenn man in die Zeitung kommt, so können die andern unmöglich mehr vorgeben, sie wüßten von nichts. Ich sage aber kaum zuviel, wenn ich behaupte, daß man im Hinblick auf die Nachbarn tun kann, was einem gefällt, sofern diese zwei Gefahren vermieden werden. Da wir uns jedoch kaum schmeicheln dürfen, daß es christliche Nächstenliebe ist, die sich so auswirkt, wird es schwierig, dem Verdacht auszuweichen, daß unsere außerordentliche Duldsamkeit, wenn es ans Steinewerfen geht, diejenige des bekannten Gleichnisses von der Ehebrecherin ist, die mit einem frühen, ins Johannes-Evangelium hineingeschmuggelten Freidenker erwischt wurde; wir leben nämlich alle in Glashäusern. Wir können also annehmen, daß der ideale Gatte und die ideale Gattin keine wirklicheren Wesen sind als der Cherubim. Möglicherweise hält die breite Mehrheit ihr Ehegelübde im körperlichen Sinn, wie er bei Scheidungsprozessen verstanden wird. Kein Ehemann und keine Ehefrau aber, die bis jetzt geboren sind, können es heute oder jemals im idealen Sinn einhalten.

Die Trauungsliturgie ein Zauberspruch

Die Wahrheit, welche die Menschen bei dieser Angelegenheit zu übersehen scheinen, ist die, daß die Trauungsliturgie als Zauberspruch, der mit einem Schlag die Natur der Beziehungen zweier Menschen zueinander verwandeln soll, wirkungslos ist. Wenn ein Mann eine Frau nach dreiwöchiger Bekanntschaft heiratet und am Tag darauf einer Frau begegnet, die er seit zwanzig Jahren kennt, so findet er manchmal zu seiner eigenen unvernünftigen Überraschung und zur ebenso unvernünftigen Entrüstung seiner Frau, daß seine Frau eine Fremde ist und die andere Frau eine gute alte Bekannte. Auch kann man unmöglich einen Hokuspokus mit Ringen, Schleiern, Gelübden und Segnungen erfinden, der die Zuneigung eines Mannes oder einer Frau auch nur zwanzig Minuten lang festlegt, geschweige denn für zwanzig Jahre. Selbst das liebevollste Paar muß Augenblicke kennen, in denen es sich der gegenseitigen Fehler viel bewußter ist als der gegenseitigen Anziehung. Es gibt Paare, die immer nur ein paar Stunden wütend aufeinander sind und sich nicht leiden können, es gibt Paare, die einander dauernd nicht leiden können, und es gibt Paare, die niemals Abneigung gegeneinander empfinden; diese letzteren sind aber Menschen, die unfähig sind, überhaupt irgend jemanden zu verabscheuen. Wenn sie nicht streiten, so liegt das nicht an ihrem Verheiratetsein, sondern an der Tatsache, daß sie nicht streitsüchtig veranlagt sind. Streitsüchtige Menschen zanken sich mit ihren Gatten und Gattinnen genauso leicht wie mit ihren Dienstboten, Verwandten und Bekannten: die Ehe macht da keinen Unterschied. Wer spricht, schreibt und Gesetze erläßt, als könne all dies durch feierliche Gelübde, daß es nicht geschehen solle, verhindert werden, ist entweder unaufrichtig, geistesgestört oder hoffnungslos dumm. Vertragliche Verpflichtungen, eine bestimmte Handlung auszuführen oder auf sie zu verzichten, haben einigen Sinn, wenn solche Handlungen vernünftigerweise willentlich beherrscht werden können. Solche Verträge sind aber nur nötig, um sich gegen die Möglichkeit zu verwahren, daß eine der beiden Parteien die darin festgelegte Handlung nicht länger auszuführen oder auf sie zu verzichten wünscht. Wer einen Vertrag, nicht nur etwas zu tun, sondern es sogar gerne zu tun, vorschlüge oder einginge, der würde zwar als geistesgestört bezeichnet. Doch traut der populäre Aberglaube der Trauungsliturgie gleichwohl die Macht zu, unsere Neigungen fürs ganze Leben selbst unter den unnatürlichsten Bedingungen festzulegen.

Die Unpersönlichkeit des Geschlechts

Es ist nötig, auf diese Punkte einiges Gewicht zu legen, weil wenige sich das Ausmaß vergegenwärtigen, bis zu welchem wir in unserem Glauben gehen, die Ehe sei der kürzeste Weg zur vollkommenen und dauerhaften Vertrautheit. Aber es gibt einen Glauben, der noch viel weniger verwirklicht werden kann und daher widerlegt werden muß, ehe die Diskussionen über die Ehe mit den Tatsachen des Lebens in irgendwelche Berührung kommen können. Dieser Glaube besteht darin, daß die besonderen Beziehungen, zu welchen die Ehe zwischen den beiden Partnern berechtigt, die vertrauteste und persönlichste der menschlichen Beziehungen sei und alle andern hohen menschlichen Beziehungen in sich einschließe. Dies ist nun äußerst unwahr. Jeder Erwachsene weiß, daß die fragliche Beziehung zwischen vollkommen Fremden, die verschieden in Sprache, Farbe, Geschmack, Stand, Zivilisation, Moral, Religion, Charakter sind – überhaupt in allem außer ihrer körperlichen Zugehörigkeit zur Menschheit und dem Fortpflanzungsdrang, der allen lebenden Organismen innewohnt –, bestehen kann und besteht. Selbst Haß, Grausamkeit und Verachtung sind damit nicht unvereinbar. Eifersucht und Mord sind ihr ebenso nahe wie liebevolle Freundschaft. Zwar ist die Beziehung für unerfahrene Leute mit wild übertriebenen Illusionen verbunden, und selbst die erfahrensten Men-

schen haben nicht immer genügend Fähigkeit zur Analyse, um sie von positiven oder negativen Gefühlen zu lösen, die durch andere Beziehungen entstehen, Beziehungen, welche entweder zwangsläufig durch unser Gesetz oder romantisch gefühlsmäßig damit verknüpft sind. Aber die Tatsache bleibt, daß die verheerendsten Ehen diejenigen sind, die ausschließlich auf der einen Basis gegründet werden, und die erfolgreichsten diejenigen, in denen sie am wenigsten berücksichtigt wurde und wo die entscheidenden Überlegungen mit dem Geschlecht nichts zu tun hatten, sondern zum Beispiel mit Zuneigung, Geld, Übereinstimmung des Geschmacks, Ähnlichkeit der Gewohnheiten, Standesgemäßheit usw.
Ohne Zweifel ist es unter den bestehenden Umständen für eine mittellose Frau notwendig, sexuell anziehend zu sein, weil sie sich verheiraten muß, um ihre Existenz zu sichern; und die Illusionen, welche der sexuellen Anziehung anhaften, veranlaßt die Phantasie junger Männer, sie mit jeder Fähigkeit und Tugend auszustatten, die eine Frau zu einer Kostbarkeit machen. Da solchermaßen die Anziehung beständig und rücksichtslos als Köder verwendet wird, sowohl von Individuen als auch von der Gesellschaft, weicht man jeder Diskussion, die sie von ihren Illusionen befreien und ihre wirkliche Naturgeschichte bloßlegen will, nervös aus. Aber nichts könnte wohl für jedermann ungesünder sein als die Übertreibung und Verherrlichung einer instinktiven Funktion, welche die Vernunft verdüstert und das Urteil mehr verwirrt als alle anderen Instinkte zusammengenommen. Der Vorgang mag angenehm und romantisch sein; die Folgen sind es nicht. Es wäre für alle Menschen besser und dazu weit ehrlicher, wenn man jungen Leuten beibrächte, daß das, was sie Liebe nennen, ein Appetit ist, der wie alle andern Appetite mit seiner Befriedigung augenblicklich erlischt; daß keine Versicherung, kein Versprechen und kein Vorschlag, welche unter seinem Einfluß gemacht wurde, irgend jemanden binden sollte, und daß sein großer natürlicher Zweck die persönlichen Interessen eines Individuums oder sogar die von zehn Generationen von Indi-

viduen so weit übersteigt, daß man es als Prostitution und sogar als eine Art Gotteslästerung betrachten sollte, wenn ein Versuch gemacht wird, irgendeine Rechnung damit aufzustellen und eine persönliche Vergütung für seine Befriedigung zu verlangen – ob auf gesetzlichem Wege oder nicht. Laßt diesen Appetit ruhig Gegenstand von Verträgen mit der Gesellschaft sein, was seine Folgen angeht; es ist aber weder tugendhaft noch würdig noch anständig, aus der Ehe ein offenes Geschäft damit zu machen, wobei Geld, Kost und Unterkunft, persönliche Sklaverei, Gelübde ewiger, ausschließlicher persönlicher Sentimentalitäten und alles übrige als Preis figurieren. Kein Gatte hat je sein häusliches Glück und seine Ehre dadurch gesichert, daß er sich darauf verließ; auch einer Ehefrau ist das noch nie gelungen. Keine privaten Ansprüche irgendwelcher Art sollten darauf gegründet sein: Wirkliche Ehrensache ist es, keinen korrupten Vorteil daraus zu ziehen. Wenn wir von jungen Frauen hören, die auf Abwege geführt wurden und ähnliches, so finden wir heraus, daß das, was sie auf diese Abwege geführt hat, eine fleißig eingehämmerte falsche Auffassung ist: nämlich, daß die Beziehung, die einzugehen sie verlockt werden, so intensiv persönlich sei und die Gelübde, die unter dem Einfluß ihres vergänglichen Zaubers geleistet wurden, so heilig und beständig, daß nur ein abscheulich gottloser Mann sie mit Gleichgültigkeit behandeln oder vergessen könne. Mehr noch, dieselben phantastischen Irrtümer sind auch den Männern eingeprägt; die gewissenhaftesten fühlen sich aus Gründen der Ehre verpflichtet, zu dem zu stehen, was sie versprochen haben. Somit ist es eine der sichersten Methoden, einen Mann zu bekommen, daß man seine empfindlichen Stellen so lange bearbeitet, bis er sich entweder zu einem Eheversprechen, für das er sich gesetzlich verantworten muß, hinreißen läßt, oder zu einer Unbesonnenheit, die er durch die Ehe wiedergutmachen muß, wenn er sich selbst nicht als Schurke und Verführer vorkommen und außerdem damit rechnen muß, daß die Verwandten der Dame ihr möglichstes tun werden, ihn zu schädigen.

Eine solche Transaktion ist nicht ein Eintreten in den »heiligen Stand der Ehe«: Sie ist ebensooft der Auftakt zu einer lebenslangen Zänkerei, eines sich verhärtenden Grolls, der mehr Elend und Charakterverderbnis verursacht als ein Dutzend durchaus natürlicher »Verrätereien« und »Treulosigkeiten«. Dennoch muß die Zahl der Ehen, die mehr oder weniger auf diese Weise zustandekamen, ungeheuer sein. Wenn die Leute sagen, daß die Liebe frei sein sollte, so mögen ihre Worte, buchstäblich genommen, töricht sein; sie sind aber nur der sehr ungenaue Ausdruck eines sehr wirklichen Bedürfnisses nach der Loslösung der sexuellen Beziehungen von einer Menge maßloser und nicht dazugehöriger Bedingungen, die ihnen unter falschen Vorwänden aufgezwungen werden, damit bedürftige Eltern ihre Töchter »unter die Haube« bringen und die bereits Verheirateten sich wirksam in gegenseitiger Sklaverei halten können.

Die wirtschaftliche Sklaverei der Frauen

Daß die Ehe auf den Überlegungen gegründet ist, die der heilige Paulus im siebenten Kapitel seines Briefes an die Korinther mit kaltem Abscheu anstellte – er hielt sie nur deshalb für notwendig, weil die meisten Männer ihm unähnlich seien –, hatte unter anderm zur Folge, daß die sexuelle Sklaverei, die darin eine Rolle spielt, durch wirtschaftliche Sklaverei kompliziert wird. Deshalb kämpft die Frau, wenn der Mann die Ehe verteidigt, um in Wirklichkeit sein Vergnügen zu verteidigen, sogar noch heftiger auf derselben Seite, weil sie dabei ihre einzige Existenzmöglichkeit verteidigt. Eine Frau ohne Besitz und ohne Talente, die ihr Geld einbringen können, braucht einen Gatten nötiger als ein Hund seinen Herrn. Es gibt nichts, was unseren Sinn für menschliche Würde mehr verletzt als die Jagd nach einem Mann, die in jeder Familie beginnt, wenn die Töchter heiratsfähig werden. Aber unter den bestehenden Umständen ist sie unvermeidlich, und die Eltern, die sich weigern, sich damit zu befassen, sind schlechte Eltern, obwohl vielleicht überlegene Individuen. Die Jungen einer humanen Tigerin würden verhungern: Die Töchter von Frauen, die sich nicht überwinden können, mehrere Jahre ihres Lebens der Eroberung von Schwiegersöhnen zu widmen, müssen das heikle Gebaren ihrer Mütter oft mit lebenslänglicher Ehelosigkeit und Bedürftigkeit büßen. Einen jungen Mann nach seinen Absichten zu fragen, wenn man weiß, daß er gar keine hat, aber auch nicht in der Lage ist zu leugnen, daß er der Tochter den Hof gemacht hat; gerichtliche Anklage wegen Bruchs eines Eheversprechens anzudrohen; vorzugeben, daß die Tochter musikalisch sei, wenn ihr gerade mit größter Schwierigkeit drei verhaßte Klavierstücke eingedrillt worden sind; die eigenen reifen Reize spielen zu lassen, um Männer ins Haus zu locken, wenn die Töchter für diese Sportart keine Fähigkeit haben; falls sie es aber können, die Töchter in den Künsten zu üben, durch welche die Männer dazu gebracht werden, sich zu kompromittieren; und schließlich mit allen Familienproblemen sorgfältig hintan zu halten, bis die Beute erjagt und eingesteckt ist: darin besteht die Pflicht einer heutigen Mutter, und es ist eine wahrhaftig abstoßende Pflicht, eine, die den konventionellen Glauben, wonach die Frau in der treuen Erledigung der häuslichen Pflichten ihre Selbstachtung finde, erledigt. In Wahrheit wird das Familienleben niemals anständig, geschweige denn veredelnd sein, bis dieses Erzübel, nämlich die Abhängigkeit der Frauen von den Männern, abgeschafft wird. Im Augenblick reduziert es den Unterschied zwischen Ehe und Prostitution auf den Unterschied zwischen Gewerkschaftspolitik und unorganisierter Gelegenheitsarbeit – ein ungeheurer Unterschied ohne Zweifel, was Ordnung und Bequemlichkeit angeht, aber kein Unterschied des Wesens.

Diesem Zustand kann jedoch nicht durch irgendeine Reform der Ehegesetze abgeholfen werden. Nur das allgemeine Bestreben, Armut zu verhüten, schafft die Möglichkeit, Frauen vom obligatorischen Verkauf ihrer Person, in der Ehe oder außerhalb der Ehe, zu befreien. Bis dahin sollten diejenigen, die sich speziell mit den Ehegesetzen beschäftigen, niemals auch nur einen Augenblick jenen Greuel vergessen, der »die Rose von der schönen Stirn einer unschuldigen Liebe pflückt und eine Blatternarbe dafür hinsetzt« und sich dann in aller Ruhe die Namen Reinheit, Heim, Mutterschaft, Ehrbarkeit, Anstand und alle schönen Bezeichnungen beilegt, die ihm so passen, ganz zu schweigen von den häßlichen Ausdrücken, die man ungehemmt denen zuschleudert, die sich der Sache schämen.

Unbeliebtheit der unpersönlichen Ansichten

Unglücklicherweise ist es sehr schwer, einen Durchschnittsbürger zu bewegen, in Angelegenheiten, die sich auf die persönliche Bequemlichkeit oder Aufführung auswirken, irgendeinen unpersönlichen Standpunkt einzunehmen. Wir mögen begeisterte Liberale oder Konservative sein ohne jegliche Hoffnung auf einen Sitz im Parlament, auf die Erhebung in den Ritterstand oder auf einen Regierungsposten, weil die Parteipolitik unser tägliches Leben nicht im geringsten berührt und uns daher nichts kostet. Aber einen lebenswichtigen Prozeß, in dem wir stark beteiligte persönliche Instrumente sind, aufzugreifen und von uns zu verlangen, daß wir darüber nachdenken, bestimmte Gefühle dazu haben und Gesetze darüber erlassen, das bedeutet, eine höhere Forderung zu stellen, als die meisten Menschen zu erfüllen fähig scheinen. Wir alle haben an der Ehe ein persönliches Interesse, das wir nicht zu begraben bereit sind. Nicht nur die Frauen wollen sich verheiraten, sondern auch die Männer – manchmal aus gefühlsbestimmten Gründen und manchmal auf Grund der mehr schäbigen Berechnung, daß das Junggesellentum weniger bequem ist und teurer zu stehen kommt, da eine Ehefrau ja für ihren Status mit ihrer Arbeit im Haus wie auch mit den andern Diensten, die von ihr erwartet werden, bezahlt. Heutzutage, wo Kinder vermieden werden können, wird diese Berechnung allgemeiner und bewußter angestellt als früher: ein Ergebnis das als »ständiger Fortschritt der allgemeinen Moral« gilt.

Unpersönlichkeit heißt nicht Promiskuität

Es besteht außerdem ein erstaunlich verbreiteter Aberglaube, daß der sexuelle Instinkt beim Mann sich völlig wahllos auswirke und daß die leiseste Lockerung von Gesetz und Sitte einen wilden Ausbruch von Ausschweifungen zur Folge hätte. Soweit unsere Moralisten den Vorschlag, die sexuelle Beziehung als unpersönlich zu behandeln, überhaupt begreifen, meinen sie, das heiße, wir sollten sie zur Wahllosigkeit ermutigen: deshalb weichen sie davor zurück. Aber Wahllosigkeit und Unpersönlichkeit sind nicht dasselbe. Weder hat sich je ein Mann in das ganze weibliche Geschlecht verliebt, noch eine Frau in das ganze männliche. Oft verlieben wir uns überhaupt nicht, und wenn, so in *einen* Menschen, und bleiben dann tausend anderen gegenüber, die täglich vor unseren Augen vorbeigehen, gleichgültig. Die Selektion, sogar wenn sie derart heikel getroffen wurde, daß Leute, wie es allgemein vorkommt, sagen, es gäbe nur einen Mann oder eine Frau auf der Welt für sie, ist in der Natur die Regel. Wer daran zweifelt, möge einen Laden mit Ansichtskarten eröffnen und dann, wenn eine verliebte Kundin das Bild ihres Lieblingsschauspielers oder ein Kunde dasjenige seiner Lieblingsschauspielerin verlangt, ein anderes Bild zu verkaufen suchen mit der Begründung, ein Bild sei so gut wie das andere, da ja der sexuelle Instinkt nicht wähle. Ich glaube nicht, daß ein Verkäufer je etwas so Törichtes versucht hat, und doch werden alle Verkäufer, sobald man die Ehe diskutiert, leidenschaftlich gegen jede Reform Stellung nehmen, in der Meinung, daß nichts als der strengste Zwang ihre Frauen und

Töchter vor völlig unterschiedsloser Vergewaltigung schützen würde.

Häusliche Luftveränderung

Unsere Erleichterung über die beruhigend moralische Tatsache, daß der Mann in seiner Liebe nicht wahllos ist, darf uns der gegenteiligen Tatsache gegenüber nicht blind machen, daß er ganz gern mal Abwechslung hat. Selbst diejenigen, die sagen, es gebe nur einen Mann oder eine Frau für sie auf der Welt, machen die Erfahrung, daß es nicht immer derselbe Mann oder dieselbe Frau ist. Zufällig erlaubt uns das Gesetz, dieses Phänomen bei völlig gesetzesfürchtigen Personen zu studieren. Ich kenne eine Frau, die fünfmal verheiratet war. Sie ist, wie zu erwarten war, eine weise, anziehende und interessante Frau. Die Frage ist nur: ist sie weise, anziehend und interessant, weil sie fünfmal verheiratet war, oder war sie fünfmal verheiratet, weil sie weise, anziehend und interessant ist? Die Wahrheit liegt wahrscheinlich auf beiden Seiten. Ich kenne auch einen Haushalt, der aus drei Familien besteht: A heiratete zuerst B, dann C, und dieser nachher D. Alle drei Ehen waren fruchtbar, so daß die Kinder sowohl Vater als Mutter gewechselt haben. Ich kann mit bestem Willen nicht sagen, daß dieser und ähnliche Fälle mich davon überzeugt hätten, daß den Leuten eine Abwechslung nicht guttue. Die Frau, die fünf Männer geheiratet und sich mit ihnen vertragen hat, muß darin viel mehr Erfahrung haben als die fanatischsten Anhängerinnen der Einehe und übertrifft diese als Gefährtin und Ratgeberin wahrscheinlich bei weitem. Kiplings Frage: Was wissen die von England, die nur England kennen? erledigt nicht nur die Patrioten, die so patriotisch sind, daß sie niemals ihr eigenes Land verlassen, um sich ein anderes anzusehen, sondern auch Bürger, die so häuslich sind, daß sie sich nie wieder verheiratet und nie wieder jemand anders geliebt haben als ihre eigenen Männer und

Frauen. Die häuslichen Dogmenreiter sind auch die langweiligen Leute. Die unpersönliche Geschlechtsbeziehung mag einer Person rechtlich vorbehalten sein. Jede solche Einschränkung ist aber, wenn es sich um Freundschaft, Zuneigung, Bewunderung, Sympathie handelt, nur einer erbärmlich engen und eifersüchtigen Natur möglich, und weder die Geschichte noch die zeitgenössische Gesellschaft weist einen einzigen liebenswürdigen und ehrenhaften Charakter auf, der dessen fähig wäre. Dies ist in kultivierten Gesellschaften immer anerkannt worden: deshalb beschuldigen die Armen die kultivierte Gesellschaft der Liederlichkeit –, sie selbst nämlich sind oft so unwissend und unkultiviert, daß sie einander nichts zu bieten haben außer der geschlechtlichen Beziehung, und nicht begreifen können, warum Männer und Frauen zu irgendeinem andern Zweck miteinander verkehren sollten.

Was die Kinder des erwähnten dreifachen Haushaltes angeht, so standen sie nicht nur auf ausgezeichnetem Fuß miteinander und dachten nie an einen Unterschied zwischen ihren richtigen und ihren Halbbrüdern und -schwestern, sondern sie besaßen die überlegenen gesellschaftlichen Fähigkeiten, die Menschen, welche in Gemeinschaften leben, vor denen auszeichnen, die in kleinen Familien leben.

Daraus ergibt sich, daß der Wechsel von Partnern nicht an sich schädlich oder unerwünscht wäre. Die Menschen werden davon nicht demoralisiert, wenn er innerhalb des Gesetzes stattfindet. Daher brauchen wir vor einer Abänderung des Gesetzes nicht deshalb zurückschrecken, weil sie solche Wechsel erleichtern würde.

Häusliche Manieren sind schlechte Manieren

Andererseits haben wir alle schon gesehen, wie die Bande der Ehe von Menschen, welche nie in die Kategorie von Xanthippen und gewalttätigen Ehemännern eingereiht werden, entsetzlich mißbraucht werden. Manchmal werden solche Leute sogar als Muster der Häuslichkeit hingestellt, weil sie weder trinken, noch spielen, noch ihre Kinder vernachlässigen, noch Schmutz und Unordnung dulden, und weil sie nicht liebenswert genug sind, um sogenannte liebenswerte Schwächen zu haben. Diese gräßlichen Personen sind der Ansicht, daß die Ehe sie von allen üblichen Höflichkeiten und Rücksichten, die sie unter Fremden oder, wie sie es nennen, »in Gesellschaft«, zu beachten haben, losspreche. Und hier zeigen sich die Wirkungen der unauflöslichen »Ehe-auf-Gedeih-und-Verderb« sehr deutlich und unangenehm. Wenn solche Menschen ihre häuslichen Manieren in die Gesellschaft mitbrächten, so fänden sie sich sehr bald ohne einen Freund oder auch nur Bekannten auf der Welt. Es gibt Frauen, die wegen totaler Nichtanwendung die Macht der freundlichen menschlichen Rede verloren haben und nur schelten und klagen können – es gibt Männer, die aus alter Gewohnheit brummen und nörgeln, selbst dann, wenn sie sich wohlfühlen. Aber ihre unglückseligen Ehepartner und Kinder können ihnen nicht davonlaufen.

Unechte »natürliche« Liebe

Mehr noch, sie sind sogar vor dem Unbehagen gefeit, das dem Gefängniswärter die Abneigung seiner Gefangenen einträgt. Die herkömmliche Ansicht, daß die natürliche Beziehung zwischen Mann und Frau und Eltern und Kindern eine intensive Zuneigung sei, und daß nur ein Ungeheuer gegenüber einem Mitglied der Familie ein anderes Gefühl hegen könne, übt eine hypnotische Wirkung aus. Unter dem Einfluß derart fabrizierter Empfindungen werden die abscheulichsten Menschen zeitlebens mit unverdienter Ehrfurcht, mit Gehorsam und sogar mit Zuneigung verwöhnt, und wenn sie sterben, so werden sie von denen betrauert, deren Leben sie mut- oder böswillig verdorben haben. Und das nennen wir natürliches

Verhalten. Nichts könnte wohl unnatürlicher sein. Die allgemeine Anerkennung einer solchen Ansicht zeigt, daß die Unauflöslichkeit der Ehe dermaßen unerträgliche Lebenslagen schafft, daß der Schein nur gewahrt werden kann, wenn die menschliche Phantasie mit einer hypnotischen Suggestion völlig unnatürlicher Gefühle veredelt wird.

Wenn die sentimentale Theorie der Familienbeziehungen schlechte Manieren, persönliche Nachlässigkeit und Unsauberkeit im Haus fördert, so fördert sie im Fall sentimentaler Menschen auch die Gewohnheit, die Zuneigung der Kinder vorzeitig und viel zu häufig auf die Probe zu stellen und mit ihr zu spielen. Die Frau, die sagt, ihre Religion sei die Liebe und daher müßten ihre Kinder in einer liebevollen Atmosphäre aufwachsen, und die ein System fleißiger Liebkosungen und eingelernter Handlungen künstlicher Güte einführt, wird vielleicht in einer großen Familie besiegt durch die gesunde Auflehnung und Verspottung von seiten der Kinder, die durch ihre gegenseitige Konflikte abgehärtet worden sind und gesunden Menschenverstand erworben haben. Aber kleine Familien, wie sie jetzt die Regel sind, unterliegen leichter, und im Fall des empfindsamen Einzelkindes kann die Wirkung einer erzwungenen Treibhausatmosphäre unnatürlicher Liebe verheerend sein.

Kurz, in jeder Hinsicht ist die Konvention, wonach Ehe- und Familienbeziehungen besondere, die Natur des menschlichen Verkehrs ändernde Gefühle hervorbringen müßten, schädlich. Die ganze Schwierigkeit, eine Familie gut zu erziehen, besteht darin, ihre Mitglieder dazu anzuhalten, sich zu Hause ebenso rücksichtsvoll zu benehmen wie bei einem Besuch in einem fremden Haus und in einem fremden Haus so frei, freundlich und zwanglos wie zu Hause. Im Mittelstand, wo die Absonderung der künstlich begrenzten Familie in ihrer kleinen Backsteinschachtel entsetzlich vollkommen ist, gedeihen schlechte Manieren, häßliche Kleider, Plumpheit, Feigheit, mürrische Laune und alle die kleinlichen Laster der Ungeselligkeit wie Pilze in einem Keller. In den höheren Ständen, wo die Familien nicht aus Geldgründen beschränkt werden müssen, wo wenigstens zwei Häuser und manchmal drei oder vier die Regel sind (die Klubs nicht eingerechnet), wo es Reisen und Hotelleben gibt und wo die Männer nicht in der Familie, sondern in vornehmen Schulen, Universitäten, zur See und beim Militär erzogen werden und außerdem durch den gesellschaftlichen Verkehr in den Häusern anderer Leute in ständiger Übung bleiben, ist das Ergebnis eine Clique, die wir als eine vom Mittelstand verschiedene und viel gesellschaftsfähigere Species betrachten müssen. Und in den allerärmsten Klassen, wo die Menschen kein Zuhause haben, sondern nur von Mietern überfüllte Schlafstätten, und daher praktisch auf der Straße leben, entsteht ebenfalls eine Fähigkeit zur Sozialität. Der Mittelstand allein bleibt wegen seiner hilflosen und anstößigen gesellschaftlichen Unfähigkeit sowohl von denen verachtet und verabscheut, die unter ihm, als von denen, die über ihm stehen – und bleibt dennoch unwissend genug, um stolz auf sich zu sein und sich selbst als Vorbild für eine Besserung der, wie er findet, elegant lasterhaften Reichen und der liederlichen Armen hinzustellen.

Den Krieg in das Land des Feindes tragen

Ohne daß ich beanspruchen wollte, das Thema erschöpft zu haben, habe ich doch genug gesagt, um klarzulegen, daß, sobald wir den Wunsch nach der Verteidigung unserer gegenwärtigen Ehe- und Familieneinrichtungen aufgeben, es nicht schwerfallen wird, eine überwältigende Anklage gegen sie zu erheben. Ohne Zweifel werden wir bis dahin das britische Heim als Allerheiligstes im Tempel der ehrenhaften Mutterschaft, der unschuldigen Kindheit, der männlichen Tugend und des süßen und gesunden Nationallebens feiern. Aber im geschickten Handumdrehen kann dieses Allerheiligste als Augiasstall bloßgestellt werden, der so schmutzig ist, daß es hoffnungsvoller scheint, ihn niederzubrennen, als einen Versuch zur Reinigung zu machen. Und diese letztere Ansicht wird vielleicht überhandnehmen, wenn die Vergötterer der Ehe darauf bestehen, alle Verbesserungsvorschläge abzuweisen und diejenigen, welche sie befürworten, als infame Verbrecher zu behandeln. Keine der beiden Ansichten ist von Nutzen, außer als vergifteter Pfeil in einer wütenden Schlacht zwischen zwei Parteien, die entschlossen sind, einander zu diskreditieren, damit einer über den anderen die Macht des gesetzlichen Zwanges erlangen kann.

Shelley und die Königin Viktoria

Um einen solchen Kampf zu vermeiden, öffnet man am besten den gedankenlos konventionellen Menschen die Augen über die Schwäche ihrer Stellung bei einem bloßen Wettkampf der gegenseitigen Beschuldigungen. Bis jetzt glauben sie im Vorteil zu sein und ohne einen Makel an ihrem Charakter. Sie erscheinen auf dem Schlachtfeld, um gegen Lüstlinge zu kämpfen, die jeglichen Charakters entbehren. Sie halten es für ihre Pflicht, mit Dreck zu werfen, und sie sind sicher, daß, auch wenn der Feind irgendwelchen Dreck zum Schmeißen auftreiben kann, nichts davon kleben bleibt. Sie irren sich. Solche Munition wird es im andern Lager massenhaft geben, und das meiste davon wird sehr zähe kleben bleiben. Die Moral davon ist: »Wirf nicht mit Dreck!« Wenn wir uns vorstellen, daß Shelley und Königin Viktoria in einer andern Welt über ihre Meinungsverschiedenheiten diskutierten, so können wir sicher sein, daß die Königin schon längst herausgefunden hat, daß sie die Frage nicht lösen kann, indem sie Shelley mit Georg IV. als schlechte Menschen in einen Topf wirft; und Shelley wird sie wahrscheinlich nicht mit häßlichen Namen bewerfen, mit der Begründung, es gebe, da die wirtschaftliche Abhängigkeit der Frau die Ehe zu einem Kaufvertrag mache, wobei der Mann der Käufer und die Frau die Ware ist, keinen wesentlichen Unterschied zwischen einer verheirateten Frau und einer Dirne. Leider sind aber nicht alle Menschen, deren Streitmethoden von unsern populären Zeitungen vertreten werden, Viktorias und Shelleys. Die große Masse hat, wenn ihre Vorurteile angegriffen werden, keinen andern Trieb, als den Angreifer zu beschimpfen, und, wenn die Menge auf ihrer Seite zu stehen scheint, ihn persönlich zu mißhandeln oder ihn dem Gesetz zu übergeben, sofern er dadurch verwundbar ist. Daher kann ich nicht sagen, ich sei sicher, daß die Ehefrage anständig und tolerant behandelt werde. Aber behandelt wird sie werden, anständig oder unanständig, denn der gegenwärtige Zustand in England ist auf die Dauer zu drückend und zu schädlich. Europa und Amerika sind uns auf diesem Gebiet um ein Jahrhundert voraus.

Voraussichtliche Wirkung des Frauenstimmrechts

Die politische Emanzipation der Frau wird wahrscheinlich zu einer verhältnismäßig einschneidenden gesetzlichen Erzwingung der sexuellen Moral führen. Deshalb haben so viele von uns Angst davor, und daher werden wir uns bald überlegen müssen, wie unsere sexuelle Moral beschaffen sein soll. Im Augenblick wird zwischen Laster und Verbrechen ein lächerlicher Unterschied gemacht, damit die Männer ungestraft lasterhaft sein können. So wird zum Beispiel Ehebruch zur Zeit strafrechtlich nicht direkt verfolgt, obwohl er manchmal hart bestraft wird, weil ein Mann, gegen den er begangen wurde, bei der Scheidung riesigen Schadenersatz verlangen kann. (Wenn die Frau der leidende Teil ist, wird die Sache anders angesehen.) Und diese Straflosigkeit erstreckt sich auch auf illegitime Verhältnisse zwischen unverheirateten Personen, wenn diese alt genug sind, über sich selbst zu bestimmen. Es gibt andere Punkte, zum Beispiel die Pflicht, auf ansteckende Krankheiten aufmerksam zu machen, und die Strafbarkeit der »Anlockung«, in denen sich das Gesetz einseitig gegen das weibliche Geschlecht richtet. Verstöße, die zu Zeiten, an die sich heute lebende Personen noch erinnern, als kapitale Verbrechen galten, wenn sie sich gegen Frauen außerhalb der Ehe richteten, können nach wie vor von Männern gegen ihre Ehefrauen begangen werden, ohne daß sich eine gesetzliche Abhilfe böte. In all diesen Punkten wird das Gesetz durch das Frauenstimmrecht verschärft werden – wenn das Stimmrecht den mindesten Wert haben soll. Als Ergebnis werden die Männer erfahren, daß das Gesetz mit der asketischeren Seite unserer sexuellen Moral ernst macht. Die Folgen sind leicht vorauszusehen. Kein Mann wird sich große Mühe geben, Gesetze, die er umgehen kann, oder solche, die entweder gar nicht oder nur den Frauen gegenüber angewendet werden, zu ändern. Wenn aber diese Gesetze ihn selbst beim Kragen packen und ihn ins Gefängnis bringen, so wird er plötzlich scharfe Kritik an ihnen üben und an den Argumenten, die zu ihren Gunsten sprechen. Wir haben ja gesehen, daß unsere Ehegesetze keiner Kritik gewachsen sind und daß sie sich nur so lange gehalten haben, weil sie unserm Gesellschaftszustand halbwegs angepaßt sind, – einer Gesellschaft, in welcher die Frau weder politisch noch persönlich frei ist, in der sie tatsächlich nur weiblich genannt wird, wenn sie sich selbst als ein Wesen betrachtet, das ausschließlich zum Gebrauch der Männer da ist. Wenn der Liberalismus ihr das politische Stimmrecht gibt und der Sozialismus sie wirtschaftlich unabhängig macht, so wird sie dem Gesetz nicht länger erlauben, Unmoral leichtfertig zu behandeln. Männer und Frauen werden gleichermaßen gezwungen sein, sich in geschlechtlichen Angelegenheiten moralisch aufzuführen; und wenn sie einsehen, daß dies unvermeidlich ist, so werden sie auch die Frage stellen, welches Benehmen denn eigentlich als moralisch bezeichnet werden soll. Wenn sie sich für unsere gegenwärtige fiktive Moral entschließen, so werden sie ihre Gewohnheiten jäh umstürzen müssen und tatsächlich werden, was sie jetzt nur zu sein vorgeben. Wenn sie andererseits einsehen, daß diese Moral eine unerträgliche Tyrannei ist, ohne auch nur den Vorwand der Gerechtigkeit oder gesunden Eugenik, so werden sie ihre Moral einer eingehenden Betrachtung unterziehen und das Gesetz umformen.

Die persönlich-gefühlsbetonte Grundlage der Einehe

Die Einehe hat eine gefühlsbetonte Grundlage, die sich von der politischen, dem zahlenmäßigen Gleichgewicht der beiden Geschlechter, deutlich unterscheidet. Gleichzahl von Männern und Frauen wäre durchaus vereinbar mit einem täglichen oder stündlichen Wechsel des Partners. Rein physisch unterscheidet nichts die menschliche Gesellschaft von einem Bauernhof, außer daß die Kinder mehr Mühe machen und teurer zu stehen kommen als Küken und Kälber und daß Männer und Frauen nicht so völlig versklavt sind wie das Vieh eines Bauernhofs. Daher befinden sich Menschen, die unter der Ehe einen Bauernhof oder ein Sklavenhaus verstehen, immer mehr oder weniger in einem Zustand der Panik, daß die leiseste Lockerung der Ehegesetze die Gesellschaft vollkommen demoralisieren würde. Diejenigen aber, für welche die Ehe eine Angelegenheit entwickelterer Gefühle und Bedürfnisse ist (manchmal nennt man sie spezifisch menschlich, obwohl Vögel und Tiere in freiem Zustand sie ebenso rührend aufweisen wie wir), sind viel liberaler, denn sie wissen, daß die Einehe für sich selbst sorgen wird, wenn die Parteien frei genug sind, einzusehen, daß wahlloser sexueller Verkehr ein Ergebnis der Sklaverei, nicht aber der Freiheit ist.

Die feste Grundlage ihres Vertrauens ist die Tatsache, daß die Beziehung, die durch eine glückliche Ehe entsteht, so intim ist und das ganze Leben der beiden Beteiligten derart durchdringt, daß niemand in seinem Leben Platz hat für mehr als eine solche Beziehung auf einmal. Was man so »ménage à trois« nennt, ist niemals wirklich ein Haushalt zu dritt; außer in dem Sinne, daß jeder Haushalt zu einem Haushalt zu dritt wird, wenn ein Kind geboren wird, und manche werden auf diese Weise zu Haushalten zu dritt oder zu vierzehnt, wenn die Ehe entsprechend fruchtbar ist. Das Band der Ehe bedeutet zweifellos für manche Menschen so wenig, daß es ebenso möglich schiene, einem Haushalt ein halbes Dutzend neuer Frauen oder Männer hinzuzufügen, wie ein halbes Dutzend Gouvernanten oder Privatlehrer oder Besucher oder Diener. Ein Sultan kann ebenso leicht fünfzig Frauen haben, wie er fünfzig Schüsseln auf seinem Tisch hat, weil er in unserem Sinn des Wortes überhaupt keine Ehefrauen hat, noch haben seine Frauen einen Gatten – kurz, er ist nicht, was wir einen verheirateten Mann nennen. Und es gibt auch in England Sultane und Sultaninnen und Serails, die unter englischen Formen bestehen. Wenn wir aber die wirkliche moderne Gefühlsehe betrachten, so wird dadurch eine Beziehung geschaffen, die meines Wissens noch niemals von drei Personen geteilt wurde, außer wenn alle drei einander außerordentlich schätzten. Nehmen wir als Beispiel den berühmten Fall von Nelson und Sir William und Lady Hamilton. Das Geheimnis dieses Haushalts zu dritt lag nicht nur darin, daß sowohl ihr Mann wie auch Nelson Lady Hamilton sehr ergeben waren, sondern daß sie sichtlich auch einander ergeben waren. Als Hamilton starb, waren Nelson und Emma offenbar beide gleich traurig. Wenn es irgendwo einen funktionierenden Haushalt zu dritt mit einem Mann und zwei Frauen gibt, so muß die gleiche ungewöhnliche Bedingung erfüllt sein: die beiden Frauen können dann nicht nur ohne den Mann nicht glücklich leben – sie können auch einander nicht entbehren. In jedem andern Fall, den ich selbst gesehen oder durch Erzählen anderer kennengelernt habe, ist das Experiment hoffnungslos mißglückt, einer der beiden Rivalen um die wirklich intime Zuneigung des Dritten drängt den andern unvermeidlich hinaus. Die verdrängte Partei mag die Lage hinnehmen und im Haus als Freund bleiben, um den Schein zu wahren oder zum Besten der Kinder oder aus wirtschaftlichen Gründen; eine solche Ordnung der Dinge hat jedoch nur Bestand, wenn der verhinderten Beziehung kein wirklicher

Wert mehr zugemessen wird. Diese Gleichgültigkeit ist aber, wie das dreifache Band der Zuneigung, das Sir William Hamilton Halt gab, so selten, daß sie bei der Errichtung einer konventionellen Ehemoral nicht ins Gewicht fällt. Daher sind vernünftige und erfahrene Leute immer der Ansicht, daß eine Liebeserklärung an die Adresse einer schon verheirateten Person die Parteien auf Ehre verpflichtet, einander nie wiederzusehen, außer wenn sie Scheidung und Wiederverheiratung in Betracht ziehen. Und das ist eine gesunde Konvention, selbst für unkonventionelle Leute. Ich will dies mit dem Beispiel eines fiktiven Falles erläutern, und zwar den meines eigenen Stückes »Candida«. Das Beispiel wird soviel taugen wie irgendein anderes. Hier verliebt sich ein junger Mann, der im Haus eines Pfarrers als Freund empfangen wurde, in dessen Frau. Da er jung und unerfahren ist, gibt er seinen Gefühlen Ausdruck und stellt die Behauptung auf, daß er, nicht der Pfarrer, der passende Partner für die Frau sei. Der Pfarrer, der Temperament besitzt, fühlt sich erst versucht, den Burschen mit körperlicher Gewalt hinauszuwerfen: ein vielleicht natürlicher Impuls, aber vulgär und ungehörig und, bei einiger Überlegung, einem anständigen Mann nicht möglich. Selbst gemeine und rücksichtslose Männer schrecken davor zurück, weil sie wissen, daß die Sympathie der Frau sich zwangsläufig dem Opfer der physischen Brutalität zu- und vom Gewalttäter abwendet; die Vorstellung Thackerays, die das Gegenteil behauptet, ist eine der Illusionen literarischer Männlichkeit. Außerdem ist der Gatte nicht unbedingt der stärkere Mann – und wenn zur Gewalt gegriffen wird, so wird der Gatte in der poetischen Gerechtigkeit des konventionellen Romans ebensooft schmählich geschlagen wie der Rivale. Was ein ehrbarer und vernünftiger Mann tut, wenn in seinen Haushalt eingebrochen wird, ist das, was Pfarrer James Mavor Morell in meinem Stück tut. Er sieht ein, daß, wie es in der heilig-intimen Beziehung gefühlsbetonter Häuslichkeit, die die Ehe für ihn ist, keinen Platz für zwei Frauen gibt, in dieser Beziehung zu seiner Frau nicht Platz für zwei Männer ist. Dementsprechend sagt er ihr mit Festigkeit, sie müsse wählen, welcher Mann den Platz, der nicht groß genug für zwei ist, besetzen soll. Er ist hinreichend klug und unkonventionell, um einzusehen, daß er, wenn sie den andern Mann wählt, Platz machen muß – ohne Rücksicht auf legale Bande; er weiß, einer von beiden muß gehen. Und eine vernünftige Frau würde sich genauso verhalten. Wenn eine romantische junge Dame in ihr Haus käme und ihren Gatten, von ihr geduldet, anbeten wollte, so würde sie sagen: »Mein Mann hat in seinem Leben nicht Platz für zwei Frauen: entweder gehen Sie aus dem Haus oder ich.« Die Situation ist durchaus nicht unwahrscheinlich; ich hätte beinahe gesagt, durchaus nicht ungewöhnlich. Junge Damen oder Herren in dem bleichsüchtigen Zustand der sogenannten ersten Liebe, welche mit verheirateten Paaren in den gefährlichen Zeiten des reifen Lebens verkehren, befinden sich ziemlich oft in dieser Lage, und die extreme Zurückhaltung stolzer und empfindsamer Menschen, auf ehelichen Rechten zu bestehen oder sich zur Eifersucht herabzulassen, läßt den bedrohten Gatten oder die Gattin zögern, ehe sie Schritte unternimmt und das offensichtlich Übliche tut. Aber ob sie zögern oder handeln, das Ergebnis ist immer das gleiche. In einer wirklichen Gefühlsehe können weder Mann noch Frau zur Hälfte verdrängt werden; auch würde eine solche Ehe unter dem Druck der Vielweiberei oder Vielmännerei sehr rasch zusammenbrechen. Es ist heute nötig, daß diese Tatsache genügend klargelegt wird, um in solchen Fällen rasches und entschiedenes Handeln sicherzustellen, ohne die falsche Scham, konventionell zu erscheinen (eine Scham, welcher Menschen, die einer echten Ehe dieser Art fähig sind, besonders leicht unterliegen). Wir brauchen außerdem ein vernünftiges Scheidungsgesetz, damit die Ehe aufgelöst werden kann und die Partner, wenn sich dies als die richtige Lösung erweist, in allen Ehren neue Verbindungen eingehen können, ohne Schande und ohne Skandal. Ich muß hier wiederholen, daß kein Gesetz, so einschneidend es auch sein mag, die Polygamie bei jenen Menschengruppen verhindern kann, die gerne ein lockeres Leben führen und nur zum Schein monogam sind. Aber solche Fälle gehören nicht in diesen Zusammenhang. Außerdem können sich, wie es scheint, liebevolle Gatten wie Samuel Pepys und liebevolle Gattinnen von entsprechender Veranlagung auch außerhalb des Hauses in vorübergehende Gelegenheitsabenteuer einlassen, ohne dadurch ihr häusliches Leben zu zerstören. Aber innerhalb des Hauses darf dieses Leben als von Natur aus monogam betrachtet werden. Es braucht nicht gegen Polygamie geschützt zu werden, es schützt sich selber.

Scheidung

Dies alles spielt bei der Frage der Scheidung eine wichtige Rolle. Die Reformatoren der Scheidung sind von der Ungerechtigkeit, die einer Frau verbietet, sich von ihrem Gatten wegen Ehebruchs scheiden zu lassen, ihm aber diese Macht über sie einräumt, so in Anspruch genommen, daß sie leicht das dringende Bedürfnis nach der Zulassung anderer und viel wichtigerer Scheidungsgründe übersehen. Nehmen wir ein Dokument wie das Tagebuch von Samuel Pepys, so erfahren wir, daß eine Frau einen unverbesserlich treulosen Gatten haben und doch in viel besserer Lage sein kann, als wenn sie einen launischen, mürrischen oder boshaft sarkastischen hätte oder lebenslänglich an einen Verbrecher, einen Trinker, einen Geistesgestörten, einen müßigen Vagabunden oder an einen Menschen gebunden wäre, dessen religiöser Glaube dem ihren widerspräche. Man stelle sich vor, daß man mit einem Lügner, einem Geldpumper, einem Intriganten, einem Tier- oder Kinderquäler oder einfach einem Langweiler verheiratet ist. Man vergegenwärtige sich, was es heißt, lebenslänglich an einen jener vollkommen »treuen« Männer gebunden zu sein, die hin und wieder zu einem Monat Gefängnis verurteilt werden, weil sie ihre Frauen bei der Geburt eines Kindes ohne Nahrung, Heizung oder Hilfe gelassen haben.

Welche Frau würde nicht viel lieber zehn Pepyse heiraten, welcher Mann nicht lieber ein Dutzend Nell Gwynnes? Ehebruch sollte niemals der erste und einzige Scheidungsgrund sein, viel vernünftiger wäre es, ihn zum letzten zu machen oder ihn ganz auszuschließen. Das heutige Gesetz ist nur dann durchaus logisch, wenn man ein für allemal (und das kann kein anständiger Mensch) seine Voraussetzung als richtig hinnimmt: nämlich daß es zwischen Mann und Frau keine Kameradschaft gebe, weil die Frau einen eigenen Bereich habe, den des Haushaltes, in welchen der Mann sich nicht einmischen solle, während die ganze übrige menschliche Tätigkeit sein Bereich sei – wobei der einzige Punkt, an welchem sich die beiden Bereiche berühren, die Sorge für den Bevölkerungszuwachs wäre. Auf Grund dieser Annahme verlangt der Mann natürlich eine Garantie, daß die Kinder die seinen sind, weil er das Geld für ihren Unterhalt aufzubringen hat. Die Möglichkeit, sich von einer Frau wegen Ehebruchs scheiden zu lassen, ist diese Garantie. Die Frau jedoch braucht keine solche Garantie, um gegen einen gleichen Betrug von seiner Seite geschützt zu sein, weil er keine Kinder gebären kann. Ohne Zweifel kann er das Geld, das er für ihre Kinder ausgeben sollte, für eine andere Frau und ihre Kinder ausgeben, aber das ist »Pflichtvergessenheit« und fällt unter eine andere gesetzliche Kategorie. Wir müssen einsehen, daß in den Augen des Gesetzes ein Ehebruch ohne Folgen nur ein gefühlsmäßiges Ärgernis ist, während es ein ernsthaftes Vergehen bedeutet, wenn die Nachkommenschaft eines Mannes einem andern Manne aufgebürdet wird. Und gewiß ist das auch ein Ärgernis; aber heute ist nicht mehr die Zeit, um Gesetze auf der Voraussetzung zu begründen, daß eine Frau ihrem Mann weniger bedeutet als sein Hund, und dadurch die Grundsätze von Männern zu billigen und zu fördern, die Fleisch für ihre jungen Hunde kaufen, ihre Frauen und Kinder aber hungern lassen. Dies ist die Strafe dafür, daß wir unsere Religion aus dem Osten geborgt haben, anstatt aus unserer westlichen Eingebung und aus unserem westlichen

Gefühlsleben eine eigene Religion aufzubauen. Demzufolge glauben wir alle, daß die letzte Stunde unserer Religion geschlagen habe. Die Wahrheit aber ist, daß sie noch nicht geboren ist, obschon unser Zeitalter sichtlich damit schwanger geht. Inzwischen werden Frauen durch ihre orientalische Knechtschaft gegenüber den Männern erniedrigt und ziehen diejenigen, die sie demütigen, genauso wirksam zu sich herab, wie die Männer das tun – und es gibt Augenblicke, in welchen es schwerhält, in unserer Ordnung des Geschlechtslebens etwas anderes zu erblicken als eine »police des mœurs«, die das Feld für einen Wettstreit offenhält, bei welchem jedes Geschlecht das andere möglichst zu ruinieren sucht.

Wichtigkeit psychischer Beschwerden

Jedes erträgliche westliche Scheidungsgesetz muß die psychischen Beschwerden an die erste Stelle setzen und sollte sorgfältig vermeiden, irgendeinen Scheidungsgrund derart zu bevorzugen, daß eine Routine entsteht und Menschen, die einen solchen Grund haben, um der Ehre willen verpflichtet sind, ihn auszunützen. Es wird allgemein zugegeben, daß Eheleute nicht ermutigt werden sollten, eine Scheidung in einem Anfall von Launenhaftigkeit zu verlangen. Was nicht so klar erkannt wird, ist, daß sie ebensowenig ermutigt werden sollten, in Anfällen von Eifersucht die Scheidung zu verlangen, denn die Eifersucht ist bestimmt die verächtlichste und schädlichste aller Leidenschaften, welche die Gunst der Öffentlichkeit genießen. Noch viel weniger sollten Menschen, die nicht eifersüchtig sind, verpflichtet sein, sich zu benehmen, als ob sie es wären, und sich auf Duelle und Scheidungsprozesse einzulassen, in denen sie gar keinen Erfolg zu haben wünschen. Man sollte auch die Gründe, aus welchen eine Scheidung verlangt oder gewährt wird, nicht veröffentlichen. Dies würde nämlich die einzige Möglichkeit vernichten, welche die Öffentlichkeit hat, um sich zu vergewissern, daß jeder erdenkliche Versuch unternommen wurde, das Paar gegen seinen Willen zum Zusammenleben zu zwingen. Daher wird ein solches Geheimhalten der Gründe erst geduldet werden, wenn wir endlich zugeben, daß der einzige und genügende Grund, um dessentwillen eine Scheidung gewährt werden soll, derjenige ist, daß die Beteiligten sie wünschen. Dann wird es keine Berichterstattung über Scheidungsfälle mehr geben, und es werden vor Gericht nicht länger Briefe verlesen werden mit einer Taktlosigkeit, die jeden feinfühligen Menschen erschauern und zurückweichen läßt wie vor einer Entweihung, und keine schmutzige oder reine Hauswäsche wird mehr in aller Öffentlichkeit gewaschen werden. Wir müssen lernen, uns in diesen Dingen um unsere eigenen Angelegenheiten zu kümmern und uns nicht unsere individuellen Auffassungen über Schicklichkeit gegenseitig aufzuzwingen. Dies selbst dann, wenn wir so weit gehen müssen, daß wir offen zugeben, was wir jetzt gezwungen sind, schweigend vorauszusetzen, nämlich, daß jeder Mensch ein Recht auf sexuelle Erfahrung hat und daß das Gesetz sich nur mit der Elternschaft befassen soll, was wieder etwas anderes ist.

Scheidung ohne die Frage »warum«

Die Frage, die einem Scheidungswilligen niemals gestellt werden sollte, ist die Frage: »Warum?« Wenn ein Mann sich an eine Behörde wendet, um Schutz vor jemandem zu suchen, der ihn zu töten droht, und als einfache Begründung anführt, daß er zu leben wünscht, so könnte ihn die Behörde ja auch ganz sachlich fragen, warum er zu leben wünsche und warum man die Person, die ihn töten möchte, nicht gewähren lassen solle. Außerdem, ob er beweisen könne, daß ihm sein Leben Vergnügen mache oder für irgend jemand anders von Vorteil sei, und ob es gut für ihn sei, dazu ermutigt zu werden, daß er die Wichtigkeit seiner kurzen Spanne in diesem Jammertal übertreibe, anstatt sich ständig bereit zu halten für die Begegnung mit seinem Gott.

Der einzige Grund, warum diese sehr gewichtigen Fragen nicht aufgeworfen werden, besteht darin, daß wir die menschliche Gesellschaft nur auf der Voraussetzung verwirklichen können, daß jeder Mensch ein natürliches Recht zu leben hat. Außer seiner eigenen Weigerung, dieses Recht bei anderen zu achten, kann nichts die Gemeinschaft dazu bewegen, ihn zu töten. Von diesem grundlegenden Recht werden viele andere abgeleitet. Die amerikanische Verfassung – eines der wenigen modernen politischen Dokumente, die von Männern verfaßt wurden, welche durch sehr ernste Umstände gezwungen waren, darüber nachzudenken, was in Wirklichkeit auf sie zukommen kann, statt in einem Universitätshörsaal Logik zu dreschen – bezeichnet »Freiheit und das Streben nach Glück« als natürliche Rechte. Die Ausdrücke sind zu unbestimmt, um von großem praktischem Nutzen zu sein, denn das erhabene Recht zu leben, das jetzt auf das Leben der ganzen Menschheit ausgedehnt werden muß, und zwar nicht nur auf den reinen Sachverhalt des Atmens, sondern auch auf die Beschaffenheit des Lebens selbst, macht mit vielen veralteten Freiheiten kurzen Prozeß und brandmarkt das Streben nach Glück als die vielleicht erbärmlichste der menschlichen Beschäftigungen. Nichtsdestoweniger gibt die amerikanische Verfassung klipp und klar den Bedingungen Ausdruck, denen die moderne Demokratie uns unterwirft. Zwei unverheiratete Menschen, welche nicht wünschen, einander zu heiraten, die Ehe aufzuzwingen, wäre zugegebenermaßen ein Akt der Versklavung. Aber es wäre nicht ärger als die erzwungene Fortsetzung einer Ehe zwischen Menschen, die aufgehört haben, die Ehe zu wünschen. Man wird sagen, daß die Beteiligten oft nicht ein und derselben Ansicht sind, daß der eine Partner die Aufrechterhaltung der Ehe wünscht, die der andere auflösen möchte. Aber dieselbe Härte ergibt sich jedes Mal, wenn ein verliebter Mann einen Heiratsantrag macht und abgewiesen wird. Die Abweisung trifft ihn so schmerzlich, daß er oft droht, sich umzubringen, und manchmal tut er es sogar. Dennoch erwarten wir von ihm, daß er sein Unglück auf sich nehme, und es würde uns nicht im Traume einfallen, die Frau zur Annahme seines Antrages zu zwingen. Sein Fall ist der gleiche wie derjenige des Ehemannes, dessen Frau ihm sagt, daß ihr an ihm nichts mehr gelegen sei und daß sie die Ehe aufzulösen wünsche. Wer abergläubisch ist, wird vielleicht sagen, das sei nicht dasselbe – die Ehe sei doch etwas anderes. Das ist falsch, es liegt keine Magie in der Ehe. Wäre dem so, so hätten Ehepaare niemals den Wunsch, sich zu trennen. Aber sie haben ihn. Und wenn sie ihn haben, so ist es ganz einfach Versklavung, sie zum Zusammenleben zu zwingen.

Wirtschaftliche Sklaverei auch hier die eigentliche Schwierigkeit

So wäre es denn dem Ehemann erlaubt, seine Frau zu verabschieden, wenn er ihrer müde ist, und der Frau, den Mann zu entlassen, wenn sich ihre Fantasie an einem anderen Mann entzündet? Ohne Zögern müssen wir dies bejahen, denn wenn wir jeden Vorschlag ablehnen, der von den Gegnern in häßlichen Ausdrücken beschrieben werden kann, so werden wir niemals imstande sein, auf überhaupt irgend etwas zu bestehen. Aber die Frage erinnert uns daran, daß wir, solange die wirtschaftliche Unabhängigkeit der Frau nicht erreicht ist, auf dem andern Horn des Dilemmas aufgespießt bleiben und die Ehe als Sklaverei aufrechterhalten müssen. Es sei mir erlaubt, der gegenwärtigen Regierung (1910) eine Frage zu stellen mit Bezug auf die Arbeitsämter, die sie, sehr weise, im ganzen Land eingeführt hat. Was tun diese Arbeitsämter, wenn eine Frau kommt und erklärt, ihr Beruf sei der einer Ehefrau und Mutter, sie hätte gegenwärtig keine Stelle und suche einen Arbeitgeber? Wenn das Arbeitsamt sich weigert, ihr Gesuch zu behandeln, so schließt es offensichtlich annähernd das ganze weibliche Geschlecht von der Wohltat dieses Gesetzes aus. Wenn nicht, so wird es zu einer Ehevermittlungsstelle, oder, falls es sich dafür hergibt, sogar zu etwas Ärgerem, indem es die Frau als Haushälterin einträgt und sie bei einem Arbeitgeber einführt, ohne die Ehe zur Bedingung der Anstellung zu machen.

Arbeitsaustausch und die weiße Sklaverei

Nehmen wir nun einmal an, daß eine Frau sich beim Arbeitsamt vorstellt und ihr Gewerbe als dasjenige einer weißen Sklavin angibt, wobei sie das unaussprechliche Gewerbe meint, das von vielen tausend Frauen in allen zivilisierten Ländern betrieben wird. Wird das Arbeitsamt für sie Arbeitgeber finden? Wenn nicht, was wird es mit ihr tun? Wenn es sie mittel- und hilflos auf die Straße zurückschickt, wo sie verhungern muß, so brauchte es für die Frau überhaupt nicht zu existieren, und das Problem der Arbeitslosigkeit bliebe in seinem empfindlichsten Punkt ungelöst. Wenn es aber für sie und für alle arbeitslosen Gattinnen und Mütter eine ehrliche Anstellung finden will, so muß es in der Welt neue Stellen für Frauen schaffen und ihnen auf diese Weise die wirtschaftliche Unabhängigkeit von den Männern sichern. Und wenn es einmal soweit ist, können wir dann noch sicher sein, daß überhaupt irgendeine Frau damit einverstanden ist, Gattin und Mutter zu werden (um die weniger ehrbare Möglichkeit unerwähnt zu lassen), wenn nicht auch ihre Stellung so begehrenswert gestaltet wird wie diejenige der Frauen, für welche das Arbeitsamt unabhängige Arbeit findet? Werden nicht viele Frauen, die sich jetzt mit Hausarbeit befassen unter Bedingungen, die für sie abstoßend sind, diese aufgeben und eine Arbeit mit anderen Bedingungen suchen? Glücklosigkeit in der Ehe ist fast das einzige Unbehagen, das unangenehm genug ist, um eine Frau zum Aufgeben ihres Heims zu bewegen; andererseits ist die wirtschaftliche Abhängigkeit der einzige Zwang, der stringent genug ist, sie ein solches Unglück ertragen zu lassen. Daher wird die Lösung des Problems, wie man unabhängige Arbeit für Frauen finden kann, wahrscheinlich die spontane Auflösung einer großen Anzahl kinderloser unglücklicher Ehen zur Folge haben, ob die Ehegesetze nun geändert werden oder nicht. Und hier müssen wir den Begriff »kinderlose Ehe« so weit ausdehnen, daß er auch Familien einschließt, in welchen die Kinder groß geworden und ihre eigenen Wege gegangen sind, so daß die Eltern gemeinsam allein bleiben: wobei viele würdige Paare zum erstenmal entdecken, daß sie längst das Interesse aneinander verloren haben und nur durch ein gemeinsames Interesse an ihren Kindern vereint waren. Wir dürfen daher erwarten, daß Ehen, die durch wirtschaftlichen Druck aufrechterhalten wurden, sich auflösen, wenn dieser Druck aufgehoben wird. Und da gewiß nicht alle Eheleute das Zölibat auf sich nehmen werden, muß das Gesetz die Auflösung billigen, um einer Wiederholung des Skandales zuvorzukommen, der die Regierung dazu bewogen hat, eine Kommission zu ernennen, die jetzt im Begriff ist, die Ehefrage zu untersuchen: Den Skandal nämlich, daß eine große Anzahl von Menschen, welche durch behördliche Trennungsbefehle zum Zölibat verurteilt wurden und sich natürlich weigern, der Verurteilung zu folgen, illegitime Verhältnisse eingehen, – und dies in einem solchen Ausmaß, daß die Arbeiterklassen sich mit einer offenen Entwöhnung von der Ehe familienähnlich zusammenzuschließen drohen. Kurz, sobald die Frauen von der wirtschaftlichen Sklaverei befreit sind, werden wir entdecken, daß es allgemein üblich wird, auf die Ehe zu verzichten, wenn die Scheidung nicht so leicht gemacht wird wie die Auflösung einer Geschäftspartnerschaft, und daß konventionelle Paare sich schämen werden zu heiraten.

Die Scheidung der Eheschließung günstig

Tatsächlich bedeutet die Scheidung nicht Zerstörung der Ehe, sondern sie ist die erste Bedingung ihrer Aufrechterhaltung. Tausend unauflösliche Ehen bedeuten tausend Ehen und nicht mehr. Tausend Scheidungen können zweitausend Ehen bedeuten, denn die Paare heiraten vielleicht von neuem. Die Scheidung stellt die Paare nur neu zusammen: eine sehr wünschenswerte Sache, wenn sie schlecht zusammenpassen. Außerdem stimmen die Menschen der Ehe dann leichter zu, namentlich vorsichtige Menschen und stolze Menschen mit einem hohen Sinn für Selbstachtung. Außerdem würde die Tatsache, daß eine Scheidung möglich ist, ein Scheidungsverlangen oft verhindern, nicht nur weil sich Eheleute mit Rücksicht darauf besser benehmen, sondern weil die Ehe sofort viel glücklicher würde, wenn einmal das Gefühl des Ausgeliefertseins nicht mehr besteht. Denn kein Zimmer macht den Eindruck eines Gefängnisses, wenn die Türe offen bleibt. Auch wäre es, wenn die Türe immer offen wäre, nicht nötig, durch sie hinauszustürzen, wie es jetzt nötig ist, wo sie sich einmal im Leben öffnet und dann vielleicht nie wieder.

Von diesem Standpunkt aus betrachtet, hat England das schlechteste zivile Ehegesetz der Welt mit Ausnahme des dummen Süd-Carolina*. In jedem andern halbwegs zivilisierten Land lassen die Gründe, aus welchen eine Scheidung gewährt werden kann, eine so weite Auslegung zu, daß alle unglücklichen Ehen aufgelöst werden können, ohne daß man zu schändlichen Kniffen greifen müßte, zu welchen unser Gesetz uns zwingt. Dennoch zeigen die Zahlen, die der königlichen Kommission zur Verfügung gestellt wurden, daß im Staate Washington, wo es elf verschiedene Scheidungsgründe gibt und wo tatsächlich eine Scheidung auf bloßen Wunsch hin mit geringen Kosten erreicht werden kann, die Schei-

* Eine Lockerung der Scheidungsbeschränkung erfolgte in England erst im Jahre 1937 (Anm. d. Ü.).

dungsziffer nur hundertvierundachtzig auf hunderttausend Einwohner beträgt. Wenn wir annehmen, daß die hunderttausend Einwohner zwanzigtausend Familien bilden, so bedeutet das weniger als ein Prozent häuslicher Fehlschläge. In Japan beträgt die Ziffer zweihundertfünfzehn, was die höchste festgestellte Zahl sein soll. Dies ist nicht sehr beunruhigend; ganz entsetzlich ist es aber, daß die Ziffer in England nur zwei beträgt. Nehmen wir an, daß die menschliche Natur in Walworth nicht sehr viel anders ist als in Washington, so muß diese Zahl eine grauenhafte Menge sinnlosen Unglücks und heimlicher Polygamie bedeuten. Ich vergesse nicht meine eigenen Beweise dafür, daß die Ziffer in Washington nur durch die wirtschaftliche Sklaverei der Frauen niedrig gehalten wird. Ich muß aber darauf hinweisen, daß dieser Umstand sich am ärgsten im Mittelstand auswirkt; eine Frau der Arbeiterklasse kann davonlaufen und sich selbst, wie ärmlich auch immer, am Leben erhalten; eine Frau der höheren Gesellschaft hat gewöhnlich etwas Vermögen. In allen Klassen aber ist das Ziel vieler Scheidungen, wie wir erraten können, nicht die Wiederaufnahme des ehelosen Lebens, sondern ein Wechsel der Partner. Da dieser Wechsel unter dem bestehenden Gesetz im Staat Washington mit Leichtigkeit vorgenommen werden kann, ist es nicht sicher, daß die wirtschaftliche Selbständigkeit der Frau die dortige Ziffer in aufsehenerregendem Ausmaß verändern würde. Sicher aber ist, daß sie die Ziffer wohl kaum auf eine Höhe treiben könnte, bei welcher noch der ängstlichste Panikmacher vernünftige Leute davon überzeugen könnte, daß das ganze Gesellschaftsgewebe in Stücke zerfiele. Wenn Journalisten und Bischöfe und amerikanische Präsidenten und andere einfältige Menschen dieses Washingtoner Ergebnis als beunruhigend bezeichnen, so sprechen sie, wie ein Bauer von einem Auto oder Flugzeug spricht, wenn er zum erstenmal eines sieht. Was er eigentlich meint, ist nur, daß er es nicht gewohnt ist und daher fürchtet, es könne ihn schädigen. Jeder Fortschritt der Zivilisation erschreckt diese braven Leutchen. Das ist schade, aber wenn wir ihre Gefühle schonen müßten, so würden wir die Welt überhaupt nie verbessern. Sich von ihnen erschrecken zu lassen und dann vorzugeben, daß ihre einfältige Furchtsamkeit Tugend, Reinheit usw. sei, ist ganz einfach unmoralische Feigheit.

Wirtschaftliche Sklaverei der Männer und das Recht der Junggesellen

Es darf nicht vergessen werden, daß die Weigerung, Würdelosigkeiten, Gefahren, Härten, Sentimentalitäten und die jeweiligen Pflichten der Ehe auf sich zu nehmen, nicht auf unsere freiwilligen alten Jungfern beschränkt ist. Es gibt Männer von der Art Beethovens und Samuel Butlers, die man sich schwerlich als Ehemänner vorstellen kann. Es gibt große kirchliche Würdenträger, welche nicht zwei Verpflichtungen eingehen können: Eine gegenüber der Kirche, die andere gegenüber Heim und Herd. Es gibt Männer wie Goethe, die spät und zögernd heiraten und nur aus dem Grunde, weil sie fühlen, daß sie nicht in ehrlicher Freundschaft einer Frau den Ehestand verweigern können, aus deren Zuneigung sie entweder tatsächlich oder scheinbar irgendwelchen kompromittierenden Vorteil gezogen haben. Kein vernünftiger Mensch kann unter den bestehenden Umständen einer Frau raten, mit einem Mann zusammenzuleben, ohne darauf zu bestehen, daß er sie heirate, es sei denn, daß sie von der konventionellen Gesellschaft unabhängig ist (und das kann nur sehr selten der Fall sein); und ein Mann von Ehre kann einer Frau nicht raten, für ihn selbst etwas zu tun, was er ihr nicht raten könnte, für irgend jemand anderen zu tun. Das Ergebnis ist, daß unsere Beethovens und Butlers – von welchen es, in diesem gewöhnlichen menschlichen Teilbereich, ziemlich viele gibt – vertrocknete alte Junggesellen werden, sogar ziemlich grobe und verwilderte. An eine andere Schwierigkeit denken wir zwar meist im Zusammenhang mit den Frauen, aber sie ist auch auf Männer durchaus anwendbar: nämlich die wirtschaftliche. Die Zahl der Männer, die es sich nicht leisten können zu heiraten, ist groß genug, um sehr ernste soziale Ergebnisse zu zeitigen. Je höherer Art die Arbeit eines Mannes ist, desto größer ist die Wahrscheinlichkeit, daß er dieser Gruppe angehört, bis er das mittlere Alter erreicht oder überschritten hat. Die höheren Gebiete der Natur- und Rechtswissenschaft, der Philosophie, der Poesie und der schönen Künste sind, wie allgemein bekannt, für die Jugend und das junge Mannesalter brotlos. Das heiratsfähige Alter beträgt hier, wirtschaftlich gesprochen, eher fünfzig als zwanzig Jahre. Selbst in Handelskreisen erreichen die führenden Geister selten eine sichere Stellung, ehe sie weit jenseits des Alters sind, in welchem das Zölibat erträglich ist. Schließlich müssen wir die jüngeren Söhne der besitzenden Klassen in Rechnung ziehen, die in Haushalten aufwachsen, die das Zehnfache dessen ausgeben, was ihnen als jüngeren Söhnen einmal zustehen wird – und dennoch stellt dieser Lebensstandard die einzige Angewohnheit dar, die er überhaupt lernt. Nehmen wir nun alle diese Fälle als Vertreter der Junggesellenklasse, und erinnern wir uns daran, daß ein Mann, der mit vierzig Jahren heiratet, zwar kein »Junggeselle« mehr genannt werden kann, aber dennoch zwanzig Jahre seines erwachsenen Lebens einer gewesen ist und daher all die sozialen Probleme hervorgebracht hat, die sich aus der Existenz unverheirateter Männer ergeben! Dann dürfen wir vor der Frage nicht zurückschrecken, ob alle diese Herren auch enthaltsam sind, obwohl wir wissen, daß die Frage mit großem Nachdruck verneint werden muß. Einige heiraten vermögende Frauen und setzen daher die wirtschaftliche Abhängigkeit fort, nur diesmal mit vertauschten Geschlechterrollen. Aber im Vergleich zu der Zahl von Junggesellen, die es sich nicht leisten können zu heiraten, gibt es so wenig vermögende Frauen, die zu diesem Zweck erhältlich wären, daß dieser Ausweg das Problem des Junggesellen, der sich keine Frau leisten kann, nicht löst. Gäbe es keine anderen Auswege, so würden die Junggesellen mit den Frauen und Töchtern ihrer Freunde Verhältnisse eingehen. Da dies moralisch unzulässig ist, erhebt sich eine Nachfrage nach billigem, zeitweiligem Ersatz für die Ehe. Es muß eine Klasse von Frauen gefunden werden, die Frauen und Töchter der Verheirateten zu schützen, indem sie den Junggesellen mietweise Gesellschaft leisten, so lang oder so kurz, wie der Junggeselle bezahlen kann, wobei sie einverstanden sind, daß sie nach Ablauf des Mietverhältnisses keinen Anspruch mehr an ihn haben. Solche Einrichtungen gibt es bei uns, wie wir wissen. Gewöhnlich spricht und denkt man darüber, als handle es sich dabei um eine Verletzung unserer Ehemoral; aber alle Sachverständigen, die wissenschaftliche Abhandlungen über die Ehe verfassen, scheinen sich einig zu sein, daß sie im Gegenteil einen notwendigen Bestandteil dieser Moral darstellt und mit ihr steht und fällt.

Ich selber glaube nicht, daß diese Ansicht einer näheren Prüfung standhält. In meinem Stück »Frau Warrens Beruf« habe ich gezeigt, daß die fragliche Einrichtung ein wirtschaftliches Phänomen ist, verursacht durch ungenügende Bezahlung und schlechte Behandlung von Frauen, die versuchen, sich ihr Leben ehrlich zu verdienen. Ich bin mir bewußt, daß wissenschaftliche Autoren aus irgendeinem Grund dieser Ansicht gegenüber von einer widernatürlichen Ungeduld sind, zur Widerlegung Polizeilisten zitieren mit den Gründen, welche die Opfer selbst für die Ergreifung ihres Gewerbes angeben, und auf der Tatsache bestehen, daß Armut darin nicht oft erwähnt wird. Aber das bedeutet ja nur, daß eben das Wort selten gebraucht wird. Wenn ein Gefängnis voller Diebe befragt würde, was sie zum Stehlen verführt habe, und einige Armut, andere Hunger und dritte Sucht nach Aufregungen anführten, würde niemand leugnen, daß die drei Antworten in Wirklichkeit nur eine sind, – daß Armut Hunger bedeutet, einen unerträglichen Mangel an Abwechslung und Vergnügen und überhaupt alle möglichen Entbehrungen. Wenn ein Mädchen, in ähnlicher Weise befragt, sagt, daß sie sich schöne Kleider wünsche, oder mehr Unterhaltung oder ähnliches, so sagt sie in Wirklichkeit, daß sie entbehrt, was keine Frau mit einer Menge Geld zu entbehren braucht. Der Aussage von Männern zufolge, die in solchen Dingen erfahren zu sein behaupten, durchsucht man Europa vergeblich nach einer Frau mit dem genannten Beruf, die die Tischmanieren einer Dame hat. Diese Tatsache beweist, daß Prostitution kein Beruf, sondern eine Sklaverei ist, in welche die Frauen durch das Elend der ehrlichen Armut getrieben werden. Wenn jeder jungen Frau eine anständige und bequeme Existenzmöglichkeit unter vernünftigen Bedingungen offen stünde, so würde die Straße keine mehr anlocken. Wenn einmal jeder junge Mann es sich leisten kann zu heiraten, und die Ehereform die Auflösung von Verbindungen, die von jungen und unerfahrenen Menschen eingegangen werden, erleichtert, sobald sie sich nicht bewähren oder einer der beiden in eine Lage gerät, die für den anderen weder bequem noch passend ist, dann werden Prostitution und Junggesellentum eines natürlichen Todes sterben. Bis dahin ist alles Gerede von »Reinheit« eitel. Aus diesem Grunde befasse ich mich hier nicht ausführlich mit der Prostitution und verweise Leser, die über die Psychopathie des Junggesellen- und Jungferntums mehr zu erfahren wünschen, auf das denkwürdige Werk meines Freundes Havelock Ellis.

Die Pathologie der Ehe

Ich werde auch so wenig wie möglich über die Pathologie der Ehe und ihre wildtobenden Randerscheinungen sagen. Nur bin ich gezwungen, da der Abgrund öffentlicher Unwissenheit über dieses Thema bodenlos zu sein scheint, meine Leser zu warnen, daß die Ehe eine Pathologie hat und sogar eine Kriminologie. Beide sind aber so entsetzlich, daß sie nicht nur in Abhandlungen wie denen von Havelock Ellis, Fournier, Duclaux und vielen deutschen Autoren behandelt worden sind, sondern auch in verhältnismäßig populären Werken wie »The Heavenly Twins« von Sarah Grand und in mehreren Stücken von Brieux: vor allem in »Les Avariés«, »Les Trois Filles de M. Dupont« und »Maternité«. Ich gehe absichtlich rasch darüber hinweg, nicht nur, weil die Aufmerksamkeit durch diese eifrigen Autoren bereits auf diese Dinge gelenkt worden ist, sondern auch, weil es nicht meine Mission ist, mich mit offensichtlichen Unnatürlichkeiten zu befassen, sondern die Augen normaler respektabler Männer für Mißstände zu öffnen, welche ihrer Aufmerksamkeit entgehen.

Was die Übel der Ansteckung und Krankheiten angeht, so haben wir ein durchaus gutes Gewissen: unser Fehler besteht nur darin, daß wir die Tatsachen nicht wirklich kennen. Ohne Zweifel ist die Unwissenheit in einem Land, wo der erste Schrei der Seele lautet »Sagt mir nichts, ich will es nicht wissen«, von fürchterlichem Ausmaß – in einem Land dazu, wo erregte Verneinung und wütende Unterdrückung überall auf eine Feigheit und Glaubensarmut hinweisen, welche das Leben als etwas zu Furchtbares auffassen, als daß man ihm ins Auge sehen dürfte. In diesem besonderen Fall gibt sich das »Ich will es nicht wissen« ein rechtschaffenes Ansehen und wird zum »Ich will überhaupt nichts wissen von Krankheiten, welche die gerechte Strafe der Elenden sind. Weder in meiner Gegenwart noch in Büchern, die für die Familienlektüre bestimmt sind, sollen sie erwähnt werden.« So schlecht und dumm der Geist dieser Haltung auch ist, so ist sie in der Praxis doch so leicht, so ohne Mühe und mit soviel Überheblichkeit einzunehmen, daß sie weitverbreitet ist. Aber ihr Aufschrei wird von einem lauteren und aufrichtigeren übertönt. Wir, die wir nichts wissen wollen, wollen andererseits doch nicht blind werden oder wahnsinnig, entstellt, unfruchtbar oder ansteckend sein, und wir wollen auch nicht mitansehen, wie solches unsern Kindern geschieht. Wir begreifen endlich, daß die Mehrheit der Opfer nicht die Menschen sind, von denen wir so leichthin sagen: »Geschieht ihnen recht«, sondern ganz unschuldige Kinder und unschuldige Eltern, betroffen von einer Ansteckung, die, gleichgültig ob sie in irgendeinem Laster ihren Anfang nahm oder nicht, genau wie jede andere ansteckende Krankheit Schuldige und Unschuldige gleichermaßen verseucht, wenn sie einmal ausgebrochen ist. Wir begreifen sogar, daß sie oft die Unschuldigen trifft und die Schuldigen verfehlt, weil die Schuldigen die Gefahr kennen und umfassende Vorsichtsmaßnahmen dagegen treffen, während die Unschuldigen blind ins Verderben rennen, weil ihnen entweder jedes Wissen sorgfältig vorenthalten wurde oder weil man sie glauben machte, die Anstekkung erfolge nur durch liederlichen Lebenswandel. Ist diese Tatsache den Leuten einmal eingehämmert, so verwandelt sich ihre selbstgerechte Gleichgültigkeit und Unduldsamkeit bald in lebhafte Besorgnis für sich selbst und ihre Familien.

Die Kriminologie der Ehe

Die Pathologie der Ehe bringt die Möglichkeit des fürchterlichsten Verbrechens mit sich, das man sich vorstellen kann: Wenn nämlich der Träger einer ansteckenden Krankheit die Ansteckung einer anderen Person durch einen Akt der Vergewaltigung aufzwingt. Eine solche Handlung hätte, wenn sie sich zwischen unverheirateten Leuten abspielte, in Zeiten, an welche sich heute lebende Menschen noch erinnern, den Schuldigen der Todesstrafe ausgesetzt. Sie wird noch heute ohne Gnade mit der längstmöglichen Zuchthausstrafe geahndet, wenn sie, wie das manchmal der Fall ist, in dem grauenhaften ländlichen Aberglauben geschieht, daß sie Heilung bewirke, wenn das Opfer eine Jungfrau ist. Die Ehe nun macht diesen Vorstoß absolut gesetzlich. Man darf der Person, mit der man verheiratet ist, ungestraft zufügen, was man dem geächtetsten Ausgestoßenen auf der Straße nicht zufügen dürfte. Und dies ist nur das übertriebenste Beispiel der Vogelfreiheit, welche unsere Ehegesetzgebung bewirkt. In unserer Gier, uns einen kleinen privaten Zufluchtsort zu schaffen, in welchem wir uns nach Belieben gehen lassen können, ohne Vorwurf oder Eingreifen von seiten des Gesetzes, der Religion oder selbst des Gewissens (und dies ist es, was die Ehe jetzt für die meisten von uns bedeutet), haben wir vergessen, daß wir uns niemals vor Pflichten drücken können, ohne Rechte zu verwirken. Wir haben vergessen, daß alle Gesetze, die notwendig sind, um Fremde zur Achtung uns gegenüber zu zwingen, ebenso notwendig oder noch nötiger sind, um auch unsere Ehemänner und Ehefrauen zu dieser Achtung zu zwingen, und daß eine Gesellschaft ohne Gesetz, ob zwischen zwei oder zwei Millionen Menschen, Gewaltherrschaft und Sklaverei bedeutet.

Wenn die unverbesserlichen Sentimentalen hier losflöten: »Nicht, wenn sie einander lieben«, so sage ich ihnen mit aller mir möglichen Geduld, daß sie, hätten sie fünf Minuten Erfahrung in der Liebe gehabt, wüßten, daß die Liebe ihrem Wesen nach eine Tyrannei ist und besondere Sicherungen erfordert. Sie wüßten, daß Leute »um des geliebten Menschen willen« auf Forderungen und Unterwerfungen zu bestehen pflegen, die sie denen, gegen welche sie Abneigung oder Gleichgültigkeit empfinden, nicht im Traum zumuten würden und die sie sich von ihnen auch nicht gefallen ließen. Sie wüßten, daß eine gesunde Ehe eine Partnerschaft in kameradschaftlicher und von Zuneigung getragener *Freundschaft* ist; daß Fälle von chronischer lebenslanger Liebe, ob seelisch oder sinnlich, dem Arzt, wenn nicht dem Scharfrichter überantwortet werden sollten, und daß anständige Männer und Frauen, wenn ihre Umstände es ihnen erlauben, durchaus nicht wünschen, einander hilflos ausgeliefert zu sein, – sondern im Gegenteil jede Möglichkeit, die das Gesetz derzeit zuläßt, nutzen, um die durch ihren persönlichen Freiraum möglichen Mißstände des Ehegesetzes unschädlich zu machen. Das beginnt mit einschneidendsten Vereinbarungen bei der Eheschließung und endet mit der Beiziehung getrennter Rechtsanwälte.

Kommt es darauf an?

Eine Ausflucht, deren Gedankenlosigkeit weniger offensichtlich ist und die einen größeren Anschein von gesundem Menschenverstand erweckt, lautet: »Fällt die Sache eigentlich so sehr ins Gewicht, wo doch die meisten Paare ganz gut miteinander auskommen?« Dieselbe Erwiderung könnte ein fauler Beamter geben, von dem man verlangt, einen Einbrecher zu verhaften, oder ein schlaftrunkener Feuerwehrmann, den man um Mitternacht mit dem Schrei nach seiner Feuerleiter aufweckt. »Schließlich wird doch nur bei sehr wenigen Leuten eingebrochen, und noch weniger Häuser brennen ab. Fällt das eigentlich ins Gewicht?« Aber sagt man dem Beamten oder Feuerwehrmann, es sei *sein* Haus, in das eingebrochen wurde, oder *sein* Haus, das brenne, so wird man verblüfft sein, wie anders er sich verhält. Daß eine Menge Menschen sich genug Bequemlichkeit verschafft haben, um zufrieden zu sein oder wenigstens kein größeres Unbehagen zu empfinden, als sie um eines ruhigen Lebens willen auf sich zu nehmen bereit sind, ist noch kein Grund dafür, daß weniger begünstigte, empfindlichere und gewissenhaftere Menschen dazu verurteilt sein sollten, sich unerträglichem Unrecht auszusetzen. Außerdem sollten die Menschen nicht mit dem gegenwärtigen Ehegesetz zufrieden sein, bloß weil es nicht öfter unerträglich unbequem wird. Sklaven fühlen sich körperlich und seelisch oft behaglicher als voll verantwortliche freie Menschen. Das entschuldigt bei niemandem eine Befürwortung der Sklaverei. Zweifellos ist es von vielen Gesichtspunkten aus sehr schade, daß wir nicht von Napoleon oder sogar von Bismarck und Moltke besiegt worden sind. Wiewohl man uns zu Recht verachtet hätte, wären wir nicht zum Krieg gegen sie bereit gewesen um des Rechtes willen, uns – wenn auch schlecht – selbst zu regieren.

Aber, wie gesagt, begnüge ich mich damit, in der Angelegenheit der Mißstände unseres Ehegesetzes auf die Pennys aufzupassen – die Pfunde werden dann schon von selbst stimmen.

Die Verbrechen und Krankheiten der Ehe werden sich der öffentlichen Aufmerksamkeit durch ihre eigene Dringlichkeit aufzwingen. Ich erwähne sie hier nur, weil sie bezeichnend sind für gewisse Gewohnheiten des Denkens und Fühlens über die Ehe, von welchen wir uns befreien müssen, wenn wir beim Anpacken der notwendigen Reformen vernünftig handeln wollen.

Christliche Ehe

Vor allem haben wir die Gewohnheit, uns selbst nicht nur durch die Wahrheiten der christlichen Religion binden zu lassen, sondern auch durch die Ausschreitungen und Übertreibungen, welcher sich die christliche Bewegung in ihrer Frühzeit aus einer heftigen Reaktion gegen das, was sie noch heute Heidentum nennt, schuldig machte. Weitaus am gefährlichsten ist die Auffassung, das Geschlecht sei mit allen seinen Betätigungen an sich etwas durchaus Obszönes, und die unbefleckte Empfängnis sei ein Wunder. Dies ist eine Blasphemie gegen das Leben und, um es in christlichen Ausdrücken zu sagen, eine Anklage gegen Gott wegen Unanständigkeit. Ein so ungesunder Widersinn konnte sich nur unter zwei Bedingungen behaupten, erstens: Als Reaktion gegen eine Gesellschaft, in welcher der sinnliche Luxus zu abstoßenden Extremen gediehen war; und zweitens: In dem Glauben, daß die Welt sich ihrem Ende nähere und das Geschlecht deshalb keine Notwendigkeit mehr darstelle. Weil es unter diesen Bedingungen antrat, erhob das Christentum die Geschlechtslosigkeit und den Kommunismus zu den zwei praktischen Hauptpunkten seiner Propaganda und hat sein ursprüngliches Vorurteil in diesen Punkten niemals ganz verloren. Die Wiederkunft Christi wurde zwar von der Lebenszeit der Apostel auf das Millennium verschoben, und die Enttäuschung im Jahre Tausend nach Christus, als sich eine große Anzahl von Christen ernsthaft auf den Weltuntergang vorbereitete, war groß. Trotzdem ist der Prophet, der das Bevorstehen des Endes ankündigt, noch immer populär. Viele, die sich über seine Beweisführungen, daß die phantastischen Ungeheuer der Apokalypse in Gestalt unserer eigenen politischen Zeitgenossen unter uns leben, lustig machen und die in allen ihren Angelegenheiten vernünftig vorgehen in der Annahme, daß die Welt bestehen bleibt, glauben wirklich, daß es einen Tag des Jüngsten Gerichtes geben wird und daß er sogar in ihre eigenen Lebenszeit fallen *könnte*. Ein Gewitter, eine Sonnenfinsternis oder irgendein sehr ungewöhnliches Wetter erregt ihre gespannte und unbehagliche Erwartung.

Dies ist die Erklärung dafür, daß sich die christliche Kirche lange weigerte, irgend etwas mit der Ehe zu tun zu haben. Das Ergebnis war nicht die Abschaffung des Geschlechts, sondern dessen Exkommunikation. Natürlich waren die Folgen davon, daß man den Leuten predigte, die Ehe sei ein unheiliger Zustand, so kraß und fleischlich, daß die Kirche ihren Standpunkt ins Gegenteil ändern und versuchen mußte, den Leuten beizubringen, daß sie ein heiliger Stand sei, so heilig sogar, daß der Eintritt in diesen Stand ohne den Segen der Kirche nicht gültig sein könne. Und mit dieser Lehre trug sie zur Sühne ihrer früheren Blasphemie bei. Wenn man aber eine Lehre flickt und ändert, damit sie bald diesem, bald jenem Notfall gerecht werde, anstatt sie auf Dauer dem ganzen Lebensplan anzupassen, so ist das schädliche Ergebnis, daß man, um einem halben Dutzend verschiedner Notfälle gerecht zu werden, schließlich ein halbes Dutzend einander widersprechender Lehren hat. Die Kirche hat die Ehe gefeiert und geheiligt, ohne jemals ihre ursprünglich paulinische Lehre über dieses Thema aufzugeben. Und sie geriet bald in neue Verwirrung. Zu dem Zeitpunkt, da sie sich der Ehe annahm und sie zu heiligen versuchte, war die Ehe, wie heute noch, weitgehend eine lebendig gebliebene Form des Brauches, Frauen an Männer zu verkaufen. Nun wird aber bei jedem Handel ein deutlicher Preisunterschied zwischen einem neuen Artikel und einem gebrauchten gemacht. Sobald wir dieser unterschiedlichen Wertung bei menschlichen Wesen begegnen, dürften wir wissen, daß wir uns auf dem Sklavenmarkt befinden, wo unsere Beziehungen zu den verkauften Personen weder auf religiöser, noch auf natürlicher, noch auf menschlicher, noch auf übermenschlicher, sondern ganz einfach auf kaufmännischer Grundlage beruhen. Als die Kirche der Ehe ihren Segen gab, erkannte sie in ihrer Unschuld nicht die Tragweite dieser kaufmännischen Überlieferungen. Folgerichtig versuchte sie, auch diese zu heiligen, und das mit grotesken Ergebnissen. Weil der Sklavenhändler für Jungfräulichkeit immer einen höheren Preis gefordert hatte, hielt die Kirche, statt den Geldwechsler in ihm zu entdecken und ihn aus dem Tempel zu vertreiben, den Händler für einen sentimentalen und ritterlichen Liebhaber und verlieh der Jungfräulichkeit, unterstützt durch die nur teilweise abgeschaffte Lehre vom Zölibat, einen himmlischen Wert, um die kaufmännischen Ansprüche zu veredeln. Kurz und gut, der immer mächtige Mammon steckte die Kirche in die Tasche und hat sie heute noch drin, wenn auch gelegentlich Heilige und Märtyrer es fertigbringen, Kopf und Seele frei zu bekommen, um gegen ihn zu zeugen.

Scheidung eine sakramentale Pflicht

Aber der Mammon übertraf sich selbst, als er versuchte, der Kirche seine Lehre über den unveräußerlichen Besitz in der Maske der unauflöslichen Ehe aufzuzwingen. Denn die Kirche versuchte, dieser unmenschlichen Lehre und dem glatten Widerspruch gegen das Evangelium Zuflucht zu gewähren, indem sie für die Ehe den Anspruch eines Sakramentes erhob – mit Recht, denn sie ist ein Sakrament. Aber gerade das macht die Scheidung zur Pflicht, wenn eine Ehe die innere und geistige Anmut verloren hat, deren äußeres und sichtbares Zeichen die Trauungszeremonie ist. Vergeblich lassen sich

Bischöfe dazu herab, die Argumente aufzulesen, welche die Atheisten bereits vor fünfzig Jahren fallengelassen haben, und machen geltend, daß die Worte Jesu in einem verschollenen aramäischen Dialekt gesprochen worden seien und daher wahrscheinlich mißverstanden wurden; denn Jesus, so glauben sie, könne ja nicht etwas gesagt haben, was ein Bischof mißbilligen würde. Sie sind aber nicht bereit hinzuzufügen, daß die Behauptung, wonach diejenigen, die das Sakrament mit ihren Lippen, aber nicht im Herzen empfangen, ihre eigene Verdammnis essen und trinken, ebenfalls eine Mißdeutung des aramäischen Urtextes ist. Daher sind sie feierlich verpflichtet, die Ehe vor der Entweihung zu schützen, indem sie nicht nur die Scheidung erlauben, sondern sie sogar in gewissen Fällen als obligatorisch erklären, wie es die Chinesen tun.

Als im sechzehnten Jahrhundert der geistige Aufstand ausbrach und die Kirche in mehreren Ländern reformiert wurde, war die Reformation so weitgehend eine Revolte gegen das Pfaffentum, daß die Ehe beinahe wieder exkommuniziert wurde. Unsere moderne Zivilehe, um die so viele scharfe Kämpfe und politische Auseinandersetzungen gewütet haben, wäre von Calvin gründlich gebilligt und von Luther mit Erleichterung begrüßt worden. Aber die instinktsichere Lehre, daß im Geschlecht etwas Heiliges und Mystisches liege – eine Lehre, die viele von uns heutzutage leicht von jeder priesterlichen Zeremonie ablösen können, für die aber in jenen Tagen allen, die so empfanden, eine rituelle Bestätigung nötig schien –, konnte nicht zusammen mit dem Ablaßhandel und ähnlichem auf den Kehrichthaufen geworfen werden. So beließ die Reformation die Ehe als das, was sie war: eine seltsame Mischung von geschlechtlichem Sklavenhandel, frühchristlichem Abscheu vor dem Geschlecht und späterer christlicher Heiligung des Geschlechts.

Othello und Desdemona

Wie stark das Gefühl war, daß der Gatte oder die Gattin ein Besitztum sei, das, weil aus »zweiter Hand« sehr entwertet, von keiner anderen Person als dem Besitzer benützt oder berührt werden durfte, kann man bei Shakespeare sehen. Seine leidenschaftlichsten Liebhaber sind Antonius und Othello; beide verraten ihren kaufmännischen Besitzerinstinkt, sobald sie die Beherrschung verlieren. »Ich fand Euch«, wirft Antonius Kleopatra vor, »einen kaltgewordenen Bissen auf Cäsars Teller.« Othellos furchtbarste Qual ist der Gedanke, »daß ein Winkel im geliebten Wesen für andre sei«. Aber so fühlt ein Mann nicht für das, was er liebt, sondern für das, was er besitzt. Ich habe niemals ganz die volle Bedeutung von Othellos Ausbruch verstanden, bis ich eines Tages eine Dame im Verlauf einer privaten Diskussion über die Möglichkeit der »Gruppenehe« mit kaltem Ekel sagen hörte, sie würde einer anderen Frau ihren Mann ebensowenig leihen wie ihre Zahnbürste. Das Gefühl beleidigter Männlichkeit, mit dem ich mich selber und allen Gatten so auf den Rang eines Toilettenartikels herabgesetzt sah, gab mir eine sehr unerquickliche Vorstellung davon, was Desdemona gefühlt hätte, hätte sie Othellos Ausbruch zufällig mitangehört. Ich war so erschlagen, daß ich nicht die Geistesgegenwart hatte, die Dame zu fragen, ob sie auch darauf bestehe, den Arzt, die Krankenschwester, den Zahnarzt und selbst den Priester und den Rechtsanwalt ganz für sich allein zu haben. Aber ich hatte zu oft Männer von Frauen sprechen hören, als wären diese bloße persönliche Bequemlichkeiten, um überrascht zu sein, daß Frauen der gleichen, ja noch heiklereren Ansicht sind. Alle diese Ansichten müssen wir aufgeben, ehe wir eine gesunde öffentliche Meinung über das Thema des Geschlechts (von der es abhängt, ob wir eine gesunde Bevölkerung haben) und daher auch über die Ehe haben können. Solange das Thema als ungehörig und sündig betrachtet wird, werden wir keinen systematischen Unterricht in Sexualhygiene haben, weil man glauben wird, ein Unterricht, wie er jetzt in Deutschland, Frankreich und selbst in dem prüden Amerika (wo die große Miltonische Tradition in dieser Angelegenheit noch lebt) gegeben wird, verderbe die jugendliche Unschuld. Diese lebt aber jetzt von häßlichen Geschichten und Überlieferungen, die von Generation zu Generation unter Schulkindern weitergeflüstert werden: Geschichten und Überlieferungen, die nichts Geschlechtliches unaufgedeckt lassen außer seiner Würde, seiner Ehre, seiner Heiligkeit, seinem Rang als erste Notwendigkeit der Gesellschaft und erste Sorge des Volkes. Wir werden weiterhin den weißen Sklavenhandel aufrechterhalten und seine Nutznießer schützen, indem wir einerseits die weiße Sklavin als notwendige Schutzvorrichtung der Ehe dulden, andererseits auf ihr herumtrampeln und sie erniedrigen, bis sie vor unseren Gerichtshöfen nichts mehr zu hoffen hat. So wird diese Sklavin, derweil Polizisten an jeder Ecke stehen und das Gesetz in ganz Europa triumphiert, noch immer von einem Ende der zivilisierten Welt zum andern geschmuggelt und wie Vieh getrieben, betrogen, geschlagen, tyrannisiert und zu einer ekelhaften Überarbeitung auf die Straße gejagt, ohne daß sie es wagen dürfte, den Hilfeschrei auszustoßen, der ihr ja nicht Rettung, sondern Schmach und Schande einbringen würde. Dennoch rächt sie sich am Ende furchtbar, indem sie unter uns Blindheit und Unfruchtbarkeit, Schmerz und Entstellung, Wahnsinn und Tod ausstreut, in der Gewißheit, daß wir viel zu fromm und zartfühlend sind, solche Dinge auch nur zu erwähnen, um sie oder uns selbst davor zu schützen. Und die ganze Zeit über werden wir ihr Gewerbe voller Begeisterung mit jeder Verlockung bedenken, welche die Kunst des Romanschreibers, des Dramatikers, des Tänzers, der Modistin, des Malers, des Bühnenbeleuchters und des sentimentalen Dichters nur ersinnen kann. Schließlich aber werden wir noch immer sehr schockiert und überrascht sein, wenn sich der Aufschrei des Jünglings, der jungen Gattin, der Mutter, der angesteckten Krankenschwester und all der anderen direkten und indirekten Opfer erhebt mit seinem ewigen Refrain: »Warum hat mich niemand gewarnt?«

Was soll aus den Kindern werden?

Ich darf nicht leichthin antworten: »Stellt sie alle unter behördliche Vormundschaft«, und doch würde das ausreichen, um jeden vernünftig denkenden Menschen auf die Spur der Antwort zu führen. Wenn man die Leute manchmal diese Frage stellen hört, möchte man nicht nur glauben, daß die Ehe das Aufkommen dieser Schwierigkeit verhindere, sondern auch, daß nichts als die Scheidung sie überhaupt verursache. Es ist wahr, daß Kinder, wenn die Eltern geschieden werden, untergebracht werden müssen. Wenn man aber die Eltern dem Henker übergibt oder ins Gefängnis steckt oder die Kinder der Aufsicht der Eltern entzieht, weil diese Ansichten wie Shelley haben, oder wenn die Eltern sterben, so ergibt sich dieselbe Schwierigkeit. Und da dergleichen immer wieder passiert und wir eine Menge Erfahrung in Scheidungsdekreten und Trennungsverfügungen haben, lohnt es sich kaum, über den Versuch, die Kinder als Argument gegen die Scheidung zu verwenden, zu streiten. Wir werden mit den Kindern genauso verfahren, wie wenn ihr Zuhause durch irgendeine andere Ursache zerstört wäre. In einer Hinsicht aber stellen die Kinder der Scheidung ein wahres Hindernis entgegen: sie verschaffen den Eltern ein gemeinsames Interesse, welches viele Paare zusammenhält, die sich, wären sie kinderlos, trennen würden. Das Ehegesetz ist überflüssig in solchen Fällen. Dies zeigt sich in der Tatsache, daß Scheidungen bei Kinderlosigkeit weitaus zahlreicher sind als Scheidungen aus allen anderen Gründen. Man darf andererseits aber nicht vergessen, daß das Interesse der Kinder auch eines der wirksamsten Argumente *für* die Scheidung liefert. Ein unglücklicher Haushalt ist eine schlechte Kinderstube. Es läßt sich manches zugunsten eines Haushalts sagen, dem mehrere

Männer oder mehrere Frauen angehören, wenn er als Schule für die Kinder betrachtet werden soll: Kinder leiden nämlich wirklich darunter, daß sie nicht genug Eltern haben; deshalb bekommen ihnen oft Onkel und Tanten und Privatlehrer und Gouvernanten so gut. Aber gerade den polygamen Haushalt läßt unser Ehegesetz auseinanderbrechen. Außerdem ist er, wie wir gesehen haben, undenkbar als typische Einrichtung in einem demokratischen Land, wo sich die beiden Geschlechter zahlenmäßig in etwa die Waage halten. Daher fällt Polygamie und Polyandrie als Mittel zur Erziehung der Kinder weg und somit, glaube ich, die von Gladstone und anderen vertretene Auffassung, daß eine Ausdehnung des Scheidungsrechts zwar viele neue Gründe für eine Scheidung zulassen, den Ehebruch jedoch ausschließen könnte. Immerhin machen viele Dinge manche unserer häuslichen Innenansichten zu kleinen Privathöllen für die Kinder (besonders, wenn sich die Kinder darin ganz wohl fühlen). Sie würden jeden intelligenten Staat berechtigen, das Heim aufzulösen und die Aufsicht über die Kinder entweder demjenigen Elternteil zuzusprechen, dessen Gewissen sich gegen die Verderbnis der Kinder aufgelehnt hat, oder keinem von beiden.

Dies führt uns dahin, daß die Scheidung nicht länger auf Fälle beschränkt werden sollte, in denen eine der beiden Parteien sie verlangt. Denkt man sich ein von Grund auf niederträchtiges Paar, das sich seinen Lebensunterhalt mit schändlichen Mitteln verdient und seine Kinder zu diesem Gewerbe erzieht, so könnte sich der Staatsanwalt ins Mittel legen und diese Kinder von ihren Eltern trennen, anstatt wie bisher sein durchaus unheilvolles Amt auszuüben, indem er Ehepaaren erst den Beweis abverlangt, daß *beide* die Scheidung wünschen, und diese dadurch unmöglich macht. Würde heute die Königin selbst ein unglückliches Kind aus Erniedrigung und Elend retten und es in einem angesehenen Heim unterbringen, und würde dann irgendein unaussprechliches Schurkenpaar auf das Kind Anspruch erheben und beweisen, daß es dessen Vater und Mutter sei, so würde das Kind im Namen der Heiligkeit der Familie und Elternschaft den beiden ausgeliefert. Wäre dieses Verbrechen durchgesetzt, so würde das Gesetz mit größter Ruhe einen Erziehungsbeamten schicken, der das Kind täglich mehrere Stunden aus den Händen der Eltern nähme im noch heiligeren Namen der obligatorischen Schulpflicht. (In Wirklichkeit liefe die Sache natürlich so, daß das Paar die Königin erpressen würde, ehe es seine Zustimmung zur Rettung des Kindes gäbe; es sei denn, der Wink eines Polizeiinspektors würde die beiden davon überzeugen, daß schlechte Charaktere sich nicht immer auf pedantisch verfassungstreue Behandlung verlassen können, wenn sie mit Personen von hoher Stellung in Konflikt geraten.)

In Wahrheit müssen nicht nur die Bindungen zwischen Mann und Frau einer vernünftigen Betrachtung unterworfen werden, wenn es um das Wohlergehen der beiden Beteiligten und der Gemeinschaft geht, sondern überhaupt alle Familienbande. Die Theorie, daß die Frau Eigentum des Mannes sei oder der Mann Eigentum der Frau, ist kein bißchen weniger abstoßend und verderblich als die Theorie, daß das Kind Eigentum der Eltern sei. Die elterliche Bindung wird denselben Weg gehen wie die eheliche; tatsächlich sollte die Reform damit ihren Anfang nehmen, denn die Hilflosigkeit der Kinder hat den Staat bereits gezwungen, zwischen Eltern und Kind öfter einzugreifen als zwischen Mann und Frau. Lebt man in armseligen Verhältnissen, so wird man sich manchmal versucht fühlen, zum Impfungsbeamten, zum Schularzt und zum Sanitätsinspektor zu sagen: »Gehört dieses Kind nun mir oder Ihnen?« Die Antwort darauf ist, daß das Kind ein wesentlicher Bestandteil der Nation ist und die Nation es sich daher nicht leisten könne, das Kind dem unverantwortlichen Gutdünken eines Individiuums oder eines Paares wie ein Päckchen privaten Besitzes zu überlassen. Das einzige stichhaltige Argument, das die Eltern vorbringen können, lautet, daß der Staat trotz seines imponierenden Namens schließlich und endlich mit dem Kind nichts anderes anfangen kann, als es in die Obhut irgendeines Menschen zu geben, und daß die Eltern keine schlechteren Wärter sind als Fremde. Diese Behauptung mag zwar Menschen, die glauben, nur Eltern verdürben ihre Kinder, im ersten Augenblick sehr fragwürdig erscheinen. Wer aber einsieht, daß Kinder durch Strenge und Kälte ebensooft verdorben werden wie durch Nachsicht und daß die Auffassung, natürliche Eltern taugten weniger als adoptierte, wahrscheinlich ebensosehr eine Illusion ist wie die Meinung, sie taugten mehr, wird es für nicht sehr wahrscheinlich halten, daß der Staat Kinder von ihren Eltern häufiger trennen würde, als dies jetzt geschieht. Im Gegenteil, es ist sogar wahrscheinlich, daß das gegenwärtige System, Kinder ihren Eltern zu entziehen und die elterlichen Pflichten durch Behörden ausüben zu lassen, einem andern System weichen wird, sobald Armut und Unwissenheit zur Ausnahme, statt zur Regel, geworden sind. Dieses neue System wird ganz einfach gewisse Ergebnisse verlangen, angefangen beim Gewicht des Kindes bis hin zu vielleicht irgendeiner Art von praktischem Examen, wobei es Eltern und Kindern überlassen bleibt, die Ergebnisse einfach so gut, wie es ihnen möglich ist, zu erreichen. Eine solche Freiheit ist natürlich unter unseren gegenwärtigen, von Armut heimgesuchten Umständen unmöglich. Solange der Großteil unseres Volkes zu arm ist, um gute Eltern oder sonst irgend etwas Gutes zu sein außer lasttragenden Tieren, ist es nutzlos, von ihnen viel mehr als Holzhauen und Wassertragen zu verlangen. Was immer getan wird, muß *für* sie getan werden, meistens von Leuten, deren Überlegenheit leider bloß technischer Art ist. Ehe wir die Armut nicht abgeschafft haben, ist es unmöglich, vernünftige Maßnahmen irgendwelcher Beschaffenheit weitgehend durchzuführen: der Wolf an der Tür wird uns zwingen, im Belagerungszustand zu leben und alles durch ein bürokratisches Kriegsrecht zu erzwingen, welches in einer prosperierenden Gesellschaft ganz unnötig und sogar unerträglich wäre. Wie immer wir die Frage aber lösen, wir müssen von den Eltern verlangen, daß sie sich über ihre Fähigkeit, das Kind zu betreuen, genau so ausweisen, wie ein Fremder es tun müßte. Wenn eine Familie den Sinn der Familie nicht erfüllt, so sollte sie aufgelöst werden, wie eine Ehe aufgelöst werden sollte, wenn sie ihren Sinn nicht erfüllt. Wir müssen die Auffassung fallenlassen, daß etwas Magisches und Unverletzliches in den gesetzlichen Beziehungen der Häuslichkeit liege oder jemals liegen wird, und wir müssen uns von der merkwürdigen Begriffsverwirrung freimachen, die einige von unseren Bischöfen sich einbilden läßt, daß in der Wendung »Was Gott zusammengefügt hat, soll der Mensch nicht trennen« das Wort »Gott« gleichbedeutend mit dem Standesbeamten oder Hochwürden John Smith oder William Jones ist. Die Möglichkeit, unerwünschte Familien aufzulösen, ist für die Erhaltung der Familie ebenso unerläßlich, wie die Möglichkeit, unerwünschte Ehen aufzulösen, für die Erhaltung der Ehe. Werden aber unsere Familiengesetze so unmenschlich ausgeübt, daß sie schließlich eine wütende allgemeine Auflehnung hervorrufen, wie sie jetzt schon viele private Aufstände hervorgerufen haben, so werden wir in einem sehr wörtlichen Sinne das Kind mit dem Bade ausschütten: indem nämlich eine Einrichtung abgeschafft würde, die nichts als eine wenig offensichtliche und leichte Rationalisierung benötigt, um nicht nur harmlos, sondern sogar bequem, anständig und nützlich zu werden.

Die Kosten einer Scheidung

Man soll sich nicht einbilden, daß den Mißständen der unauflöslichen Ehe durch Scheidungsgesetze abgeholfen werden könne, wenn diese nach unserer gegenwärtigen Gewohnheit durchgeführt werden. Die billigste Scheidung ohne Verteidiger kostet, selbst wenn sie von einem Anwalt um der Sache willen und aus Menschlichkeit übernommen wird, wenigstens dreißig Pfund Selbstkostenbeteiligung. Für einen Klienten, der das Ganze geschäftlich angeht, kostet sie ungefähr das Dreifache. Solange die Scheidung nicht genau so wohlfeil ist wie die Heirat, wird die Ehe unauflöslich bleiben für alle außer der Handvoll Menschen, für die hundert Pfund im Bereich des Möglichen liegen. Für die überwältigende Mehrheit aber gibt es in diesem Punkt keinen Unterschied zwischen hundert und einer Milliarde. Scheidung ist das einzige, worum man nicht *in forma pauperis* prozessieren darf.

Man erlaube mir also, folgendes zu empfehlen:

1. Die Scheidung sei so leicht, so wohlfeil und so sehr Privatsache wie die Eheschließung.
2. Die Scheidung werde auf Wunsch einer der beiden Parteien gewährt, gleichgültig ob die andere einverstanden ist; und kein anderer Grund sei zugelassen als eben dieser Wunsch, der ohne weitere Erklärungen vorgebracht werden soll.
3. Die Macht, eine Ehe wegen Ehebruchs aufzulösen, sei auf den Staat beschränkt. Dieser wird auf Verlangen des Staatsanwaltes oder eines anderen geeigneten Beamten handeln, der jedoch auch in sonstigen Fällen auf Wunsch einer der beiden Parteien zum Eingreifen veranlaßt werden kann; freilich nicht, um die Scheidung zu verhindern, sondern um die Leistung von Unterhaltgeldern zu erzwingen, wenn eine Weigerung vorliegt und der Fall derart beschaffen scheint, daß die Zahlung unerläßlich ist.
4. Die Ehe darf nicht mehr, wie bisher, als Strafe eingesetzt werden. Mann und Frau sollen ins Zuchthaus gesteckt werden, wenn ihr Betragen zu Strafe Anlaß gibt, aber sie sollen nicht in ein dauerndes eheliches Zusammenleben zurückgeschickt werden.
5. Andererseits soll man auch ein Paar, das für vollkommen unschuldig und dessen Lebensführung für tadellos gilt, nicht gegen seinen Willen zu dauerndem ehelichen Zusammenleben zwingen. Die Beurteilung dessen, was man für Unschuld auf beiden Seiten hält, soll dieselbe sein, wie die Beurteilung dessen, was man für beiderseitige Schuld hält.

6. Die Arbeit der Frau und Mutter werde nach demselben Grundsatz wie jede andere Arbeit behandelt, das heißt als Arbeit, die ihren Lohn wert ist. Gegen Arbeitslosigkeit auf diesem Gebiet sollen dieselben Vorkehrungen getroffen werden wie gegen Arbeitslosigkeit im Schiffbau oder irgendeinem anderen anerkannten Gewerbe.
7. Man befasse sich mit allen Folgen dieser Gesetzgebung, statt sich durch die Furcht vor den Folgen so ängstigen zu lassen, daß man alle Vernunft und allen gesunden Menschenverstand einbüßt. Wir müssen schließlich unsere Einrichtungen der menschlichen Natur anpassen. Unsere gegenwärtige Gewohnheit, die Natur in eine Form bestehender Mißbräuche, korrupter Interessen und abergläubischer Auffassungen pressen zu wollen, schafft auf die Dauer die explosiven Kräfte, die eine Zivilisation zerstören.
8. Es soll nie vergessen werden, daß man, wenn man das Gesetz den Richtern und die Religion den Bischöfen überläßt, bald ohne Gesetz und ohne Religion dastehen wird. Wer dies bezweifelt, frage irgendeinen anständigen Richter oder Bischof, er frage aber *nicht* jemanden, der nicht weiß, was ein Richter oder ein Bischof, was Gesetz oder Religion ist. Mit anderen Worten, man frage nicht die Zeitungen. Die Journalisten werden in England zu armselig bezahlt, als daß sie etwas wissen könnten, was wert wäre, veröffentlicht zu werden.

Schlußfolgerungen

Zusammenfasend sei gesagt: Um die sexuellen Beziehungen zwischen Männern und Frauen anständig und ehrenhaft zu gestalten, werden wir uns an die Lösung des Problems der Arbeitslosigkeit halten müssen; das heißt wahrscheinlich an die Grundsätze, die im Minoritätenrapport der königlichen Kommission über das Armengesetz niedergelegt sind, das heißt, daß die Frauen wirtschaftlich unabhängig gemacht werden müssen von den Männern und (bei den jüngeren Söhnen der oberen Klassen) die Männer wirtschaftlich unabhängig von den Frauen. Wir werden auch die übrige protestantische Zivilisation einholen müssen, indem wir Möglichkeiten schaffen, alle unglücklichen, ungehörigen und unpassenden Ehen aufzulösen. Es ist unsere vorsichtige Gewohnheit, der übrigen Welt hinterherzuhinken, um zu sehen, wie sich ihre Reform-Experimente bewähren, ehe wir selber etwas wagen, um uns dann die Erfahrung der anderen zunutze zu machen und sie zu überflügeln. Wir sollten aber einsehen, daß das alte System, Scheidungsgründe zu bezeichnen – wie Ehebruch, Grausamkeit, Trunksucht, Verbrechen, Wahnsinn, Vagabundentum, mangelnde Sorge für Frau und Kinder, böswilliges Verlassen, öffentliche Schande, gewalttätige Veranlagung, Zugehörigkeit zu verschiedenen Religionen, ansteckende Krankheit, Anstößigkeit, Unwürdigkeit, persönliche Kränkung, »seelische Angstzustände« oder eine Lebensführung, die das Leben zur Bürde macht, – falsch ist (alle diese Beispiele sind gegenwärtig tatsächlich gültigen Gesetzbüchern entnommen). Denn der Zwang, aufgrund schlechter Lebensführung zu klagen und sie zu beweisen, bewirkt einzig und allein, daß Fälle zurechtgeschustert werden und eigentlich saubere Wäsche zur großen Verzweiflung unschuldiger Kinder und Verwandter mit Absicht beschmutzt und öffentlich gewaschen wird. Gleichzeitig müssen die Gründe so allgemein gehalten werden, daß jede Art menschlicher Lebensführung darunter fallen kann, wenn die Anklage halbwegs geschickt vorgebracht wird und die vereidigten Zeugen sich ein wenig zurückhalten. Wenn es zu einer Lebensführung kommt, die das Leben zur Bürde macht, so ist es klar, daß keine Ehe mehr unauflöslich sein soll. Das Vernünftigste also, was man tun kann, ist, die Scheidung zu gewähren, wann immer sie gewünscht wird, und ohne zu fragen, warum.

Nachschrift, 1933:

Unter den Theaterkritikern ist es Mode geworden zu erklären, daß *Heiraten* – und folglich auch die Vorrede zu dem Stück – veraltet sei, da alle Übelstände und Schwierigkeiten, auf die ich darin hinweise, durch neuere Gesetzgebung aus dem Weg geräumt wären.

Dies ist ein augenfälliges Beispiel für die Illusion vom Fortschritt, die uns vor der Verzweiflung rettet. Die einzige Änderung nämlich, die unser Eherecht erfahren hat ... ist die, daß eine Frau jetzt genau wie ein Mann allein wegen ehelicher Untreue die Scheidung durchsetzen kann und nicht noch Beweise für Grausamkeit und böswilliges Verlassen vorbringen muß. In jeder anderen Hinsicht ist die britische Ehe das, was sie war, als das Stück geschrieben wurde: das heißt, so ungeheuerlich widersinnig, daß sie nur dadurch weiter Bestand hat, daß die meisten Ehepaare, weil sie das Gesetz nicht kennen, die Risiken gar nicht wahrnehmen, die sie eingehen, und sie auch später selten herausfinden, zumal die unerträglich harten Fälle die Ausnahme sind. In Ländern, wo Ehen auf Forderung eines der beiden Partner unverzüglich und ohne schwerwiegende Kosten aufgelöst werden können – wobei lediglich Vorsorge für die Kinder getroffen werden muß –, wo man also keine Entschuldigung mehr für unstatthafte oder ausschweifende Beziehungen hat, ist die öffentliche Meinung zu Fragen des sexuellen Verhaltens mittlerweile strenger als bei uns; und es gibt keine Klagen über irgendwelche verheerenden Folgen der hindernisfreien Scheidung, wie sie unsere Verteidiger der unauflösbaren Ehe voraussagen.

Heiraten

Eine Debatte

Vorbemerkung des Übersetzers.

Dies ist ein Stück, dessen neue Übertragung sich erübrigte, wenn die Vernunft, die es vor gut achtzig Jahren gepredigt hat, Epoche gemacht hätte. Es ist ein Stück Debatte, das nach wie vor à jour ist, weil die Debatte andauert. Sowenig die Theater von ihr wissen mochten bisher, auf der politischen Bühne spielt sie sich noch immer ab: Die Diskussion über das Ehegesetz, will sagen: das Scheidungsrecht. Zur Generalfrage dieses Dramas, wie man die Ehe in eine menschenwürdige Institution verwandeln könne, sagt der Bischof von Chelsea: »Die Scheidung anständig und vernünftig machen, das ist alles.«

Das ist alles. Aber geschehen ist so gut wie nichts. Doch gerade die Aktualität des Stoffes, auf den ersten Blick eine Hilfe, macht dem Übersetzer heute zu schaffen. Er findet ein politisch brisantes Thema vorgeprägt von Shawschem Witz. Er findet einen Verhandlungsgegenstand von Bundestagsausschüssen angesiedelt in der normannischen Küche eines anglikanischen Bischofs; er findet eine Angelegenheit unserer Zeit diskutiert im Jahre 1908; er findet, was heute für alle interessant ist, als eine Spezialität der besseren englischen Gesellschaft durchgeführt; und er findet, daß Bernard Shaw mitunter als Conferencier seiner eigenen Brisanzen aufgetreten ist.

Die Figuren sprechen von unseren Problemen, aber wie? Sind sie von gestern, während sie die Themen des Tages, unserer Tage, abhandeln? Soll man sie ganz herüberholen in eine Gegenwart, in der eine Pille auch ein Weg ist, oder soll man sie einfrieren in die Zeitgenossenschaft einer Sprache, zu der sie selbst (selbst sie!) damals nicht kamen.

Es gibt eine Hilfe in diesem Dilemma: Es hat so etwas wie eine Anglisierung des Deutschen stattgefunden zugleich mit einer Demokratisierung des Gentlemanbegriffes: Der »Gentleman« braucht nicht mehr übersetzt zu werden, und wenn es irgendwo im Originaltest heißt: »Ladies first«, wäre es unsinnig zu schreiben, »Die Damen kommen zuerst«, wie man vor fünfzig Jahren durchaus noch hätte tun müssen. Nicht nur der Stoff, auch die Sprache ist uns, so paradox das klingt, in den letzten Jahrzehnten nähergerückt. Und es besteht kein Anlaß, den *common sense*, wo er im Original vorkommt, in jenen »gesunden Menschenverstand« zu verkehren, der dem ebenfalls gesunden Volksempfinden so fatal ähnlich klingt. Andererseits bestand kein Grund, die Leute nur deshalb, weil sie hier nun mal Engländer sind, nicht auch kräftig Deutsch miteinander reden zu lassen.

Hdt.

Personen:

ALFRED BRIDGENORTH, Bischof von Chelsea
MRS. ALICE BRIDGENORTH, seine Frau
EDITH BRIDGENORTH, seine Tochter
GENERAL BEWLEY BRIDGENORTH, »Boxer«
REGINALD BRIDGENORTH
LEO BRIDGENORTH
LESBIA GRANTHAM
ST. JOHN HOTCHKISS
CECIL SYKES
WILLIAM COLLINS, Obst- und Gemüsehändler sowie Ratsherr
ZENOBIA ALEXANDRINOV COLLINS (Mrs. George), seine Schwägerin
REVEREND OLIVER CROMWELL SOAMES, »Vater Anthony«
JOSEPH WALLASTON, Magistratsdiener

An einem schönen Morgen im Frühjahr 1908 nimmt sich die normannische Küche im Palast des Bischofs von Chelsea sehr geräumig und sauber und freundlich und frisch aus.
Der Bischof hat das Glück, einen Palast aus dem 12. Jahrhundert zu bewohnen. Der Palast wiederum hatte das Glück, nicht in die Gotik des 15. Jahrhunderts verwandelt oder mit den Quadersteinen des 18. Jahrhunderts befestigt oder gar von einem Baumeister des 19. Jahrhunderts »restauriert« worden zu sein oder von einem viktorianischen Architekten, der besessen gewesen wäre von der regenschirmähnlichen Herrschaftlichkeit der Gewölbekunst des 14. Jahrhunderts. Der gegenwärtige Bewohner, A. Chelsea, privat Alfred Bridgenorth, hat für den normannischen Stil etwas übrig. Durch geschickte Beschwerden über die Unbequemlichkeit der Räume hat er die Kirchenbehörde dazu gebracht, ihm etwas Geld für die Erhaltung zuzuschießen; damit hat er sich von sämtlichen Tapeten, Farben, Trennwänden sowie von den sorgfältig entworfenen und geformten Verkleidungen befreit, mit denen die viktorianischen Kunsttischler die riesigen schwarzen Eichenbalken zu kaschieren versuchten; befreit auch von den anderen Spuren seiner Vorgänger, die eine normannische Festung gemütlich und repräsentativ einrichten wollten. Dies Haus ist für die Ewigkeit gebaut. Die Wände und Balken sind stark genug für den Turm von Babel, wie wenn die Erbauer, unsere modernen Ideen erahnend und instinktiv ihnen trotzend, sich entschlossen hätten, vorzuführen, wieviel Material sie auf ein Haus verschwenden konnten, das zur Ehre Gottes gebaut wurde, statt wie heute konkurrenzneidisch auf den Vorteil des niedrigsten Voranschlags zu achten und wissenschaftlich zu kalkulieren, wie wenig Material gerade genug wäre, damit die ganze Chose nicht unter dem eigenen Gewicht zusammenkracht.
Die Küche ist der Lieblingsraum des Bischofs. Freilich nicht,

weil er ein Mann großer Demut wäre; sondern weil die Küche einer der schönsten Räume des Hauses ist. Der Bischof hat weder das Einkommen noch den Appetit, hier für sich kochen zu lassen. Die Fenster, hoch in der Wand, gehen nach Norden und Süden. Das Nordfenster ist das größte; und wenn wir von da aus in die Küche blicken, sehen wir auf die südliche Wand mit kleinen normannischen Fenstern und einer offenen Tür dicht bei der Ecke zur Linken. Durch diese Tür kann man ein Stück Garten erkennen und einen Gartenstuhl in der Sonne. In der rechten Ecke ist der Eingang zu einem runden Gewölbezimmer mit einer Wendeltreppe, die durch einen Turm hinaufführt zu den oberen Stockwerken des Palastes. An der Wand rechts ist der riesige Herd mit einem gewaltigen Bratspieß, der wie ein kleiner Kran wirkt, und eine Kollektion alter Eisen- und Messinggeräte, die wie die originalen Herdutensilien aussehen, obwohl sie in Wahrheit nach und nach vom Bischof bei Trödlern aufgetrieben worden sind. Am vorderen Ende der linken Wand führt eine kleine normannische Tür in das Arbeitszimmer des Bischofs, früher die Spülküche. Weiter hinten steht eine große Eichentruhe an der Wand. In der Mitte der Küche steht ein kräftiger gezimmerter Tisch, umgeben von elf festen Stühlen mit Binsensitz; vier auf der abgekehrten, drei auf der vorderen Seite und zwei an jedem Ende des Tisches. Ein großer Stuhl mit Rücken- und Seitenlehne steht beim Herd. Auf dem Boden liegt eine Art Teppichmatte aus dickem Fibermaterial. Das einzige andere Möbelstück ist eine Uhr mit einem hölzernen Zifferblatt, so groß wie der Boden eines Waschfasses, wobei Gewichte, Ketten und Perpendikel von entsprechenden Ausmaßen sind; aber der Bischof hat es längst aufgegeben, sie aufzuziehen. Sie hängt über der Eichentruhe.

In der Küche hält sich zur Zeit die Frau des Bischofs, Mrs. Bridgenorth auf, die mit Mr. William Collins, dem Gemüsehändler und neuerlichen Ratsherrn, spricht. Er ist im Abendanzug, obwohl es früher Vormittag ist. Mrs. Bridgenorth ist eine ruhige, fröhlich aussehende Frau von etwa fünfzig, gelas-

sen, sanft und humorvoll, mit feinen Zügen und schönem grauen Haar, das schon viele weiße Strähnen hat. Sie ist wie für ein Fest gekleidet, läßt aber die Dinge auf sich zukommen, sitzt in dem großen Stuhl am Herd und liest die Times.
Collins ist ein älterer Mann mit einer eher jugendlichen Figur. Seine Bartkoteletten geben ihm einen Stich ins Dandyhafte. Er ist ein leutseliger Mann, mit jenen perfekten Manieren, die man sich als Inhaber eines Ladens erwirbt, in dem man alle möglichen Lebensmittel an solche Damen verkauft, deren soziale Position so unzweifelhaft ist, daß sie sie nicht hervorkehren. Er ist ein Mann, der Ruhe ausstrahlt, mit wachsamen grauen Augen, und der Fähigkeit, einem alles, was er will, ohne Kränkung ins Gesicht zu sagen, weil es immer so klingt, als sage er es mit der freundlichen Zustimmung des Gegenübers. Dabei ist er keineswegs servil, eher zuvorkommend und anteilnehmend; aber in der Öffentlichkeit nie ohne gewissenhafte Beachtung der sozialen Unterschiede. Er steht an der Eichentruhe und zählt einen Stapel Servietten.
Mrs. Bridgenorth liest ruhig, Collins zählt, eine Amsel singt im Garten.
Mrs. Bridgenorth läßt die Zeitung sinken und betrachtet Collins einen Augenblick lang.

MRS. BRIDGENORTH Sind Sie denn gar nicht nervös, Collins, an so einem Tag?

COLLINS Bewahre! Wäre ja gelacht, wo ich nun fünf Ihrer Töchter verheiratet habe, wenn ich bei der Heirat der letzten nervös würde.

MRS. BRIDGENORTH Ich sag's ja immer, Sie sind wunderbar, Collins!

COLLINS Ich bitte Sie, Madame.

MRS. BRIDGENORTH Ich hab das nie gekonnt, etwas so arrangieren, eine Hochzeit oder gar ein Essen, daß nicht irgendwas schiefgeht.

COLLINS Warum sollten Sie sich auch damit belasten, Madame. Beim Kaufmann bestellt, und der Haushalt erledigt sich von selbst. Ist doch, bittschön, sein Geschäft. Zahlt sich aus, für ihn, für Sie, und nicht zu vergessen das Vergnügen in so einem Haus. Da mokieren sich die Leute über den Kaufmann grad wie über die Schwiegermutter, aber ohne die beiden wären sie verloren.

MRS. BRIDGENORTH Da verknüpft uns aber ein festes Band, Collins.

COLLINS Gott, es gibt mancherlei Bande zwischen mancherlei Leuten. Sie sind, Madame, eine sehr leutselige Dame für eine Bischofsfrau. Ich hab schon oft mit Bischofsfrauen zu tun gehabt, die hatten's ganz schön angelegt aufs Provozieren, bis man selber unverschämt wird, aber bei Ihnen, Madame, würde sich keiner was rausnehmen und aus der Rolle fallen.

MRS. BRIDGENORTH Collins, Sie sind ein Schmeichler. Sie schauen doch beim Frühstück nach dem Rechten, wie üblich, ja?

COLLINS Ja doch, Gott, ja, aber ja. Mach ich doch immer. Diese piekfeinen Gourmetläden und Partydienste schicken Leute ins Haus, wie sie mir nie unter die Augen gekommen sind. Herzöge, so würde man sie taxieren. Und prompt schüttelt die Familie ihnen die Hand und erkundigt sich nach den Angehörigen, und die Damen fragen wahrhaftig: Wo sind wir uns doch begegnet? – Und lauter so Konfusionen. Mich erkennen sie immer: Ein Kaufmann. Und das ist ein Segen in diesen Zeiten, wo man kaum rauskriegt, was einer ist und was nicht. *Er geht durch den Turm hinaus, kehrt gleich darauf zurück und kündigt an:* Der General, Madame.

Mrs. Bridgenorth steht auf, um ihren Schwager zu begrüßen, der glänzend in voller Uniform eintritt, mit vielen Orden und Ehrenzeichen. General Bridgenorth ist ein stattlicher Mann von fünfzig Jahren, mit großen tapferen Nasenflügeln, einem eisernen Mund, treuen Hundeaugen und mit sehr viel natürlicher Einfachheit und Würde des Charak-

ters. Er ist unwissend, einfältig und voller Vorurteile, nachdem ihn eine sorgfältige Erziehung so gemacht hat; und es ist nicht immer leicht, nachsichtig mit ihm zu sein, wenn seine fraglos guten Absichten sich ganz ernstlich bösartig auswirken, aber man lastet es der Gesellschaft an, nicht ihm selbst. Er wäre kein schlechterer Mann als Collins, hätte er die gesellschaftlichen Möglichkeiten von Collins gehabt. Er geht auf den Herd zu, wo Mrs. Bridgenorth mit dem Rücken zum Feuer steht.

MRS. BRIDGENORTH Guten Morgen, Boxer. Wieder mal eine Nichte unter die Haube zu bringen. Aber diesmal die letzte.

GENERAL *ziemlich düster*: Tja, Alice. Dem alten Krieger-Onkel bleibt nichts andres übrig, als die Bräute an Männer zu vergeben, die mehr Glück haben als er selbst. – Ist denn ... *er räuspert sich* deine Schwester schon da?

MRS. BRIDGENORTH Warum nennst du Lesbia immer so unpersönlich meine Schwester? Weißt du denn nicht, daß sie sich darüber mehr ärgert als über all deine anderen Marotten.

GENERAL Marotten ist gut. Ich versuch ja, mir das abzugewöhnen, aber sie sollte, in so einem winzigen Punkt, auch etwas toleranter sein. Sie weiß, daß ihr Name mir in der Kehle stecken bleibt. Lieber nenn ich sie deine Schwester, als daß ich versuch, sie L. ... *er bricht fast zusammen* L. ..., jedenfalls bei ihrem Namen zu nennen und mich zum Narren zu machen und ihr womöglich nachzuweinen. *Er ist den Tränen nahe.*

MRS. BRIDGENORTH *geht auf ihn zu und redet ihm zu*: Ich bitte dich, Boxer, wirklich! Wir sind doch keine Kinder mehr. Du kannst doch ein gebrochenes Herz nicht ein Leben lang beibehalten. Das muß doch fast zwanzig Jahre her sein, als sie dich abwies. Und du weißt genau, nicht weil sie dich nicht mag, sondern weil sie nun mal nicht fürs Heiraten ist.

GENERAL Es hilft nichts. Ich liebe sie immer noch. Und ich

kann nicht anders, ich sag's ihr bei jedem Wiedersehen, auch wenn sie, ich weiß ja, mir dann erst recht aus dem Weg geht.

MRS. BRIDGENORTH Und was sagt sie, wenn du davon anfängst?

GENERAL Nur, daß sie sich fragt, wann ich's – mir endlich abgewöhne. Ich weiß heut, daß ich's mir nie abgewöhne.

MRS. BRIDGENORTH Vielleicht, wenn du sie heiraten würdest. Ich glaub, du bist besser dran, so wie du jetzt bist, Boxer.

GENERAL Ich bin ein armer Kerl. Mir tut's weh, so eine lachhaft-langweilige Figur zu machen, Alice. Aber wenn ich hier ins Haus komme zu einer Hochzeit, in diesen Trubel, in diese Erinnerungen an Vergangenes – immer hab ich die Braut einem anderen zugeführt und nie einer meine Braut mir. *Er steht abrupt auf.* Laß mich in den Garten gehen und es wegrauchen.

MRS. BRIDGENORTH Gut, Boxer.

COLLINS *kommt mit dem Hochzeitskuchen zurück.*

MRS. BRIDGENORTH Ah, da kommt der Kuchen. Ich möchte meinen, es ist fast derselbe, den wir zur Hochzeit von Florence hatten.

GENERAL Das halt ich nicht aus. *Stürzt durch die Gartentür ins Freie.*

COLLINS *stellt den Kuchen auf den Tisch*: Was sagen Sie dazu? Komisch, nun hat der General so viele Hochzeiten mitgemacht und ist dem Anblick eines Hochzeitskuchens immer noch nicht gewachsen. Kommt mir vor, als packte ihn stets derselbe Schock.

MRS. BRIDGENORTH Nun, dies wäre dann der letzte. Sie haben jetzt die ganze Familie unter die Haube gebracht, Collins.

COLLINS Bis auf Ihre Schwester. Mrs. Grantham, Madame, ist eine Dame mit Charakter. Würde gern für sie das Hochzeitsfrühstück richten.

MRS. BRIDGENORTH Ihr ist nicht nach Heiraten.

COLLINS Gott ja, das sagen alle. Haben Sie gesagt, ich auch. Na, ich bestimmt.

MRS. BRIDGENORTH Nein. Bei mir kam die Ehe wie von selbst. Ich möcht meinen, bei Ihnen doch auch.

COLLINS *überlegt*: Nein, Madame, das kam nicht von selbst. Meine Frau mußte mich hineinzwingen. Für sie kam es wie von selbst. Sie ist, was man so eine alte Glucke nennt. Bloß immer die Familie um sich herum. Ist nicht ins Bett zu kriegen, eh sie nicht weiß, daß alles zu Haus ist, die Tür zugeschlossen und das Licht aus. Nimmt auch immer ihr Gepäck mit ins Abteil. Und läuft immer vor zum Lokomotivführer, daß er auch ja vorsichtig fährt. Sie ist die geborene Frau und Mutter, Madame. Drum haben's die Kinder auch nicht ausgehalten und sind schon alle aus dem Haus.

MRS. BRIDGENORTH Und Sie, Collins, hatten Sie nie Lust, wegzulaufen?

COLLINS O doch, Madame, ja doch. Sogar sehr oft. Aber immer, wenn's soweit war, bracht ich's nicht übers Herz, ihr wehzutun. Sie ist eine gute, liebevolle, eifrige Seele und hat nie begriffen, wieviel einigen Leuten die Freiheit bedeutet. Nämlich, Familienleben ist das einzige Leben, was sie kennt: wie ein Vogel, der im Käfig geboren wurde und sterben würde, wenn man ihn frei- und in den Wald fliegen ließe. Wenn ich dran gedacht habe, wie wenig es mir, bei meiner leichten Art, ausmacht, sie zu ertragen, und wie sehr's ihr wehtäte, wenn sie glauben müßte, ich geh, weil ich sie nicht mag –, da hab ich's immer aufs nächste Mal verschoben, und am Ende bin ich überhaupt nicht weg. Zugegeben, es war vielleicht gut für mich, daß sie mich bemuttert hat, aber es hat mich ganz schön abgeschnitten von meinen alten Freunden, und von den Freundinnen besonders. Sie hat ihnen keine Chance gelassen, nicht die geringste. Sie hat nie begriffen, daß Eheleute Ferien voneinander machen sollten, um frisch zu bleiben. Nicht, daß ich sie satt gehabt hätte, Madame. Aber, meine Güte, wie hatte ich manchmal das häusliche Leben satt! Hab mich doch glatt dabei ertappt und meinen Bruder George beneidet, ehrlich, Madame.

MRS. BRIDGENORTH George war wohl damals noch Junggeselle, wenn ich recht verstehe?

COLLINS Aber nicht doch, Madame. Er hat ein Prachtstück von Frau geheiratet, aber so was Sprunghaftes und Empfindliches, nicht zu glauben. Die gerät immer völlig außer Rand und Band, wenn sie sich verliebt. Paar Tage lang seufzt sie vor sich hin und weint grundlos, und dann bricht's raus aus ihr, ob einer zuhört oder nicht – »Ich muß zu ihm, George«, und weg ist sie, von Haus und Herrn, ohne ein »Bitte, versteh doch« oder »Wenn's dir nichts ausmacht«.

MRS. BRIDGENORTH Sie wollen doch nicht sagen, daß sie das mehr als einmal gemacht hat? Daß sie etwa zurückgekommen ist?

COLLINS Gott ja, das hat sie schon fünfmal gemacht, soviel ich weiß. Dann hat George uns nicht mehr auf dem laufenden gehalten, er hat sich eben dran gewöhnt.

MRS. BRIDGENORTH Aber hat er sie denn immer wieder aufgenommen?

COLLINS Na, was sollt' er denn machen? In drei von vier Fällen haben die Herren sie noch am selben Abend zurückgebracht, und nichts war passiert. In den anderen Fällen sind sie ihr davongelaufen. Was sollte denn ein Mann mit Herz anders tun, als sie trösten, wenn sie da angeheult kam, weil die Männer, denen sie an die Brust sinken wollte, ihr den Rücken kehrten, angeblich, weil sie zu anständig waren, ein solches Opfer anzunehmen. George hat ihr immer wieder gesagt, daß sie ihr alle zu Füßen liegen würden, wenn sie bloß ein bißchen im Haus bliebe und sich rar machte. Zuletzt hat sie's auch eingesehen und seinen Rat befolgt. Aber George hatte ganz gern neue Leute um sich rum.

MRS. BRIDGENORTH Ein widerliches Frauenzimmer, Collins! Finden Sie nicht?

COLLINS *abwägend*: Ja, viele Damen mit einem Hang zum Häuslichen haben dasselbe gedacht und gesagt, Madame. Aber *für* Mrs. George möcht ich doch sagen, daß die diversen Erfahrungen sie hinreißend interessant gemacht haben. Da nämlich sind die Sprunghaften den Beständigen haushoch überlegen, Madame. Sehen Sie sich meine alte Mathilda an. Sie hat nie einen anderen Mann gekannt außer mir. Da kann sie doch nicht mal mich richtig kennen, weil sie mich nicht mit anderen Männern vergleichen kann. Natürlich kennt sie ihre Eltern, soweit – na, soweit man eben seine Eltern kennenlernt; jedenfalls bleibt da das halbe Leben ausgespart und daß Eltern ja auch mal jung waren; sie hat auch ihre Kinder gekannt, aber als Kinder, und nie an sie gedacht wie an unabhängige Menschen, bis sie weggelaufen sind und ihr fast das Herz gebrochen haben, 'ne Woche lang, oder zwei. Aber Mrs. George, die hat 'ne Menge gelernt über alle möglichen Männer in jedem Alter. Denn je älter sie selbst wurde, um so jünger mochte sie sie; und das hat sie sicherlich interessant gemacht und ihr viel Verstand gegeben. Ich hab mich oft an ihren Rat gehalten, wenn meine eigene arme Frau mir überhaupt nicht weiterhelfen konnte.

MRS. BRIDGENORTH Ich hoffe, Sie sagen Ihrer Frau nicht, daß Sie sich woanders Rat holen.

COLLINS Gott bewahre, Madame, ich habe meine alte Mathilda so gern, daß ich nie irgendwas erzähle, damit sie ja nicht gekränkt ist. Sehn Sie, die ist so durch und durch Frau und Mutter, daß sie außer Haus nicht mal ein richtiger Mensch ist, außer sie kauft ein.

MRS. BRIDGENORTH Und Mrs. George, was hält sie von der?

COLLINS O, Mrs. George weiß Mathilda zu nehmen. Mrs. George kommt mit jedem zurecht, wenn sie will. Und außerdem hat Mrs. George es sehr mit der Religion. Und sie ist eine Hellseherin.

MRS. BRIDGENORTH *überrascht*: Eine Hellseherin!?

COLLINS *gelassen*: O ja, Madame. Sie brauchen sie nur ein

bißchen zu hypnotisieren, schon ist sie hin und mitten in Trance und sagt die wunderbarsten Dinge! Nicht Dinge über sich selbst, sondern wie wenn das ganze Menschengeschlecht Ihnen ein paar Wahrheiten verklickern würde. Ganz wunderbar, Madame, das sag ich Ihnen. Man könnt sich kein Spielchen ausdenken, dem Mrs. George nicht gewachsen wäre.

Lesbia Grantham kommt durch den Turm herein. Sie ist eine große, ansehnliche, schlanke Dame in den besten Jahren: das heißt, zwischen 36 und 55. Sie hat, was man eine kultivierte Art nennt, ist dazu aufs sorgfältigste angezogen und ohne Rücksicht auf die gerade neueste Mode, selbstsicher, furchteinflößend für die Jungen und Schüchternen, eigen bis in die Spitzen der langen Fingernägel und eher großzügig und amüsiert als wirklich anteilnehmend.

LESBIA Guten Morgen, liebe große Schwester.

MRS. BRIDGENORTH Guten Morgen, liebe kleine Schwester.

Sie küssen sich.

LESBIA Guten Morgen, Collins. Wie gut Sie aussehen. Und wie jung!

Sie dreht den mittleren Stuhl vom Tisch weg und setzt sich.

COLLINS Das ist nur Geschäftsgewohnheit von mir bei 'ner Hochzeit. Sie sollten mich mal bei einem politischen Bankett erleben, da seh ich aus wie siebzig. *Sieht auf seine Uhr.* Es wird langsam Zeit, Madam. Soll ich Miss Edith Bescheid sagen, daß sie sich beim Anziehen ein bißchen beeilt?

MRS. BRIDGENORTH Ja bitte, Collins.

Collins geht durch den Turm hinaus, und nimmt den Kuchen mit.

LESBIA Der gute alte Collins! Hat er dir wieder Geschichten erzählt heut morgen?

MRS. BRIDGENORTH Ja. Du bist ein bißchen zu spät gekommen für eine besonders spannende Legende!

LESBIA Über Mrs. George?

MRS. BRIDGENORTH Ja. Er sagt, sie sei Hellseherin.

LESBIA Ich frage mich, ob er Mrs. George wirklich selbst erfunden oder aus einem Buch gestohlen hat.

MRS. BRIDGENORTH Das frag ich mich auch.

LESBIA Wo ist denn mein barmherziger Schwager?

MRS. BRIDGENORTH Im Arbeitszimmer, schreibt an seinem neuen Buch. Er denkt so wenig daran, daß eine seiner Töchter heiratet, wie ans Frühstücksei.

Der General, vom Rauchen besänftigt und ernüchtert, kommt aus dem Garten herein.

GENERAL *Mit resoluter Bonhomie*: Ah, Lesbia! Wie geht es Ihnen?

Sie geben sich die Hand, und er nimmt sich einen Stuhl rechts von ihr.

Mrs. Bridgenorth geht durch den Turm hinaus.

LESBIA Wie geht es Ihnen, Boxer? Sie sehen beinah so fulminant aus wie der Hochzeitskuchen.

GENERAL Ich mach es mir zum Prinzip, immer dann in Uniform zu erscheinen, wenn es sich um eine Zeremonie handelt, als Lektion für die Unteren. Es ist zwar nicht Brauch in England, sollte es aber sein.

LESBIA Sie sehen sehr gut aus, Boxer. Was für eine schreckliche Menge Tapferkeit in all diesen Orden stecken muß.

GENERAL Nein Lesbia, sie stecken voller Feigheit und Verzweiflung. Die ersten hab ich mir alle zugezogen beim Versuch, getötet zu werden. Sie wissen, warum.

LESBIA Aber Ihr Leben war doch gefeit?

GENERAL Gefeit, allerdings. Die Bajonette bogen sich auf meinem Rücken. Kugeln gingen durch mich hindurch und hinterließen keine Spur. Das ist das schlimmste an den modernen Kugeln. Ich bin nie von einem richtigen Ballergeschoß getroffen worden. Als ich noch Frontoffizier war, hatte ich wenigstens das Recht, im Feld den Tod zu suchen. Nun, da ich General bin, ist selbst diese Chance vorbei. *Indem er eindringlich den Stuhl näher an sie heranrückt.* Hören Sie mir zu, Lesbia. Zum zehnten und letzten Mal –

LESBIA *unterbrechend*: An dem Morgen, als Florence heiratete, vor zwei Jahren, da sagten Sie »Zum neunten und letzten Mal.«

GENERAL Wir sind zwei Jahre älter, Lesbia. Ich bin fünfzig, Sie sind –

LESBIA Ja, ich weiß. Es nützt nichts, Boxer. Wann werden Sie alt genug sein, um auch ein Nein für eine Antwort zu nehmen.

GENERAL Niemals, Lesbia, niemals. Sie haben mir bis heute noch nicht richtig erklärt, warum Sie mich zurückweisen. Ich hab einmal gedacht, es wär ein andrer da. Verehrer hatten Sie schließlich genug, aber die haben ja inzwischen alle aufgegeben und geheiratet. *Indem er sich noch näher zu Lesbia hinüberbeugt:* Sagen Sie mir Ihr Geheimnis. Was –

LESBIA *abfällig schnuppernd:* O! Sie haben geraucht. *Sie erhebt sich und geht zum Stuhl am Herd.* Bleiben Sie, wo Sie sind.

GENERAL Wenn die Pfeife nicht wär, hätt ich Ihnen gar nicht gegenübertreten können, ohne zusammenzubrechen. Ihr verdanke ich Ruhe und gute Nerven.

LESBIA *setzt sich hin mit der* Times *in der Hand:* Und ich habe, dank Ihrer Pfeife, die Nerven zu Ihnen zu sagen, warum ich drauf und dran bin, eine alte Jungfer zu werden.

GENERAL *nähert sich ihr impulsiv:* Sagen Sie das nicht, Lesbia, es ist unnatürlich, es ist nicht recht, es ist –

LESBIA *scheucht ihn mit ihrem Fächer weg:* Nein, nicht näher, Boxer, bitte. *Er zieht sich entmutigt zurück.* Vielleicht ist es nicht natürlich, aber es kommt vor, trotz allem. Sie werden viele Frauen finden wie mich, wenn Sie sich nur ein bißchen umsehn: Frauen mit Charakter und gutem Aussehen und Geld und Chancen, aber sie wollen nicht heiraten, und sie heiraten nicht. Können Sie sich nicht denken, warum?

GENERAL Ich kann es verstehen, wenn es einen andern gibt.

LESBIA Ja, aber es gibt keinen andern. Übrigens, glauben Sie denn, daß mir, so alt wie ich bin, der Unterschied zwischen *einem* anständigen Mann und einem *anderen* noch wichtig wäre?

GENERAL Das Herz hat seine Vorlieben, Lesbia. Ein Bild, und nur eins, prägt sich unzerstörbar –

LESBIA Ja, Verzeihung, wenn ich Ihnen so oft ins Wort falle, aber Ihre Gefühle sind so korrekt, daß ich immer schon, eh Sie zu Ende sind, weiß, was Sie sagen wollen. Sehen Sie, Boxer, nicht jeder ist wie Sie. Sie sind eine sentimentale Motte. Sie sehen Frauen nicht, wie sie wirklich sind. Sie sehen auch mich nicht, wie ich wirklich bin. Aber ich seh die Männer nun mal, wie sie wirklich sind. Ich sehe Sie, wie Sie wirklich sind.

GENERAL *murmelnd:* Sagen Sie doch das nicht, Lesbia.

LESBIA Ich bin eine richtige alte Jungfer. Ich bin sehr eigen mit allem, was mir gehört. Ich führ gern meinen eigenen Haushalt, und ich führ ihn gern allein. Ich bin ziemlich erpicht auf Schönheit und Anstand und Sauberkeit und Ordnung. Ich bin stolz auf meine Unabhängigkeit, die ist mir was wert. Ich hab auch einen auskömmlich guten Geistesvorrat, um mir selbst sehr gute Gesellschaft leisten zu können, wenn ich noch Bücher und Musik dazu habe. Das einzige, was ich nie ertragen konnte, ist ein Mann, der sich rumlümmelt, mir mein Haus verqualmt, in seinem Sessel einnickt nach dem Essen und alles durcheinander bringt. Hu!

GENERAL Aber die Liebe –

LESBIA Ach, Liebe! Haben Sie keine Phantasie? Glauben Sie, ich hätte nie Liebe empfunden für wunderbare Männer? Helden, Erzengel, Prinzen, Weise, sogar faszinierende Schurken! Und mit ihnen die seltsamsten Abenteuer erlebt? Wissen Sie, was es heißt, dann noch einen wirklichen Mann anzusehen? Einen Mann, dessen Schuhe überall rumstehen, und jeder Vorhang riecht nach seinem Tabak?

GENERAL *etwas gedämpft:* Nun ja, aber, verzeihen Sie, daß ich davon spreche – wünschen Sie sich denn keine Kinder?

LESBIA Doch. Ich sollIte eigentlich auch Kinder haben. Ich wär eine gute Mutter. Ich glaube, es würde sich auszahlen für das Vaterland, wenn es *mich* auszahlen würde für die Kinder, die ich haben könnte. Aber hierzulande sagt man, daß ich kein Kind im Haus haben kann, ohne einen Mann dazu; also sag ich dem Vaterland, daß es ohne meine Kinder auskommen muß. Wenn ich eine Mutter sein soll, kann ich nicht auch noch einen Mann um mich herum haben, der mich zur selben Zeit damit aufhält, Ehefrau zu sein.

GENERAL Meine liebe Lesbia: Sie wissen, daß ich Ihnen nicht zu nahe treten will, aber das sind unerhörte Ansichten, wenn eine englische Lady sie ausspricht.

LESBIA Deshalb sprech ich sie ja nicht aus, es sei denn solchen Herrn gegenüber, die sich nichts anderes gesagt sein lassen. Das Problem, verstehen Sie, ist, daß ich eben eine englische Lady bin, und auch noch besonders stolz darauf.

GENERAL Ich weiß das wohl, Lesbia, sehr wohl. Ich wollte ja auch niemals –

LESBIA *erhebt sich ungeduldig:* Ach, mein lieber Boxer, ich bitte Sie inständig, mal an was anderes zu denken als daran, ob Sie mich gekränkt haben und ob Sie auch genau das tun, was ein englischer Gentleman tun soll. Sie sind fehlerlos, und sehr fade.

Sie zuckt unduldsam mit den Schultern und geht hinüber zur anderen Seite der Küche.

GENERAL *trübsinnig*: Aha, daran hapert's also bei mir. Nicht geistreich. Ein armer alberner Soldat.

LESBIA Aber die ganze Angelegenheit ist doch höchst einfach. Ich bin eine englische Lady, wie gesagt, und das heißt, daß ich gelernt hab, auf Dinge zu verzichten, die ich nicht zu honorigen Bedingungen kriege, egal was.

GENERAL Ich versteh Sie wirklich nicht, Lesbia.

LESBIA *wendet sich ihm zu:* Warum in aller Welt wollen Sie eine Frau heiraten, die Sie nicht verstehen?

GENERAL Ich weiß es nicht. Ich würde sagen: Ich liebe Sie.

LESBIA Gut, Boxer, Sie können mich lieben, so sehr Sie wollen, vorausgesetzt, daß Sie fröhlich dreinschauen dabei und mir nicht zur Last fallen. Aber Sie können mich nicht heiraten, und damit basta!

GENERAL Es ist so furchtbar schwierig, die Angelegenheit richtig mit Ihnen zu bereden, ohne daß man Ihnen zu nahe tritt und die Grenzen des Anstands überschreitet. Aber immerhin wird doch auch die Natur ihr Recht verlangen –

LESBIA Seien Sie doch nicht albern, Boxer.

GENERAL Na, wie soll ich's denn sonst ausdrücken. Kruzitürken, Lesbia, wünschen Sie sich denn keinen Ehemann?

LESBIA Nein, ich wünsch mir Kinder, und ich wünsch mir, ganz für meine Kinder dazusein, und nicht für ihren Vater. Das Gesetz des Anstands erlaubt mir das nicht; also mein Entschluß: weder Mann noch Kinder.

GENERAL Aber, gütiger Gott, die natürlichen Begierden.

LESBIA Wie ich schon sagte, eine englische Lady ist nicht Sklavin ihrer Begierden. Das scheint genau das zu sein, was ein englischer Gentleman nicht begreifen kann.

Sie setzt sich ans Ende des Tisches, in die Nähe der Tür zum Arbeitszimmer.

GENERAL *pikiert:* Nun gut, wenn nicht, dann eben nicht. Ich werde Sie nicht wieder bitten. Tut mir leid, daß ich auf das Thema überhaupt zurückgekommen bin.

Er zieht sich an den Herd zurück und pflanzt sich dort auf, verwundert und hochmütig.

LESBIA Nun seien Sie doch nicht gekränkt.

GENERAL Ich bin nicht gekränkt, nur verletzt. Und wenn Sie so reden wie eben, dann fühl ich mich nicht überzeugt, ich fühl mich nur ganz ratlos.

LESBIA Nun, Sie kennen ja unseren Familienspruch:
Bist du mal ganz desparat,
ruf Mister Collins, der weiß Rat.

Wie aufs Stichwort kommt Collins durch den Turm ins Zimmer.

Hier ist er.

COLLINS Verzeihen Sie das viele Rein und Raus, Miss. Ich dachte, Mrs. Bridgenorth ist hier. Der Frühstückstisch wäre jetzt gedeckt, wenn sie sich's ansehen möchte.

LESBIA Wenn Sie damit zufrieden sind, ist sie's sicher auch.

GENERAL Übrigens, Collins, ich glaube, man hat sie zum Ratsherrn befördert.

COLLINS Hat man auch, General.

GENERAL Wo bleibt denn da Ihre Amtstracht?

COLLINS Die trag ich nicht unter der Woche.

GENERAL Wie? Sie genieren sich doch nicht etwa?

COLLINS Nein, General, keineswegs. Ehrlich, ich bin regelrecht stolz darauf. Kann mir nicht helfen.

GENERAL Hören Sie, Collins. Kommen Sie mal.

Collins geht auf ihn zu.

Sehen Sie meine Uniform – all die Orden?

COLLINS Ja doch, General. Die stechen ins Auge, und wie!

GENERAL Sollen sie auch. Also schön. Aber Sie sind sich doch darüber im klaren, daß Ihre Dienste als Kaufmann für das Gemeinwesen genauso wichtig und wertvoll sind wie die meinen als Soldat?

COLLINS Ich finde es sehr ehrenvoll, daß Sie so was sagen, General.

GENERAL *mit Nachdruck:* Sie sind sich also darüber im klaren, daß wer auch immer etwas Lächerliches, oder Unmännliches oder Unziemliches an Ihrer Tätigkeit oder an der Tracht findet, kein Gentleman ist, sondern bloß ein Hampelmann von Banause.

COLLINS Ja, ganz unter uns, eben das ist auch meine Meinung, Herr General.

GENERAL Warum also tragen Sie nicht zur Würde der Hochzeit meiner Nichte bei und ziehen Ihre Tracht an?

COLLINS Geschäft ist Geschäft, General. Mrs. Bridgenorth hat den Kaufmann bestellt, nicht den Ratsherrn. Es ist genauso ärgerlich, mehr zu kriegen als bestellt, wie zu wenig.

GENERAL Ich glaube sicher, sie gäbe mir recht. Ich leg da

Wert drauf als Bekräftigung der Solidarität im Dienst für das Gemeinwesen. Der Schurz des Bischofs, meine Uniform, Ihre Tracht: Kirche, Armee und Obrigkeit.

COLLINS *zieht sich zurück:* Sehr wohl, General. *Er wendet sich zweifelnd zu Lesbia auf dem Weg in den Turm.* Was wird nur meine Frau sagen, Miss?

GENERAL Ihre Frau, geniert die sich denn wegen der Tracht?

COLLINS Nein, Sir, genieren nicht. Aber es ist ihr leid um das Geld, immer hat sie Angst, daß die Manschetten in der Soße hängen.

MRS. BRIDGENORTH *kommt in leicht angeschlagener Leutseligkeit mit einem Brief herein, eilt an Collins vorbei, bleibt zwischen Lesbia und dem General stehen.*

MRS. BRIDGENORTH Lesbia! Boxer! Ein schöner Schlamassel.

Collins geht diskret hinaus.

GENERAL Was ist denn passiert?

MRS. BRIDGENORTH Reginald ist in London und will zur Hochzeit kommen.

GENERAL *verblüfft:* Ich brech zusammen.

LESBIA O schön, soll er doch.

GENERAL Soll er doch kommen. Immerhin ist das Urteil noch nicht rechtskräftig. Soll er denn hier auftauchen bei Ediths Hochzeit, noch mit dem ganzen Muff der Scheidungskammer?

MRS. BRIDGENORTH *setzt sich ärgerlich auf den mittleren Sessel.* Das ist zu arg. Nein, das kann ich ihm nicht verzeihen, Lesbia. Ein Mann in Reginalds Alter, mit einer jungen Frau – eins der besten Mädchen, und weiß Gott ein hübsches Kind –, und geht auf und davon mit einem Flittchen von der Straße. Ihhh.

LESBIA Du solltest da etwas lockerer urteilen. Reginald war immer schwach. Er wurde ja dazu erzogen, schwach zu sein. Der Familienbesitz, als er ihn erbte, bestand nur noch aus Hypotheken. Er mußte sich dauernd durch alle möglichen Geldschwierigkeiten durchkämpfen, von seinen Anwälten gehetzt, moralisch bedrängt von seinem barmherzigen Bruder, und physisch bedrängt von Boxer, während die beiden auch noch auf ihre eigene Art kämpften und ganz schön in Fahrt kamen. Du weißt sehr gut, daß er es sich nicht leisten konnte zu heiraten, ehe die Sache mit den Hypotheken bereinigt und er über fünfzig war. Und dann hat er sich natürlich lächerlich gemacht, indem er ein Kind nimmt wie diese Leo.

GENERAL Aber sie zu schlagen! Sie regelrecht zu schlagen. Er hat sie niedergeschlagen – niedergeschlagen auf ein Blumenbeet, in Anwesenheit des Gärtners. Er, das Haupt der Familie! Der Mann, der vor unserem barmherzigen Bruder und mir dasteht als Bridgenorth von Bridgenorth! Und schlägt seine Frau und geht auf und davon mit irgend so einer Person und läßt sich dafür scheiden im Angesicht Englands, im Angesicht meiner Uniform und des bischöflichen Gewandes. Ich werde nie vergessen, wie mir da zumut war: Nur der persönliche Wunsch des Königs – praktisch ein Befehl – hat mich gehindert, meinen Abschied zu nehmen. Reginald, den würde ich nicht mal ansehen, wenn er mir auf der Straße begegnete.

MRS. BRIDGENORTH Übrigens kommt auch Leo. Die beiden würden sich hier treffen. Ganz unmöglich, Lesbia.

LESBIA O das hab ich vergessen. Dann allerdings: Dann darf er nicht kommen.

GENERAL Natürlich darf er nicht. Ihr werdet ihm sagen, daß, wenn er dieses Haus betritt, ich es verlasse, und daß jeder Mann und jede Frau von Anstand das gleiche tun wird.

COLLINS *kehrt auf einen Augenblick zurück, um anzukündigen:* Mr. Reginald Bridgenorth, Madame.

Er zieht sich zurück, als Reginald eintritt.

GENERAL Ich brech zusammen!

Reginald ist genau so, wie Lesbia ihn beschrieben hat. Wetterfest und äußerlich zäh, dabei hastig und jungenhaft in seinem Benehmen und seiner Redeweise und sehr deutlich zugehörig jener großen Klasse englischer Gentleman von Vermögen (von Anwälten beraten), die sich seit ihren Schultagen intellektuell nicht mehr weiterentwickelt haben. Er ist ein verworrener, aufsässiger, hastiger, unordentlicher, vergeßlicher und immer unpünktlicher Typ von Mann, der sehr augenscheinlich die Fürsorge einer tüchtigen Frau brauchte, und der niemals so glücklich oder so attraktiv gewesen ist, sich diese zu verschaffen. Trotz allem ein liebenswürdiger Mann, von dem niemand eine Bosheit befürchtet oder eine Leistung erwartet. In jeder Beziehung, außer an Jahren, ist er jünger als sein Bruder, der General.

REGINALD *tritt vor zwischen den General und Mrs. Bridgenorth:* Alice – es hat keinen Zweck. Ich kann einfach nicht wegbleiben an Ediths Hochzeit. Guten Morgen, Lesbia. Wie geht es Dir, Boxer?
Streckt dem General die Hand hin.

GENERAL *Mit krachender Steifheit:* Ich habe gerade Alice gesagt, Sir, daß, wenn Sie dieses Haus betreten, ich es verlasse.

REGINALD Nun, daß laß dich nicht aufhalten von mir, alter Junge. Wenn du anfängst, Leute mit Sir und Sie anzureden, bist du keine sonderlich gute Gesellschaft.

LESBIA Fangt ihr beiden bloß keinen Streit an. Das macht die Situation gewiß nicht besser.

MRS. BRIDGENORTH Ich denke doch, du hättest meine Antwort abwarten sollen, Rejjy.

REGINALD Wo es ja so leicht ist, in einem Brief Nein zu sagen. Du läßt mich also nicht bleiben?

MRS. BRIDGENORTH Wie könnte ich denn? Leo kommt –

REGINALD Na, dem macht das nichts aus.

GENERAL Nichts aus?

LESBIA Nun reden Sie keinen Unsinn, Rejjy, also fort mit Ihnen.

GENERAL *Mit beißendem Sarkasmus:* In der Schule schon hattest du eine Theorie, fällt mir ein, daß Frauen es lieben, wenn man sie niederschlägt.

REGINALD Du bist mir vielleicht eine nette, ritterliche, brüderliche Sorte Schwein.

GENERAL Reginald Bridgenorth, wollen der Herr jetzt dieses Haus verlassen, oder soll ich gehen?

REGINALD Du, hoffe ich.

Er unterstreicht seine Absicht zu bleiben, indem er sich hinsetzt.

GENERAL Alice, läßt du es zu, daß ich von Ediths Hochzeit vertrieben werde durch diesen –

LESBIA *warnend:* Boxer!

BOXER – durch diesen Schuldiggeschiedenen. Soll der etwa Ediths Trauzeuge sein?

MRS. BRIDGENORTH Aber nicht doch, Reginald, man hat dich nicht gebeten zu kommen, und ich habe dich gebeten zu gehen. Du weißt, wie gern ich Leo mag, und du weißt, wie ihr zumute wäre, wenn sie hereinkäme und dich hier fände.

COLLINS *erscheint im Turm:* Mrs. Reginald Bridgenorth, Madame.

LESBIA Nein, nein, sagen Sie ihr –
MRS. BRIDGENORTH O wie entsetzlich!
GENERAL Ich brech zusammen
} *alle drei gemeinsam*

Es ist zu spät: Leo ist bereits in der Küche. Collins geht hinaus, stumm eine Situation zurücklassend, die er zwar bedauert, aber zu verhindern außerstande war.

Leo ist sehr hübsch, sehr jugendlich, sehr unruhig und infolgedessen sehr attraktiv für Leute, die was übrig haben für Jugend und Schönheit, ebenso für jene, die junge Frauen mehr oder weniger als appetitliche Bonbons goutieren und alte Frauen überhaupt nicht beachten. Kühl betrachtet, ist Leos Rastlosigkeit viel weniger liebenswert als ihre Katzenhaftigkeit, die aus einer üppigen und frischen Vitalität herrührt. Sie ist die geborene Umtriebigkeit und macht viel Getue um alles, was sie selbst angeht, sowie für alle, denen gegenüber sie sich verantwortlich fühlt; und ihre Eitelkeit treibt sie dazu, ihre Verantwortlichkeiten durchaus zu über-

treiben. All ihre Betriebsamkeit betrifft nur kleine Dinge, aber sie gibt ihnen oft große Namen, wie Kunst, göttlicher Funke, Welt, Mutterschaft, gute Erziehung, Universum, Schöpfer, oder sonst irgendwas, was ihrer Phantasie als intellektuell bedeutend erscheinen mag. Sie hat eine weit über das Normale hinausgehende Phantasie und nicht mehr als die normale Vernunft und Einsicht; so daß sie immer, was Worte angeht, hoch zu Roß, und was die Dinge selbst angeht, im Kinderwagen sitzt. Da sie sich persönlich für gescheit, gedankenvoll und über normale Schwächen und Vorurteile erhaben hält, verbindet sie sich rücksichtslos, auf eben dieser kleinen Basis, mit gescheiten Männern, was zur Folge hat, daß diese zuerst entzückt, dann erschöpft und schließlich gelangweilt sind. Als sie Reginald heiratete, erzählte sie ihren Freundinnen, daß viel an ihm wäre, was man erst zum Vorschein bringen müßte. Wäre sie ein Mann in mittleren Jahren, so wäre sie der Schrecken seines Clubs. Da sie eine hüsche junge Frau ist, vergibt man ihr alles, womit bewiesen wäre, daß »Tout comprendre, c'est tout pardonner« ein Irrtum ist, denn in Wirklichkeit liegt das Geheimnis des dauernden Pardons darin, daß man nichts versteht.

Sie stürzt sehr betriebsam herein, erfüllt von ihrer eigenen Wichtigkeit, und geht auf Lesbia zu, die sehr viel weniger als Mrs. Bridgenorth geneigt ist, auf sie einzugehen. Aber Leo bemüht sich um eine besondere Intimität mit Lesbia, wie wenn sie zwei Denker unter lauter Philistern wären.

LEO *zu Lesbia, sie küssend:* Guten Morgen.

Zu Mrs. Bridgenorth hinüber gehend: Wie steht's Alice?

Weitergehend zum Herd: Warum so düster, General?

Reginald erhebt sich zwischen ihr und dem General.

Oh, Rejjy! Was würde unser Anwalt jetzt wohl sagen?

REGINALD Zum Teufel mit ihm.

LEO Das ist bös. Nun, ich glaub, ich muß dich küssen, aber daß es mir keiner weitersagt.

Sie küßt ihn. Die anderen trauen ihren Augen nicht.

Hast du auch alle deine Versprechen gehalten?

REGINALD Ach, fang nicht an, dich darum zu kümmern.

LEO *insistierend:* Hast? Du? Deine? Versprechen? Gehalten? Hast du deinen Kopf jeden Abend mit der Lotion eingerieben?

REGINALD Ja, ja. Beinah jeden Abend.

LEO Beinah! Ich weiß, was das heißt. Hast du deinen Leberwickel getragen?

GENERAL *feierlich:* Leo, Verzeihenkönnen ist eine der schönsten Naturgaben der Frau, aber es gibt Dinge, die man einem Mann nicht verzeihen sollte. Wenn ein Mann eine Frau niederschlägt – *Leo läßt einen kleinen Schrei des Lachens hören und fällt dann in einen Stuhl links neben Mrs. Bridgenorth.*

REGINALD *zynisch:* Der Mann, der Hand anlegen würde an eine Frau, außer, um zärtlich zu sein, ist des Namens Bridgenorth unwürdig.

Er setzt sich ans Ende des Tisches, dicht beim Kamin.

GENERAL *sehr vergrätzt:* Nun ja, wenn Leo nichts dabei findet, dann hab ich natürlich nichts mehr zu sagen. Aber ich denke doch, mein Bruder sollte aus Rücksicht auf die Familie seine Frau im stillen Kämmerlein schlagen und nicht, wenn der Gärtner dabei ist.

REGINALD *am Ende seiner Geduld:* Warum in aller Welt sollte man seine Frau schlagen, wenn nicht in Anwesenheit eines Dritten, der es hinterher bezeugt. Du glaubst doch wohl nicht, ein Mann schlägt seine Frau bloß zum Spaß, oder? Wie sonst wäre sie zu ihrer Scheidung gekommen, wenn ich sie nicht geschlagen hätte? Schöne Zustände, das!

GENERAL *nach Worten ringend:* Du willst doch damit nicht sagen, daß du es bei vollem Verstand getan hast? Einfach, um deine Frau loszuwerden?

REGINALD Aber nicht doch. Ich hab's getan, daß sie mich los wird. Was würdest du denn machen, wenn du so töricht warst, eine dreißig Jahre jüngere Frau zu heiraten und dann entdeckst, daß sie sich nichts aus dir macht und verliebt ist in einen jungen Mann, der ein Gesicht hat wie ein Schwamm.

LEO Hat er nicht. *Bricht in Tränen aus.* Und es ist sehr häßlich, von dir zu sagen, daß ich mir nichts aus dir mache. So gern wie ich hat dich niemand.

REGINALD Nette Art, zu zeigen, wie gern du mich hast. Ich mußte raus und das Blumenbeet mit meinen eigenen Händen umgraben, damit es schön weich war. Ich mußte erst alle Steine aufsammeln. Und dann beschwert sie sich noch, ich wär nicht gründlich genug gewesen, weil ihr ein Wurm den Rücken runtergekrabbelt ist. Ich mußte mit einem armen Geschöpf nach Brighton, das auf der Fahrt dorthin auch noch für mich entflammt, und nach Tisch Gewissensbisse kriegt wegen Vorspiegelung falscher Tatsachen und so. Ich mußte sie im Hotelregister eintragen lassen als Mrs. Reginald Bridgenorth: Unter Leos Namen. Weißt du, wie da einem anständigen Mann zumute ist beim Namen seiner Frau? Macht dir das Spaß, in ein Hotel zu gehen vor allen Kellnern und Gästen – mit sowas am Arm? Gut, das Mädchen konnte nichts dafür, natürlich nicht. Bloß, daß sie auch noch zu weinen anfing, weil ich nicht ertragen konnte, daß sie mich anfaßte; und jetzt schreibt sie mir dauernd Briefe. Und dann vor einem öffentlichen Gericht stehen wegen Grausamkeit und Ehebruchs, und von Alice ausgeladen werden bei Ediths Hochzeit und dann auch noch belehrt werden von dir, einem Junggesellen und einem so eingefleischten dazu! Was hast du schon für eine Ahnung?!

GENERAL Soll ich das so verstehen, daß das Ganze ein abgekartetes Spiel war?

REGINALD Aber ja doch. Solche Gerichtsfälle sind zur Hälfte abgekartete Spiele: Was sollen die Leute anderes tun?
Der General, sich mit der Hand bestürzt über seine erhobene Braue fahrend, sinkt in den Lehnstuhl.
Wofür hältst du mich eigentlich, daß du die Stirn hast und vorgibst, all dieses Zeugs zu glauben, wie ich Leo zusam-

menschlage und sie verlasse wegen einer, einer – ah bah. Die hättest du mal sehen sollen!

GENERAL Das ist vollkommen überraschend für mich. Warum hast du das getan? Warum hat Leo es zugelassen?

REGINALD Frag sie doch selbst.

LEO *noch in Tränen:* Aber ich hab doch nie gedacht, daß es so entsetzlich sein würde für Rejjy. Ich hab ihm ja freiweg angeboten, sowas ähnliches selbst zu tun, und ihn die Scheidung einreichen zu lassen. Aber er wollte nicht. Und er hat gesagt, nur so ginge es überhaupt – und laut Gesetz müßte er es eben auf diese Weise regeln. Ich hab diese verhaßte Person vor Gericht zum ersten Mal gesehen. Wenn er sie mir bloß vorher gezeigt hätte, ich hätte es nie zugelassen.

MRS. BRIDGENORTH Du hast das alles nur für Leo getan, Rejjy?

REGINALD *unfähig, die Kränkung länger zu unterdrücken:* Würde mir gar nichts ausmachen, wenn es nur für Leo wäre. Aber sowas tun müssen, um so einem schwammgesichtigen Kriecher Platz zu machen –!

GENERAL *aufspringend:* Was hat der denn für ein Recht, daß man ihm Platz macht? Bist du denn bei Verstand? Was für ein Recht?

REGINALD Das Recht eines jungen Mannes, der zu einer jungen Frau paßt. Ich hatte, bei meinem Alter, kein Recht, Leo zu heiraten: Sie wußte vom Leben nicht mehr als ein Kind.

LEO Du, ich wußte eine ganze Menge mehr vom Leben als ein großes Baby, wie du es bist. Ich weiß wirklich nicht, wie du zurechtkommen sollst, ohne jemand, der dich bemuttert. Wie oft liege ich nachts wach und denke darüber nach. Und jetzt hast du erreicht, daß ich mich ganz und gar elend fühle.

REGINALD Geschieht dir recht.

Sie weint.

Hör mal, nun krieg keinen Koller, ja?

LESBIA Darf man fragen, wer ist denn der schwammgesichtige Kriecher?

LEO Er ist gar kein Kriecher.

REGINALD Sinjon Hotchkiss, natürlich.

MRS. BRIDGENORTH Sinjon Hotchkiss? Aber der kommt doch auch zur Hochzeit!

REGINALD Was?! Dann allerdings geh ich. In dem Fall hab ich hier nichts mehr zu suchen. *Er geht zum Turm. Alle vier stürzen hinter ihm her und halten ihn an der Schwelle auf. Sie reden gemeinsam auf ihn ein.*

LEO *packt ihn:* Nein, du wirst nicht gehen. Du hast versprochen, daß du nett zu ihm bist.

GENERAL Nein, geh nicht, alter Knabe! Nicht jetzt, wo Edith heiratet.

MRS. BRIDGENORTH O bitte bleib, Rejjy! Ich bin gekränkt, wenn du uns im Stich läßt.

LESBIA Bleiben Sie lieber, Reginald. Früher oder später begegnen sie ihm doch.

REGINALD Und eben noch, als ich bleiben wollte, da habt ihr mich alle aus dem Haus geekelt. Jetzt, wo ich gehen will, laßt ihr mich nicht.

MRS. BRIDGENORTH Ich werde Mr. Hotchkiss Bescheid geben, er soll nicht kommen.

LEO *wieder weinend:* Oh, Alice!

Sie geht zu ihrem Stuhl zurück, schluchzend.

REGINALD *außer Fassung:* Bitte sehr, soll sie ihren Willen haben. Soll sie ihren Schwamm haben. Soll er doch kommen. Sollen sie alle kommen.

Er durchquert die Küche und setzt sich mit düsterer Miene auf die Eichentruhe. Mrs. Bridgenorth zuckt mit den Schultern, setzt sich an den Tisch nahe bei Reginald und hört in sanfter Hilflosigkeit zu. Lesbia, außer sich angesichts der Tränen Leos, geht in den Garten und setzt sich dort in die Nähe der Tür, die frische Luft und das Aufatmen genießend nach der dicken Luft von Reginalds Eheaffären.

LEO Es ist bös von dir, dauernd so zu tun, als ob ich dich nicht gern hätte, Rejjy.

REGINALD *bitter:* Sie hat mir erklärt, es wär alles nur deshalb so gekommen, weil sie genug hat von meinen Gesprächen.

GENERAL *kommt väterlich hinüber zu Leo:* Mein liebes Kind, die Welt hat längst genug von sämtlichen Gesprächen. Ich habe seit dreißig Jahren genug von den Gesprächen der britischen Armee, aber ich geb trotzdem nicht auf.

LEO Nicht, daß ich restlos genug hätte, aber immer wiederholt er alles, wenn ich lieber lesen oder ins Bett möchte. Und Sinjon amüsiert mich. Der ist so gescheit.

GENERAL *schmerzlich getroffen:* Ha, die alte Klage. Ihr wollt lauter Genies zum Heiraten. Diese Gier nach gescheiten Männern ist lächerlich. Irgendwer muß doch die einfachen, ehrlichen dummen Kerle heiraten. Haben Sie das mal bedacht?

LEO Aber schließlich gibt es doch Scharen dummer Frauen zum Heiraten. Warum verfallen die dummen Männer ausgerechnet auf uns? Außerdem, Rejjy weiß, daß ich ihn eigentlich mag. Ich hab ihn gern, weil er mich begehrt, und ich hab Sinjon gern, weil ich ihn begehre. Ich habe aber doch das Gefühl, Rejjy gegenüber verpflichtet zu sein.

GENERAL Genau. Das ist es.

LEO Und natürlich ist Sinjon mir gegenüber genauso verpflichtet.

GENERAL Was für ein Unsinn!

LEO Ach, wie albern ist das Gesetz. Warum kann ich nicht beide heiraten?

GENERAL *schockiert:* Leo!

LEO Wieso, ich liebe sie beide. Ich würde gern ganz viele Männer heiraten. Am liebsten hätte ich Rejjy für alle Tage und Sinjon für Konzert und Theater und zum Ausgehen und irgendeinen großen hehren Heiligen einmal jährlich am Ende der Saison, und irgendeinen kompletten Trottel von Kindskopf, zu dem man mal gemein und zickig sein kann. Ich kann so selten zickig sein, und wenn, dann ist es regelrecht verplempert, weil es nun mal albern ist, einem erwachsenen Mann damit zu kommen.

REGINALD Eben das ist es ja, solche Sachen, weißt du – *hilflos:* Genau das ist es.

GENERAL *entschieden:* Alice, dies ist ein Fall für unseren barmherzigen Bruder. Er ist Bischof: Es ist seine Pflicht, mit Leo zu reden. Ich halt eine Menge aus, aber wenn's zu offener Vielweiberei und Vielmännerei kommt, dann muß was geschehen.

MRS. BRIDGENORTH *geht zur Tür des Arbeitszimmers:* Komm doch bitte einen Augenblick herüber, Alfred. Wir haben ein Problem.

BISCHOF *von drinnen:* Frag Collins, ich hab noch zu tun.

MRS. BRIDGENORTH Das ist nichts für Collins. Es ist ein heikler Fall. Bitte, sei so lieb und komm einen Augenblick. *Als sie ihn kommen hört, setzt sie sich auf einen Stuhl am vorderen Ende des Tisches. Der Bischof kommt aus seinem Arbeitszimmer. Er ist ein noch schlanker, aktiver Mann, hager und von Temperaments wegen jünger als seine Brüder. Er hat eine zarte Haut, schlanke Hände, eine hervorspringende Nase mit ebensolchem Kinn, einen kurzen Bart, der eben dieses Kinn durch einen Vorwärtsstrich noch akzentuiert, gescheite humorvolle Augen, die nicht ohne einen Schimmer von Durchtriebenheit sind, eine redegewandte gewitzte Sprache und die Manieren eines erfolgreichen Mannes, der immer an sich selbst interessiert und meist auch ziemlich zufrieden mit sich ist. Als Lesbia seine Stimme hört, dreht sie ihren Stuhl ihm zu, erhebt sich dann und bleibt in der Gartentür stehen, um der Konversation zuzuhören.*

BISCHOF *geht auf Leo zu:* Guten Morgen, meine Liebe! Hallo! Und du hast Reginald mitgebracht. Das find ich aber sehr nett von dir. Hast du sie miteinander versöhnt, Boxer?

GENERAL Versöhnt! Mann, wo die ganze Scheidung nur eine Farce war. Sie will irgendeinen Kerl namens Hotchkiss heiraten.

REGINALD Einen Kerl mit einem Gesicht wie ein –

LEO Untersteh dich, Rejjy! Er hat ein sehr gutes Gesicht.

MRS. BRIDGENORTH Und jetzt sagt sie, sie will beide heiraten und noch 'ne ganze Menge dazu.

LEO Ich hab nicht gesagt, ich will sie heiraten. Ich hab nur gesagt, ich würde gern.

BISCHOF Das nenn ich eine Unterscheidung, Leo.

LEO Nur ab und zu mal – weißt du.

BISCHOF *setzt sich gemütlich neben sie:* Aber ja. Mal einen Dichter, mal einen Bischof, mal einen Märchenprinzen, mal einen völlig unbeschreiblichen Mann und mal gar keinen.

LEO Ja, ganz genau. Woher weißt du das?

BISCHOF Ach, ich würde sagen, daß die meisten phantasievollen und kultivierten jungen Frauen dasselbe empfinden wie du. Ich gäbe keinen Pfifferling für eine, die nicht so ist. Shakespeare hat mal, das ist schon eine Weile her, gesagt, daß eine Frau einen Mann für den Sonntag will und einen für den Werktag. Aber, wie üblich, hat er die Idee nicht weiterverfolgt.

GENERAL *sprachlos:* Soll ich das etwa so verstehen –

BISCHOF *ihn scharf unterbrechend:* Wie, Boxer, bin ich der Bischof oder du?

GENERAL *düster:* Du.

BISCHOF Dann frag nicht: Soll ich das etwa so verstehen? »Wenn ihr's nicht fühlt, ihr werdet's nicht erjagen.«

GENERAL Also schön, fahr fort. Ich bin nicht gescheit, bloß ein alberner, simpler Soldat. Hach, fahr fort.
Er wirft sich in den Lehnstuhl, wie einer, der auf das Schlimmste gefaßt ist.

MRS. BRIDGENORTH Alfred, leg dich nicht mit Boxer an.

BISCHOF Wenn wir uns auf eine Diskussion einlassen über ethische Fragen, dann müssen wir erstmal dem Teufel eine Chance geben. Boxer tut das nie. England tut das nie. Wir unterstellen immer, daß der Teufel schuldig ist, und wir erlauben ihm nicht mal, seine Unschuld zu beweisen, weil es ja gegen die öffentliche Moral wäre, wenn ihm das gelänge. Dasselbe haben wir früher mit Inhaftierten gemacht, die des Hochverrats beschuldigt waren. Und das Ergebnis ist, daß wir übers Ziel hinausschießen, und der Teufel holt uns am Ende doch. Worauf es die meisten von uns wohl auch anlegen.

GENERAL Alfred, wir haben dich gebeten, Leo ins Gewissen zu reden. Statt dessen hältst du dich an mich. Ich wüßte nicht, was ich gesagt oder getan hätte, das eine so unerbetene Aufmerksamkeit erfordert.

BISCHOF Aber unsere gute kleine Leo hat doch nur die reine Wahrheit gesagt, wogegen du dir, Boxer, in moralischen Posen gefällst.

GENERAL Das soll wohl ein Epigramm sein. Ich versteh Epigramme nicht. Ich bin bloß ein alberner simpler Soldat. Ja, aber ich kann eine einfache Frage stellen: Soll Leo etwa ermutigt werden zur Polygamie?

BISCHOF Denk ans Britische Empire, Boxer. Du bist ein britischer General, wie du weißt.

GENERAL Was hat das mit Polygamie zu tun?

BISCHOF Nun, die große Mehrheit unserer Mituntertanen leben polygam. Ich als britischer Bischof kann sie doch nicht beleidigen, indem ich abfällig von Polygamie spreche. Das ist eine sehr interessante Frage. Viele sehr interessante Männer haben in Polygamie gelebt: Salomon, Mohammed und unser Freund der Herzog von – von – hm – mir fällt immer der Name nicht ein.

GENERAL Es stünde dir besser an, Alfred, dieses überdrehte Mädchen heimzuschicken zu Mann und Herd, als so geistreich daherzureden und dich über die Religion lustig zu machen. »Was Gott zusammengefügt hat, das soll der Mensch nicht scheiden.«

BISCHOF Keine Angst, Boxer. Was Gott zusammengefügt hat, das wird kein Mensch je scheiden, dafür sorgt Gott schon. *Zu Leo:* Übrigens, wer war es doch gleich, der dich und Reginald zusammengefügt hat, meine Liebe.

LEO Es war dieser furchtbare kleine Hilfsprediger, der sich hinterher betrank und erster Klasse fuhr mit einer Fahrkarte dritter Klasse und dann auch noch zum Theater wollte. Aber die wollten ihn nicht haben. Er hieß Egerton Fotheringay.

BISCHOF Nun, wen Egerton Fotheringay zusammengefügt hat, den soll ein guter Anwalt ruhig scheiden.

GENERAL Ich bin vielleicht ein alberner simpler Soldat, aber das nenne ich Blasphemie.

BISCHOF *ernst:* Es ist bessser, wenn ich den Namen von Mr. Egerton Fotheringay ernst nehme, als wenn du einen höheren Namen unnütz gebrauchst.

LESBIA Könnt ihr drei Brüder nie zusammensein, ohne zu streiten?

BISCHOF *mild:* Das ist kein Streit, Lesbia, es ist bloß englisches Familienleben. Guten Morgen.

LEO Wirklich, Bischof, es ist sehr lieb von Ihnen, daß Sie meine Partei ergreifen, aber ich weiß nicht, ob ich nicht ein bißchen schockiert bin.

BISCHOF Dann möchte ich fast glauben, daß es mir etwas besser gelungen ist als Boxer, Sie zur Einsicht zu bringen.

BOXER *schnaubend:* Ha!

LEO Nicht im geringsten, denn jetzt werde ich Sie erst recht schockieren. Ich bin der Meinung, daß Salomon ein altes Aas war.

BISCHOF Aber richtig, genau diese Mitteilung sollten Sie von ihm haben, meine Liebe. Sie brauchen sich nicht zu entschuldigen.

GENERAL *noch mehr schockiert:* Also, nun hör aber auf, Salomon steht doch in der Bibel. Und außerdem: Salomon ist Salomon.

LEO Und ich bleib dabei: Ich möchte ganz viele interessante Männer persönlich kennenlernen – und ihnen auf den Kopf zusagen, was ich von ihnen denke – und die sollen natürlich auch sagen, was sie von mir denken.

BISCHOF Nicht ausgeschlossen, meine Liebe, wenn Sie

Glück haben. Aber sehen Sie, Sie brauchen sie nicht alle zu heiraten. Denken Sie an all die Knöpfe, die Sie annähen müßten. Außerdem gibt es nichts Schrecklicheres als einen Ehemann, der Ihnen dauernd alles sagt, was er denkt, und von Ihnen wissen will, was Sie denken.

LEO *davon betroffen:* Aber, das paßt ja genau auf Rejjy, genau deswegen habe ich mich nämlich scheiden lassen.

BISCHOF *mitleidsvoll:* Ja, er wiederholt sich schrecklich, nicht wahr?

REGINALD Bitte sehr, Alfred. Wenn ich meine Fehler habe, so soll sie sie selbst herausfinden ohne deine Hilfe.

BISCHOF Sie hat sie doch schon alle rausgefunden, Reginald.

LEO *ein bißchen pikiert:* Immerhin gibt es schlimmere Männer als Reginald. Ich will mal sagen, er ist nicht so gescheit wie Sie, aber er ist auch noch lange nicht der Dummkopf, für den Sie ihn offenbar halten.

BISCHOF Ganz recht, meine Gute, treten Sie für Ihren Mann ein. Ich hoffe, Sie werden immer für alle Ihre Ehemänner eintreten.

Er steht auf und geht an den Kamin, wo er wohlgefällig, mit dem Rücken zum Feuer, stehenbleibt, und sie alle anstrahlt, wie wenn das Zimmer voller Kinder wäre.

LEO Bitte reden Sie doch nicht, als ob ich ein ganzes Regiment heiraten wollte. Für mich kann es nie mehr als zwei geben. Ich werde nie jemanden lieben außer Rejjy und Sinjon.

REGINALD Einen Mann mit einem Gesicht wie ein Schwamm.

LEO Ich dulde das nicht, Rejjy. Es ist taktlos.

BISCHOF Sehen Sie, meine Gute, in ein, zwei Wochen sind Sie mit Sinjons Konversation auch bedient. Ein Mann ist wie ein Plattenspieler mit einem halben Dutzend Schallplatten. Bald sind Sie jeden Mann leid, und trotzdem müssen Sie mit am Tisch sitzen, während er sie jedem neuen Besucher vorspielt. Am Ende müssen Sie sich mit seiner ganz normalen Freundlichkeit bescheiden, und wenn Sie soweit sind, finden Sie über die Männer das heraus, was ein großer englischer Dichter aus meiner Bekanntschaft einmal immer über die Frauen sagte: Sie schmecken alle gleich. Heiraten Sie, wenn Sie wollen. Nach einem Monat wird er wieder ein Reginald sein. Hat sich nicht gelohnt zu wechseln, wirklich nicht.

LEO Dann ist es ein Fehler, überhaupt zu heiraten.

BISCHOF Ja, meine Liebe. Aber ein noch größerer Fehler ist es, nicht zu heiraten.

GENERAL *aufstehend:* Ha! Haben Sie das gehört, Lesbia? *Er stellt sich zu ihr in die Gartentür.*

LESBIA Das ist bloß ein Epigramm, Boxer.

GENERAL Klartext, Lesbia. Wenn einer Unsinn redet, das ist ein Epigramm, aber mit Klartext kenn ich mich aus.

REGINALD *rutscht von der Eichentruhe herunter und sieht auf seine Uhr:* Es wird spät. Wo bleibt Edith? Hat sie denn schon Schleier und Orangenblüten angesteckt?

MRS. BRIDGENORTH Sieh doch mal nach, Lesbia, es wird Zeit.

LESBIA *durch den Turmausgang hinausgehend:* Komm mit, Leo.

LEO *hinter Lesbia hinausgehend:* Ja, gern.

Der Bischof geht zu seiner Frau hinüber und setzt sich, nimmt ihre Hand und küßt sie, wie um ein Gespräch mit ihr zu beginnen.

BISCHOF Alice, ich habe schon wieder einen Brief von der geheimnisvollen Dame, die nichts von Rechtschreibung versteht. Die Briefe dieser Frau gefallen mir. Es steckt ein Grad an Leidenschaft drin, der fasziniert mich.

MRS. BRIDGENORTH Meinst du Incognita Appassionata?

BISCHOF Ja.

GENERAL *dreht sich abrupt um; er hatte bis dahin in den Garten gesehen:* Willst du damit sagen, daß Frauen dir Liebesbriefe schreiben?

BISCHOF Natürlich.

GENERAL Mir schreibt nie eine.

BISCHOF Die Armee liegt den Frauen nicht, die Kirche schon.

GENERAL Und das findest du in Ordnung, sowas zuzulassen? Da sind doch womöglich verheiratete Frauen dabei.

BISCHOF Nur verheiratete. Die hier jedenfalls.
Zu Mrs. Bridgenorth gewandt: Findest du nicht auch, daß ihre Briefe die besten Liebesbriefe sind, die ich bekomme?
Zu den beiden Männern: Die arme Alice muß mir nämlich meine Liebesbriefe laut beim Frühstück vorlesen, wenn sie was taugen.

MRS. BRIDGENORTH Incognita hat wirklich etwas Faszinierendes. Sie gibt nie ihre Adresse an. Das ist ein gutes Zeichen.

GENERAL Ach, also nichts mit Rendezvous und so?

BISCHOF O ja, damit fing's sogar an, indem sie mir nämlich ein höchst merkwürdiges aber höchst verständliches Rendezvous vorschlug. Sie möchte mir im Himmel begegnen. Ich hoffe, es klappt.

GENERAL Also, ich muß schon sagen, das hoffe ich nicht, Alfred. Das will ich nicht hoffen.

MRS. BRIDGENORTH Sie schreibt, sie sei glücklich verheiratet, und Liebe sei für sie lebensnotwendig, aber außer all ihren Liebhabern –

BISCHOF Sie hat offenbar mehrere –

MRS. BRIDGENORTH – hoch über ihnen, brauche sie noch einen großen Mann, der sie nie kennen, nie berühren wird, solange sie auf Erden ist, dem sie aber im Himmel begegnen kann, wenn sie sich über die Niederungen der irdischen Liebe erhoben hat.

BISCHOF *aufstehend:* Ausgezeichnet. Sehr gut für sie, und nicht weiter schlimm für mich. Jeder sollte so eine Idealgestalt haben wie Dantes Beatrice.
Er klatscht hinter seinem Rücken in die Hände, geht zum Herd hinüber und wieder zurück, vor sich hin singend.

LESBIA *erscheint im Turm, ziemlich durcheinander:* Alice kommst du mal rauf? Edith ist noch gar nicht angezogen.

MRS. BRIDGENORTH Nicht angezogen? Weiß sie denn nicht, wie spät es ist?

LESBIA Sie hat sich eingeschlossen und liest.

Der Bischof hört mit dem Gesinge auf und bleibt erstarrt stehen.

GENERAL Sie liest?

BISCHOF Was liest sie denn?

LESBIA Irgendeine Broschüre, die mit der Elf-Uhr-Post gekommen ist. Sie denkt nicht dran, rauszukommen. Sie denkt nicht dran, die Tür aufzumachen und erklärt, sie wüßte nicht, ob sie überhaupt heirate oder nicht, ehe sie nicht die Broschüre zu Ende gelesen hat. Habt Ihr jemals sowas gehört? So komm doch und red mit ihr.

MRS. BRIDGENORTH Alfred, da solltest du lieber gehen.

BISCHOF Versuch's mit Collins.

LESBIA Haben wir schon. Alles, was ich euch hier erzähle, hat er durchs Schlüsselloch von ihr erfahren. Komm, Alice.

Sie verschwindet, Mrs. Bridgenorth stürzt hinter ihr her.

BISCHOF Das sieht nach Verzögerung aus. Ich mach mich wieder an die Arbeit.

Er will zur Tür des Arbeitszimmers.

REGINALD Woran arbeitest du zur Zeit?

BISCHOF *stehenbleibend:* An einem Kapitel in meiner Geschichte der Ehe. Ich bin grad bei den römischen Praktiken, weißt du.

GENERAL *vom Gartentor zu dem Stuhl tretend, den Mrs. Bridgenorth eben verlassen hat, und sich dorthin setzend:* Nicht schon wieder Ritualismus, hoff ich, Alfred?

BISCHOF O nein, ich meine die guten alten Römer.

Er setzt sich auf die Tischkante: Ich bin gerade bei der Periode, wo die besitzenden Klassen sich weigerten zu heiraten und statt dessen eine Art Heiratsvertrag haben wollten. Ein paar der ältesten Familien hielten an der Heiratstradition fest, damit der Nachwuchs an vestalischen Jungfrauen gesichert war, denn die mußten legitim sein; aber sonst dachte kein Mensch an Heirat. Es ist alles interessant, weil wir auch noch dahinkommen, hier in England; nur wird, weil wir keine vestalischen Jungfrauen brauchen, überhaupt niemand mehr heiraten, bis auf die Armen vielleicht.

GENERAL Das alles läßt dich verteufelt kalt, wie? Reginald, glaubst du unser barmherziger Bruder ist noch ganz bei Verstand?

REGINALD Na, so weit er es überhaupt je war.

GENERAL *zum Bischof:* Soll das heißen, du glaubst, in England wird es allen Ernstes dahin kommen, daß anständige Leute nicht mehr heiraten?

BISCHOF Ja, gerade in England kommt es soweit. In anderen Ländern wird die Einführung vernünftiger Scheidungsgesetze die Situation retten, aber in England lassen wir eine Situation sich immer so zuspitzen, daß sie sich selbst erledigt. Ich habe unseren letzten vier Premierministern erklärt: Wenn sie unsere Ehegesetze nicht vernünftig machen, gibt es einen Streik gegen die Ehe. Und der beginnt bei den besitzenden Klassen, gegen die keine Regierung aufzumucken wagt.

REGINALD Und was haben sie dazu gesagt?

BISCHOF Das übliche. Waren ganz meiner Meinung, aber völlig sicher, die einzigen vernünftigen Menschen auf der ganzen Welt zu sein und beim kleinsten Hinweis auf eine Ehereform die nächsten Wahlen zu verlieren. Und sie haben sie auch verloren, aber wegen Kordit, wegen Alkohol, wegen der chinesischen Arbeiter in Südafrika, und allem möglichen.

REGINALD *schlurft durch die Küche zum Herd, die Hände in der Tasche:* Es hat keinen Sinn, die hören nicht auf unsereins.

Sich den anderen zuwendend: Aber natürlich müssen sie aus dir einen Bischof machen und aus Boxer einen General, denn mit ihrem verdammten Pöbel von Snobs und Proleten und halbverhungerten Ladenbesitzern kann man ein Land ja nicht regieren; und die Lümmel und Wochenendurlau-

ber sind zu faul und zu ordinär. Sie würden einfach verkommen ohne uns. Aber was tun die je für uns? Was geben sie je für das, was wir sagen und was wir wünschen? Wir Bridgenorths sind ja wohl eine ziemlich typische englische Familie von jenem Schlag, der immer für Ordnung und dafür gesorgt hat, daß er nach seiner Facon leben und selig werden kann. Aber heute erwartet man, daß wir uns genauso anziehen und daß wir genauso essen wie die Wochenendlümmel, und daß wir denken und glauben wie die bekehrten Kannibalen von Zentralafrika, und daß wir kuschen und jeden Snob und jeden Proleten und jeden Groschenjournalisten auf uns herumtrampeln lassen. Ja, es gibt doch keine einzige Zeitung mehr in England, die noch das vertritt, was ich solide Bridgenorth-Auffassung und -Tradition nenne. Die eine Hälfte liest sich, als ob sie gerade eben bei einer Mütterversammlung gemacht worden wäre, und die andere, als ob sie aus der nächstbesten Autowerkstatt käme. Sind diese Kerle für euch Gentlemen? Sind das für euch Engländer? Für mich nicht.
Er wirft sich angewidert in den nächsten Stuhl.

GENERAL *von Reginalds Eloquenz hingerissen:* Seht ihr meine Uniform? Was hat Collins gesagt? Sie sticht ins Auge. Das soll sie auch. Ich habe sie ausdrücklich angezogen, um den neumodischen Armeeflegeln einen Denkzettel zu geben. Irgendwer muß ja mit gutem Beispiel vorangehen. Nun, dann soll es eben ein Bridgenorth sein. Ich glaube an Familiensinn und an die Stimme des Blutes, allerdings.

BISCHOF *überlegt:* Ich frag' mich, wer mit dem Aufstand gegen die Ehe anfängt. Eines Tages muß er kommen. Ich selbst hab' geheiratet, bevor ich darüber nachgedacht hatte; und selbst wenn ich nachgedacht hatte – ich war zu sehr verliebt in Alice, als daß ich irgend etwas hätte dazwischen kommen lassen. Aber seht Ihr, ich hab' jetzt unsere Töchter eine nach der anderen – Ethel, Jane, Fanny und Christiane und Florence – zu der Tür dort hinaus gehen sehen mit ihren Schleiern und Orangenblüten, und ich hab' mich immer gefragt, ob sie auch so ruhig da hinaus gegangen wären, wenn sie gewußt hätten, was sie tun. Mir schwant Schreckliches wegen dieser Broschüre bei Edith. Jeder Fortschritt bedeutet Krieg mit der Gesellschaft. Der Himmel verhüte, daß Edith unter die Kämpfenden gerät.

St. John Hotchkiss wird von Collins in den Turm geleitet. Er ist ein sehr smarter junger Gentleman von etwa 29, korrekt angezogen bis aufs i-Tüpfelchen, aber zu sehr mit seinen Ideen beschäftigt, als daß er seiner äußeren Erscheinung wegen etwa verlegen wäre. Er spricht über sich selbst mit energischer Fröhlichkeit, spricht zu anderen Leuten mit milder Überheblichkeit (in der eine sanfte Rücksicht auf ihre Dummheit enthalten ist), die alle diejenigen verärgert, die er nicht zu amüsieren vermag. Sie verlieren entweder die Fassung oder versuchen vergeblich, ihn zu übertrumpfen.

COLLINS *meldet:* Mr. Hotchkiss. *Zieht sich zurück.*

HOTCHKISS *klopft Reginald beim Vorbeigehen fröhlich auf die Schulter:* Halihallo, Rejjy.

REGINALD *kurz, ohne sich zu erheben oder seinen Kopf zu wenden:* Morgen.

HOTCHKISS Guten Morgen, Bischof.

BISCHOF *klettert vom Tisch herunter:* Was in aller Welt machen Sie hier, Sinjon? Sie gehören doch zur Familie des Bräutigams. Sie haben hier nichts zu suchen bis nach der Trauung.

HOTCHKISS Ja, ich weiß, gerade darum geht's. Kann ich ein privates Wort mit Ihnen reden? Rejjy oder sonst jemand von der Familie stört mich nicht. Aber – *er sieht zum General hinüber, der sich ziemlich steif erhoben hat, da er die Rolle aufs äußerste mißbilligt, die Hotchkiss in Reginalds häuslicher Affäre spielt.*

BISCHOF Schon gut, Sinjon. Das hier ist unser Bruder, General Bridgenorth.

Er tritt an den Herd und stellt sich da auf, die Hände hinter dem Rücken verschränkt.

HOTCHKISS Sehr schön! *Er wendet sich dem General zu und holt eine Visitenkarte hervor.* Da Sie Berufssoldat sind, darf ich mich vielleicht vorstellen. Wenn Sie die Freundlichkeit hätten, meine Karte zu lesen?
Er überreicht die Karte dem verdutzten General.

GENERAL *liest:* »Mr. St. John Hotchkiss, berühmter Feigling, ehemals Leutnant beim 165. Füsilierregiment.«

REGINALD *kichernd:* Sie haben ihn aus Südafrika zurückgeschickt, weil er einen Angriffsbefehl durchkreuzt und den Plan seines Vorgesetzten vereitelt hat.

GENERAL *sehr ernst:* Ja, ich erinnere mich jetzt an den Fall. Mir war der Name entfallen. Ich werde Ihre Bekanntschaft nicht ausschlagen Mr. Hotchkiss. Einmal, weil Sie der Gast meines Bruders sind, zum anderen, weil ich im aktiven Dienst zu viel erlebt habe und weiß, daß die Nerven jedem mal einen Streich spielen. Und daß ein paar sehr ehrenwerte Männer überhaupt nicht für den Ernstfall taugen, einfach nicht dafür gemacht sind. Aber wenn ich Sie wäre: Diese Visitenkarte würde ich nicht benutzen. Sicher, es ist ein ehrenhafter Zug in Ihrem Charakter, daß Sie's nicht darauf anlegen, von jemandem begrüßt zu werden, der von Ihrer Schande nichts weiß, aber Sie sollten uns vielleicht doch erlauben, das alles zu vergessen. Wir möchten es vergessen, denn es ist nicht Ihre Schande allein. Es ist eine Schande für die Armee und für uns alle. Verzeihen Sie diese Offenheit.

HOTCHKISS *aufgeräumt:* Mein lieber General, ich weiß nicht, was Furcht heißt im militärischen Sinn des Wortes. Ich habe sieben Duelle mit dem Säbel hinter mir in Italien und Österreich und eines mit Pistolen in Frankreich, ohne daß ich mit der Wimper gezuckt hätte. Wie anders hätte ich meine Motive aber klarmachen sollen, warum ich damals den Angriff auf Smuts Fontein verweigert habe. Ich behaupte natürlich nicht, tapfer zu sein. Ich habe Angst vor Wespen, ich habe Angst vor Katzen. Gegen alle Gebote der Vernunft hab' ich Angst vor Gespenstern, und zweimal bin ich schon durch Europa geflüchtet wegen irgendwelcher Choleragerüchte. Nur Angst vorm Kämpfen habe ich nicht. *Er wendet sich fröhlich Reginald zu und haut ihm auf die Schulter.* Na, Rejjy?

Reginald gibt ein Murren von sich.

GENERAL Warum haben Sie denn nicht bei Smuts Fontein Ihre Pflicht getan?

HOTCHKISS Ich hab' meine Pflicht getan – meine höhere Pflicht. Wenn ich den Angriff damals ausgeführt hätte, dann wär der Plan meines Befehlshabers zum Zuge gekommen, und man hätte ihn befördert. Aber ich bin nun mal der Ansicht, daß die britische Armee von Gentlemen befehligt werden sollte, und zwar nur von Gentlemen. Ich hab meine militärische Karriere geopfert – hab mich auf Schande und gesellschaftliche Ächtung eingelassen, bloß um einem solchen Mann nicht zu einer Karriere zu verhelfen.

GENERAL *auf großzügige Weise ungehalten:* Ihr Vorgesetzter, Sir, war mein Freund, Major Billiter.

HOTCHKISS Genau, was für ein Name!

GENERAL Mit Verlaub, Sir, wie kommen Sie zu der Behauptung, daß Major Billiter kein Gentleman ist?

HOTCHKISS Da gibt's ein ganz untrügliches Zeichen, eine jener Bagatellen, die einen Mann richten. Er ißt Kartoffeln mit dem Messer.

GENERAL *sehr verärgert:* Verdammt noch mal, ich esse Kartoffeln auch mit dem Messer. Also!

HOTCHKISS O ja doch, ich auch, sehr oft. Aber es kommt eben darauf an, wie man das macht. Bei Billiter merkte man gleich, was los war.

GENERAL Nun, jetzt werde ich Ihnen mal was erzählen. Als ich noch dachte, daß Sie bloß ein Feigling wären, hatte ich Mitleid mit Ihnen und hätte alles getan, was in meiner Macht steht, um Ihnen wieder Ihren Platz in der Gesellschaft zu verschaffen –

HOTCHKISS *ihn unterbrechend:* Dankeschön, aber den habe

ich gar nicht eingebüßt. Meine Motive haben großen Eindruck gemacht. Man hat mich zum Ehrenmitglied von zwei der besten Clubs in London ernannt, als die Wahrheit rauskam.

GENERAL Nun, Sir, solche Clubs bestehen aus Snobs, und Sie selbst sind ein scharwenzelnder, tänzelnder Snob.

BISCHOF *amüsiert, aber mit dem leichten Tadel des Gastgebers:* Aber mein lieber Boxer!

HOTCHKISS *entzückt:* Das finde ich richtig nett von Ihnen, General. Sie haben ganz recht, ich bin ein Snob. Warum auch nicht? Die ganze Stärke Englands liegt in der Tatsache, daß die große Mehrheit der Leute Snobs sind. Sie ekeln sich vor Armut, sie verachten das Vulgäre, sie lieben den Adel, sie bewundern das Exklusive, sie gehorchen keinem, der sich hochgedient hat, sie trauen auch niemals einem aus ihrer eigenen Klasse, und ich gebe ihnen völlig recht, ihr Instinkt ist auch der meine. Als junger Student war ich Republikaner – Sozialist. Ich hab mir große Mühe gegeben, einem einfachen Mann genau so zu begegnen wie einem Herzog. Ich hab's nicht geschafft. Sie schaffen's auch nicht. Und warum sollten wir uns schließlich genieren, nur weil wir diesen Hang zum Höheren haben? Warum sage ich nicht, daß ein einfacher anständiger Mensch die edelste Schöpfung Gottes ist? Weil ich's nicht glaube. Wenn einer kein Gentleman ist – er kann von mir aus anständig sein oder nicht – würde ich nie dulden, daß sein Sohn meine Tochter heiratet. Das ist der springende Punkt, hören Sie, der springende Punkt! Und Ihnen geht es genau wie mir. Sie sind in der Tat ein Snob. Ich bin ein Snob, aber nicht nur in der Tat, sondern aus Prinzip. Ich werde in die Geschichte eingehen, nicht als der erste Snob, aber als der erste erklärte Champion des englischen Snobismus und als dessen erster Märtyrer in der Armee. Die Marine hat es auch schon zu zwei solchen Märtyrern gebracht: Captain Kirby und Captain Wade wurden erschossen, weil sie sich weigerten, unter Admiral Benbow zu kämpfen, einem hochgekommenen Kabinenjungen. Ich habe die beiden immer um ihren Ruhm beneidet.

GENERAL Als britischer General, Sir, muß ich Sie davon in Kenntnis setzen, daß ein Offizier unter meinem Kommando, der sich gegen die heilige Gleichheit unseres Berufs verginge, indem er auch nur ein einziges Jota von Pflicht oder Gefahr auf die Schultern des letzten Tambourjungen abschöbe, von mir eigenhändig erschossen würde.

HOTCHKISS Solche Gesinnung entspringt aber nicht Ihrer Gleichheit, General, sondern Ihrer Überlegenheit. *Setzt sich auf die Tischkante.*

BISCHOF Ich kann Ihnen nicht zustimmen, Sinjon. Auch mein Beruf zwingt mich, dem Snobismus abzusagen. Sehen Sie, da muß ich nun so schrecklich demokratisch sein mit jedem Kind, das zu mir gebracht wird. Ohne Ansehen der Klasse habe ich ihm einen Rang zu verleihen, der so hoch und ehrfurchtgebietend ist, daß, damit verglichen, alle Ehrungen im Adelshandbuch bloß wie Medaillen für Vorschulkinder erscheinen. Mir ist es verwehrt, Unterschiede zu machen. Alle sind Soldaten und Diener, nicht Offiziere und Herren.

HOTCHKISS Ah, Sie beziehen sich auf das Taufzeremoniell. Aber, darin steckt doch keinerlei Realität. Wenn Sie erlauben: Sie beide würden so viel besser mit sich selbst ins reine kommen, wenn Sie sich ihre wirklichen Überzeugungen leisteten und sie auch aussprächen. Sie wollen mir doch nicht erzählen, daß sie einen Bischof wirklich gleichstellen mit einem Hilfspfarrer, oder einen Infanterieleutnant mit einem General!

BISCHOF Und ob ich das tue. Ich war selbst Hilfspfarrer.

GENERAL Und ich war Infanterieleutnant.

REGINALD Und ich war gar nichts. Aber wir sind vor uns selbst und untereinander doch alle gleich, nicht wahr? Und vielleicht könnten wir, wenn ihr fertig damit seid, über euch selbst zu reden, zur Sache kommen, nämlich warum Sinjon hier ist.

HOTCHKISS *springt eiligst vom Tisch herunter:* Oh, ist ja wahr, mein Lieber. Ich bitte tausendmal um Vergebung. Es ist wegen der Hochzeit.

GENERAL Was ist mit der Hochzeit?

HOTCHKISS Eben, wir kriegen unsern Mann nicht an den Start. Cecil hat sich in sein Zimmer eingeschlossen und will niemanden sehen und sprechen. Ich bin zu ihm hochgegangen und hab an die Tür gehauen. Ich hab ihm gesagt, ich würde durchs Schlüsselloch gucken, wenn er nicht antwortet. Ich habe durchs Schlüsselloch geguckt. Er saß auf dem Bett und las in einem Buch.

Reginald richtet sich konsterniert auf. Der General schreckt zurück.

Ich hab ihm gesagt, er soll doch kein Esel sein und so weiter. Er erklärte, er werde sich nicht vom Fleck rühren, ehe er das Buch nicht aus habe. Ich hab ihn gefragt: Weißt du denn nicht, wie spät es ist, und kannst du dich vielleicht erinnern, daß du eine ziemlich wichtige Verabredung hast und Edith heiraten sollst. Er erklärte, je früher ich aufhören würde, ihn zu unterbrechen, um so eher wäre er fertig. Dann stopfte er sich die Finger in die Ohren, stützte sich auf die Ellbogen und vergrub sich in seinem widerlichen Buch. Ich hab kein weiteres Wort aus ihm rausgekriegt, also dachte ich, geh lieber mal rüber und sag Bescheid.

REGINALD Das sieht mir ganz nach Jux und Dollerei aus. Die haben das untereinander ausgemacht.

BISCHOF Nein. Edith hat gar keinen Sinn für Humor. Und ich hab noch nie einen Mann gesehen, dem an seinem Hochzeitstag nach Jux zumute war.

Collins erscheint im Turm, und führt den Bräutigam herein, einen jungen Herrn, der gut, aber sehr ernst aussieht, ein bißchen vergrämt von einem gutfunktionierenden Gewissen und in eben diesem Moment verwirrt von dem unlösbaren Problem, wie er sich verhalten soll.

COLLINS *meldet:* Mr. Cecil Sykes.

Er zieht sich zurück.

HOTCHKISS Ich bitte dich, Cecil, das ist doch grundfalsch. Du hast hier nichts zu suchen bis nach der Trauung. Zum Henker, Mensch, du bist der Bräutigam.

SYKES *geht auf den Bischof zu und spricht ihn mit verbissener Verzweiflung an:* Ich bin gekommen, um folgendes zu sagen: Als ich Edith den Heiratsantrag machte, hatte ich keinen Schimmer davon, auf was ich mich juristisch einlasse. Da ich mein Wort gegeben habe, will ich auch dazu stehen. Ich bin in Ihrer Hand. Trauen Sie mich, wenn Sie darauf bestehen. Aber nehmen Sie zur Kenntnis, daß ich Protest einlege.

Er setzt sich zerstreut in den Lehnstuhl.

GENERAL
REGINALD } *gleichzeitig, beide höchst erregt:*

Was zum Teufel soll das heißen. Was zum Teu –

Eine verdammte Impertinenz, was glauben Sie denn –

HOTCHKISS Sachte, Rejjy, sachte, alter Junge. Immer mit der Ruhe.

Reginald sinkt in seinem Stuhl zusammen.

Hotchkiss, zu seiner Rechten, besänftigt ihn.

BISCHOF Also bitte, Reg. Halt dich zurück, Boxer, ich bitte dich.

GENERAL Ich sag dir, ich kann mich nicht mehr zurückhalten. Ich habe mich die letzte halbe Stunde zurückgehalten, bis ich fast geplatzt bin.

Er setzt sich wütend ans Ende des Tisches dicht beim Arbeitszimmer.

SYKES *deutet auf den siedenden Reginald und den kochenden General:* Das genau ist es, Bischof. Edith ist die Nichte ihrer Onkel. Sie kann sich genau so wenig beherrschen wie sie. Und sie ist die Tochter eines Bischofs. Das heißt, sie läßt sich auf alle möglichen Sozialdienste ein, organisiert Verkäuferinnen und Fabrikarbeiterinnen und all so Zeugs. Wenn sie darüber in Rage gerät – und das passiert mindestens einmal die Woche –, dann weiß sie nicht mehr, was sie sagt.

REGINALD Nun, das haben Sie schließlich gewußt, als sie ihr den Antrag machten.

SYKES Ja, aber ich habe nicht gewußt, daß, wenn wir verheiratet sind, ich juristisch verantwortlich dafür bin, wenn Sie irgendjemanden öffentlich beleidigt, und das, obwohl ihr sämtliches Eigentum vor mir abgeschirmt ist, als wenn ich der niedrigste Dieb und Schmarotzer wäre. Heut morgen hat mir jemand Belfort Bax' Essays über *Die menschlichen Schwächen* geschickt. Das hat mir die Augen geöffnet, aber weit. Bischof, ich denke nicht an mich selbst, ich würde für Edith alles auf mich nehmen. Aber meine Mutter und meine Schwester sind völlig auf das, was ich habe, angewiesen. Und ich würde mir lieber ein Stück meines Arms abhacken, als hundert Pfund im Jahr vom Unterhalt meiner Mutter zu kürzen. Alles, was ich bin, verdanke ich ihr.

EDITH *kommt im Morgenmantel und Unterrock durch den Turm hinein, rasch und bestimmt, die Broschüre in der Hand, gewappnet mit Prinzipien, fast mehr Bischof als ihr Vater, und trotzdem genau so eine Dame wie ihre Mutter. Sie ist das typisch verzogene Kind eines Pfarrhaushalts, das heißt, alle ihre kindlichen Anwandlungen von Gewissensskrupeln und religiösen Impulsen sind immer wieder begrüßt und beredet worden, bis sie ein ethischer Snob reinsten Wassers geworden ist. Ihres Vaters Sinn für Humor und das ausgleichende Naturell ihrer Mutter haben ihr Menschlichkeit bewahrt, doch ihr ungebärdiges Temperament und ihr energischer Wille, von keinerlei Humor oder Skepsis besänftigt, setzen sich über alles hinweg. Befehlend und dogmatisch, ist sie sofort Mittelpunkt der Gesellschaft.*

EDITH *hinter Cecils Stuhl stehend:* Cecil, ich habe deine Stimme gehört. Ich muß mit dir allein sprechen. Papa, geh mal raus. Geht alle raus.

BISCHOF *geht zur Tür des Arbeitszimmers:* Das soll ja wohl unzweifelhaft heißen, daß Edith uns loswerden will. Kommt.

Er steht in der Tür und wartet, daß die andern nachkommen.

SYKES Genau das, sehen Sie. Eben diese Unverblümtheit, das ist es, was meine Stellung so schwer macht, wie sehr ich Edith auch darum bewundere.

EDITH Willst du mir lieber schmeicheln und unaufrichtig sein?

SYKES Aber nein, nicht doch.

EDITH Will irgend jemand hier mir schmeicheln und unaufrichtig sein?

HOTCHKISS Nun, wenn Sie mich fragen, allerdings; denn soviel steht fest: Es ist die allerbeste Qualifikation für einen erträglichen Umgang mit Menschen.

GENERAL *sehr betont:* Ich hoffe, daß du mir immer die Wahrheit sagst, meine Liebe, unter allen Umständen.

EDITH *geht selbstzufrieden zum Kamin:* Darauf kannst du dich verlassen, Onkel Boxer.

HOTCHKISS Sind Sie sicher, eine angemessene Vorstellung davon zu haben über das, was Wahrheit ist bei einem Mann vom Militär?

REGINALD *aggressiv:* Und was ist bei *Ihnen* Wahrheit, frag ich mich?

HOTCHKISS O, das ist in seiner Gänze nicht geeignet für die Öffentlichkeit. Wenn Miss Bridgenorth damit anfängt, werde ich den Raum verlassen müssen.

REGINALD Das zu hören, überrascht mich gar nicht. *Er erhebt sich.* Aber was hat das alles zu tun mit unserer Aufgabe hier und heute? Sind Sie es, der heiraten will, oder Edith?

HOTCHKISS Tut mir leid. Ich bin so interessiert an mir geworden, daß ich mich bei jeder Diskussion ganz unerträglich in die Bresche werfe. *Reginald geht mit einem Ausruf der Angewidertheit quer durch die Küche zur Tür des Arbeitszimmers.* Aber, mein lieber Rejjy, sind Sie denn so sicher, daß Miss Bridgenorth wirklich heiraten will? Wollen Sie, Miss Bridgenorth?

Ehe Edith Zeit hat zu antworten, kehrt ihre Mutter mit Leo und Lesbia zurück.

LEO Ja, hier ist sie, natürlich! Ich hab doch gesagt, daß ich gehört habe, wie sie die Treppe runtergerannt ist. *Sie geht ans Tischende neben den Kamin.*

MRS. BRIDGENORTH *wie versteinert inmitten der Küche:* Und Cecil!!!

LESBIA Und Sinjon!

BISCHOF Edith wünscht mit Cecil zu sprechen. *Mrs. Bridgenorth kommt auf ihn zu. Lesbia geht wieder in den Garten, wie zuvor.* Laßt uns in mein Arbeitszimmer gehen.

LEO Aber sie muß jetzt kommen und sich ankleiden. Seht mal auf die Uhr!

MRS. BRIDGENORTH Kommen Sie, Leo! Liebe! *Leo folgt ihr zögernd. Sie sind fast schon mit dem Bischof in seinem Arbeitszimmer.*

HOTCHKISS Wissen Sie, Miss Bridgenorth, ich würde schrecklich gern mit anhören, was Sie dem armen Cecil zu sagen haben.

REGINALD *empört:* Das ist doch!

EDITH Wer ist der a r m e Cecil, bitte?

HOTCHKISS So nennt man einen Mann immer an seinem Hochzeitsmorgen. Ich weiß nicht, warum. Ich bin sein Trauzeuge, wie Sie wissen. Meinen Sie nicht, daß mir das ein gewisses Recht gibt, in Cecils Interesse anwesend zu sein?

GENERAL *ernst:* Es gibt so etwas wie Takt, Mr. Hotchkiss.

HOTCHKISS Und es gibt etwas wie Neugier, General.

GENERAL *wütend:* Takt wird hier wohl ausgeklammert, Alfred. Edith! Du solltest mit Sykes lieber nach nebenan gehen.

Die Gruppe an der Tür zum Arbeitszimmer löst sich auf. Der General wirft sich in den letzten Stuhl an der Längsseite des Tisches, in der Nähe der Gartentür. Leo sitzt am Kopfende, neben ihm, Mrs. Bridgenorth, neben Leo. Reginald kehrt zur Eichentruhe zurück, um in Leos Nähe zu sein, der Bischof geht zu seiner Frau hinüber und bleibt bei ihr stehen.

HOTCHKISS *zu Edith:* Natürlich werde ich gehen, wenn Sie es von mir verlangen. Aber Cecils Weigerung, die Sache durchzugehen, war so ganz auf allgemeine Motive gegründet –

EDITH *gleich Verdacht schöpfend:* Seine Weigerung?

SYKES Sinjon, du hast kein Recht, das zu sagen. Ich habe ausdrücklich erklärt, daß ich bereit bin, das Ganze zu besprechen.

EDITH Cecil, willst du damit sagen, daß du unserer Heirat Schwierigkeiten in den Weg legen willst?

SYKES Ich lege ihr keine Schwierigkeiten in den Weg. Ich bitte dich nur, vorsichtig zu sein mit Äußerungen über andere Leute. Denk dran, meine Liebe, wenn wir verheiratet sind, bin ich für alles verantwortlich, was du sagst. Erst letzte Woche hast du bei einer öffentlichen Kundgebung gesagt, unsere Stadträte Slattox und Chinnery seien Schufte. Das hätte mich 1000 Pfund Schmerzensgeld pro Nase kosten können, wenn wir zu der Zeit schon verheiratet gewesen wären.

EDITH *streng:* So was hab ich nie gesagt. Ich würde mich nie auf eine bloße Beschimpfung einlassen. Was würden meine Freundinnen von mir denken? Ich wähle meine Worte sehr sorgfältig. Ich habe gesagt, sie sind Tyrannen, Lügner und Diebe, und das sind sie. Slattox ist sogar noch mehr.

HOTCHKISS Das macht, fürchte ich, mindestens fünftausend Pfund.

SYKES Wenn's nur um mich ginge, würd ich ja gar nichts sagen. Aber meine Mutter, meine Schwestern! Ich habe kein Recht, sie zu opfern.

EDITH Du brauchst dich nicht aufzuregen. Ich werde nämlich n i c h t heiraten.

ALLE ANDERN Nicht!?

SYKES *konsterniert:* Edith! Du willst mich doch nicht sitzenlassen!

EDITH Wie könnte ich? Du bist mir doch schon zuvorgekommen.

SYKES Bei meiner Ehre, nein. Ich habe lediglich gesagt, daß ich von dem Gesetz nichts wußte, als ich dich bat, meine Frau zu werden.

EDITH Und du hättest mich nicht gefragt, wenn du davon gewußt hättest. So ist es doch?

SYKES Nein, ich hätte dich gebeten, mir zuliebe ein bißchen vorsichtiger zu sein – mich nicht unnütz zu ruinieren.

EDITH Für dich ist die Wahrheit unnütz?

HOTCHKISS Noch viel schlimmer als unnütz, kann ich Ihnen versichern. Sehr oft höchst bösartig.

EDITH Sinjon, halten Sie Ihren Mund. Sie sind ein Quatschkopf und ein Blödmann.

MRS. BRIDGENORTH } *beide gemeinsam;* Edith!
BISCHOF } *schockiert:* Aber meine Liebe!

HOTCHKISS *sanft:* Ich werde keine Klage einreichen, Cecil.

EDITH *zu Hotchkiss:* Tut mir leid, aber Sie sind alt genug, um es besser zu wissen.
Zu den andern: Und nun, wo es keine Hochzeit gibt, sollten wir wohl alle lieber wieder an die Arbeit gehen. Mama, würdest du Collins sagen, er soll den Hochzeitskuchen in 36 Stücke aufschneiden für die Mädchen vom Klub. Daß ich nicht heirate, ist ja kein Grund, sie zu enttäuschen. *Sie wendet sich zum Gehen.*

HOTCHKISS *galant:* Wenn Sie mir erlauben, für Cecil einzuspringen, Miss Bridgenorth –

LEO Sinjon!

HOTCHKISS O ich vergaß. Ich bitte um Verzeihung. *Zu Edith, entschuldigend:* Bin leider schon vergeben.

EDITH Was! Sie und Leo! Dacht ich's doch. Na, sollten nicht Sie beide jetzt heiraten? Ich hab nichts übrig für lange Verlobungszeiten. Das Frühstück ist da, der Kuchen ist da, alles ist da. Ich leih Leo den Schleier und was sonst noch dazu gehört.

BISCHOF Ich fürchte, die beiden müssen warten, bis die Scheidung rechtskräftig ist, mein Liebes. Und ein Aufgebot ist nicht übertragbar.

EDITH Na schön, also nichts zu machen. Gibt's noch irgendwas, eh ich weggehe in den Klub?

SYKES Sehr enttäuscht scheinst du ja nicht zu sein, Edith. Ich muß schon sagen.

EDITH Ach, was du nicht sagst, und dabei siehst du ganz enorm erleichtert aus, Cecil. Aber unsere Freundschaft soll dadurch keineswegs schlechter werden, ja?

SYKES *zerstreut:* Natürlich nicht. Immerhin – ich bin ja völlig bereit – wenigstens – es ist nur wegen meiner Mutter – Ach, was soll ich nur tun? Ich hab dich immer so gern gehabt, und wenn der ganze Hochzeitstrubel vorbei gewesen wär, hätt ich dich wieder genau so gern gehabt.

EDITH *streichelt ihn:* Komm, komm, mach keine Szene, mein Lieber. Du hast ganz recht. Ich finde, eine Frau die im öffentlichen Leben steht, sollte nur dann heiraten, wenn sie einen Mann findet, der genau so denkt wie sie. Ich bin dir wirklich nicht bös, daß du mich sitzenläßt.

REGINALD *springt von der Truhe und geht hinter dem General her zum andern Ende des Tisches:* Nein, Schluß jetzt. Das ertrag ich nicht länger. Warum soll immer der Mann mit dem Schwarzen Peter dasitzen. Sei ehrlich, Edith. Warum bist du noch nicht im Hochzeitskleid? Wolltest du ihn nicht vielleicht sitzenlassen? Wenn, dann nimm auch dein Teil an der Schande auf dich, und lad nicht alles auf ihn ab.

HOTCHKISS *milde:* Wär es nicht besser –

REGINALD *heftig:* Ich muß doch bitten, Hotchkiss! Wer hat Sie gebeten, sich einzumischen? Heißen Sie Edith? Bin ich Ihr Onkel?

HOTCHKISS Ich wünschte, Sie wären's. Ich hätte gern einen Onkel Reginald.

REGINALD Ach ja! Sykes, sind Sie bereit, Edith zu heiraten oder nicht?

SYKES Ich habe schon gesagt, daß ich bereit bin. Versprochen ist versprochen.

REGINALD Wir wollen nicht wissen, ob ein Versprechen ein Versprechen ist oder nicht. Können Sie nicht mit Ja oder Nein antworten ohne Gelaber und ohne, daß Hotchkiss grinsen muß wie ein Honigkuchenpferd. Wenn Edith sich jetzt ihren Schleier ansteckt und zur Kirche geht, heiraten Sie sie dann?

SYKES Gewiß doch, ja.

REGINALD Also gut. Nun, Edie, steck deinen Schleier auf und ab in die Kirche. Der Bräutigam wartet.

Er setzt sich an den Tisch.

EDITH Ist es auch klar, daß Slattox und Chinnery Lügner und Diebe sind? Und daß ich bis nächsten Mittwoch den schlüssigen Beweis in der Hand zu haben hoffe, daß Slattox noch was Schlimmeres ist?

SYKES Ich hab dir keine Bedingungen gestellt in dieser Hinsicht, als ich dir einen Antrag machte, und nachträglich geht das nicht. Ich hoffe nur, die Vorsehung verschont meine arme Mutter. Ich sag noch mal, ich bin bereit, dich zu heiraten.

EDITH Dann glaube ich, bei dir kommt ein ziemlich schwacher Charakter zum Vorschein, aber statt daß ich meinen Vorteil daraus ziehe, werde ich dir ein besseres Beispiel geben.

Sie zieht die Broschüre hervor und gibt sie dem Bischof, setzt sich dann zwischen Hotchkiss und ihre Mutter.

BISCHOF *liest den Titel: Wissen Sie, was Sie tun? Von einer Frau, die es hinter sich hat?* Darf ich fragen, mein Liebes, was sie getan hat?

EDITH Geheiratet. Als sie drei Kinder hatte – das älteste erst vier Jahre alt – beging ihr Mann einen Mord, wollte sich dann selbst das Leben nehmen, hat sich aber nur verstümmelt. Statt ihn aufzuhängen, haben sie ihn zu lebenslänglich verurteilt, mit Rücksicht, wie es hieß, auf Frau und minderjährige Kinder. Und sie konnte sich von dem grauslichen Mörder nicht mal scheiden lassen. Aber sie haben ihn gar nicht sein Leben lang drinbehalten. Zwanzig Jahre lang mußte sie allein leben, die Kinder alleine großziehen und darauf gefaßt sein, daß, wenn sie groß genug sind, um auf eigenen Füßen zu stehen, dieses schreckliche Geschöpf auf freien Fuß gesetzt wird als Schande für sie alle – was den Mädchen eine anständige Partie verdirbt und den Sohn womöglich außer Landes treibt. Ist das wirklich unsere Rechtsordnung? Soll das heißen, wenn Cecil einen Mord begeht oder fälscht oder stiehlt oder Atheist wird, daß ich mich nicht mal scheiden lassen kann?

BISCHOF Ja, mein Liebes. Das ist so. Du mußt ihn nehmen auf Gedeih und Verderb.

EDITH Dann weigere ich mich auf das entschiedenste, in einen solchen Vertrag einzutreten. Was für Diener, was für Freunde, was für Premierminister würden wir haben, wenn wir sie alle, ihr Leben lang, auf Gedeih und Verderb hinnähmen. Aufforderung zu jeder Art Schlechtigkeit wäre das doch, nichts weiter. Und sicher steht mir das Verhalten meines Ehemannes näher als das von irgendwelchen Premierministern. Hätte ich das Gesetz gekannt, ich hätte nie ja gesagt. Ich glaube keine Frau würde, wenn sie wüßte, was sie tut.

SYKES Aber ich begeh doch keinen Mord.

EDITH Wie willst du das wissen? Ich hab Slattox schon oft umbringen wollen. Hast du nie jemanden umbringen wollen, Onkel Rejjy?

REGINALD *zu Hotchkiss, ingrimmig:* Aber ja!

LEO Rejjy!

REGINALD Ich sagte: Ja. Und ich meine: Ja. Den einen Abend, Hotchkiss, hätte ich Sie um ein Haar erschossen und Leo dazu, und mit mir selbst hätte ich fast auch Schluß gemacht, und das ist die Wahrheit.

LEO *plötzlich wimmernd:* O Rejjy! *Sie stürzt auf ihn zu und küßt ihn.*

REGINALD *zornerfüllt:* Geh weg!

Sie kehrt weinend auf ihren Stuhl zurück.

MRS. BRIDGENORTH *Leo streichelnd, aber zu den übrigen gewandt:* Aber ist das alles nicht ganz großer Unsinn? Wie soll denn einer von uns dazu kommen, ein Verbrechen zu begehen?

HOTCHKISS Ganz leicht, das kann ich Ihnen sagen. Ich hab mich sehr gründlich in die Sache vertieft und hab entdeckt, daß Dinge, die ich wirklich getan habe – Dinge, die jeder tut, nehme ich an – mir, wenn sie rauskämen und ich vor Gericht –, zehn Jahre Zuchthaus, zwei Jahre Zwangsarbeit und den Verlust aller bürgerlichen Rechte einbringen würden. Nicht mitgerechnet, daß ich ein privater Treuhänder bin und, wie alle Treuhänder, ein Betrüger. Sonst würde die Witwe, für die ich treuhänderisch sorge, gelegentlich hungern und ihre Kinder bekämen keine Erziehung. Und dabei bin ich wahrscheinlich ein genauso ehrlicher Kerl wie Sie oder Sie oder Sie.

GENERAL *beleidigt:* Wollen Sie damit unterstellen, daß ich mich eines Verhaltens schuldig gemacht hätte, das mit Zuchthaus geahndet werden müßte?

HOTCHKISS Ich halte es für sehr wahrscheinlich. Aber ich weiß es natürlich nicht.

MRS. BRIDGENORTH Aber Himmel! Heiraten ist doch keine Frage des Gesetzes, oder? Kinder, habt ihr euch denn gar nicht lieb? Darauf kommt's doch an.

HOTCHKISS Wenn's darauf ankommt, warum denn heiraten?

MRS. BRIDGENORTH Dummes Zeug, Sinjon. Natürlich müssen die Menschen heiraten. *Unbehaglich:* Alfred, warum sagst du denn gar nichts? Du läßt doch wohl nicht zu, daß das hier so weitergeht?

GENERAL Ich warte jetzt schon zwanzig Minuten, Alfred, höchst verwundert! fassungslos! auf ein Wort von dir, das dem allem ein Ende macht. Wir schauen auf dich: Es ist dein Haus, dein Amt, deine Pflicht. Mach auf der Stelle von deiner Autorität Gebrauch.

BISCHOF Du mußt dem Teufel eine Chance lassen, Boxer. Eh du nicht seine Sache geprüft und bedacht hast, hast du kein Recht, ihn zu verurteilen. Tut mir leid, daß du zwanzig Minuten hast warten müssen, aber ich habe selbst zwanzig Jahre darauf gewartet, daß dies passiert. Ich hab oft mit der Versuchung gekämpft zu beten, daß es bitte nicht in meinem Haus passiert. Vielleicht war es die Vorahnung, daß dies ein Teil unserer alten Bridgenorth-Bürde werden könnte, die mich dazu gebracht hat, unsere Regierungen so eindringlich darauf hinzuweisen, die Ehegesetze erstmal menschlich zu machen, weil sie sonst nie göttlich werden.

MRS. BRIDGENORTH Ach, nun red doch vernünftig! Menschen müssen heiraten. Was hättest du wohl gesagt, wenn Cecils Eltern nicht verheiratet gewesen wären?

BISCHOF Waren sie doch gar nicht, meine Liebe.

HOTCHKISS He!
REGINALD Wie soll ich das verstehen?
GENERAL Sieh da! } *gleichzeitig*
LEO Nicht verheiratet!
MRS. BRIDGENORTH Was!

SYKES *sich bestürzt erhebend:* Was um Himmels willen wollen Sie damit sagen, Bischof? Meine Eltern waren verheiratet.

HOTCHKISS Du dürfest dich doch kaum daran erinnern, Cecil.

SYKES Nun, ich habe meine Mutter nie gebeten, mir ihre Hochzeitspapiere zu zeigen, falls Sie das meinen. Wer tut das schon? Ich hätte doch nie gedacht – ich wußte wirklich nicht – Aber Sie machen ja wohl Spaß? Oder sind wir alle übergeschnappt?

BISCHOF Nun mal ruhig, Cecil. Lassen Sie mich erklären. Ihre Eltern gehörten nicht der anglikanischen Kirche an. Sie selbst sind, glaub ich, auch erst anglikanisch geworden in Ihrem zweiten Jahr in Oxford. Ihre Eltern waren Freidenker. Sie haben irgendso eine Freidenkerzeremonie über sich ergehen lassen, nachdem sie sich standesamtlich vom

Registrar hatten trauen lassen. Ich frage Sie, als ein Mitglied der anglikanisch-rechtgläubigen Kirche: War das eine Heirat?

SYKES *überwältigt:* Gütiger Himmel, nein, tausendmal nein. Daran hab ich nie gedacht. Ich bin ein Kind der Sünde. *Er sinkt im Lehnstuhl zusammen.*

BISCHOF Ach kommen Sie! Sie sind nicht mehr ein Kind der Sünde als irgendein Jude, Mohammedaner oder Nonformist, oder sonstwer, der außerhalb der Kirche geboren wurde. Aber Sie sehen, daraus wird meine Ansicht von den Dingen deutlich. Für mich gibt es nur eine Heirat, die heilig ist: Das kirchliche Sakrament der Ehe. Außerhalb dieses Sakraments sehe ich keinen Unterschied zwischen dem einen oder anderen Zivilvertrag. Es gab mal eine Zeit, da wurden alle Ehen im Himmel geschlossen. Aber weil die Kirche sich töricht verhielt und ihre Riten nicht abstimmte auf die Erfordernisse, ging ihre Macht über die Männer und Frauen verloren, und Trauungen wurden durch Verträge vorm Standesamt ersetzt. Und da nun auch unsere Regierungen sich weigern, diese Verträge vernünftig abzufassen, werden die, die durch unsere Blindheit schon aus der Kirche getrieben worden sind, auch noch aus dem Standesamt vertrieben werden. Und es wird sich die Geschichte des alten Rom wiederholen: Wir werden für sieben, vierzehn oder einundzwanzig Jahre in Gesellschaft von Vertragspartnern leben, vielleicht auch nur für Monate. Vereinbarungen treten an die Stelle alter Gelübde.

GENERAL Und du als Bischof, würdest du solche Partnerschaften gutheißen?

BISHOF Denkst du, daß ich als Bischof etwa den Witwer-Schwägerin-Entwurf gutgeheißen hätte? Und trotzdem ist er Gesetz geworden.

GENERAL Aber als die Regierung von dir hören wollte, ob du einen Mann mit der Schwester seiner verstorbenen Frau trauen würdest, da hast du ihnen sehr klipp und klar gesagt, du würdest sie lieber vorher verdammt sehen.

BISCHOF *entsetzt:* Nein, nein, wirklich, Boxer. Du kannst doch nicht –

GENERAL *ungeduldig:* O natürlich behaupte ich nicht, du hättest diese Worte gebraucht. Aber dem Sinn nach war's das doch, und dem Geist nach auch.

BISCHOF Nicht Geist, Boxer, ich protestiere. Aber es macht ja nichts. Der springende Punkt ist, daß die staatliche Trauung längst getrennt ist von derjenigen der Kirche. Die Beziehungen zwischen Leo und Rejjy und Sinjon sind völlig legal, aber erwartest du von mir, der ich Bischof bin, daß ich sie gutheiße?

GENERAL Ich verteidige Reginald nicht. Er hätte Sie aber aus dem Haus werfen sollen, Mr. Hotchkiss.

REGINALD *aufstehend:* Wie sollte ich ihn aus dem Haus werfen? Er ist stärker als ich: Er hätte mich rauswerfen können, wenn's soweit gekommen wär. Er hat mich tatsächlich rausgeworfen. Was war es denn anders als ein Rauswurf! Mir die Zuneigung meiner Frau wegnehmen, sich selbst ins gemachte Nest setzen!
Er tritt an den Herd.

HOTCHKISS Ich protestiere, Reginald, was hab ich nicht alles gesagt, um den Krach zu vermeiden.

REGINALD Oh ja, ich weiß. Ich mach Ihnen auch keinen Vorwurf. Sowas tut man sich gegenseitig nicht absichtlich an. Sowas passiert eben, nichts dagegen zu machen. Was hätte ich denn tun sollen? Ich war alt, sie war jung. Ich war blöd, er brillant. Ich hab ein Gesicht wie eine Walnuß, er eins wie ein Schwamm. Ich war genau so froh, ihn im Haus zu haben, wie sie: Er amüsierte mich. Zwei Narren auf einem Haufen. Er gab uns gute Ratschläge, wenn wir nicht wußten, was anfangen. Sie kam darauf, daß *ich* ihr nicht viel geben konnte, aber *er*! Also schnappte sie ihn sich und gab mir den Laufpaß.

LEO Wenn du jetzt nicht aufhörst, in dieser respektlosen Weise über unser Eheleben zu reden, verlasse ich den Raum und spreche nie mehr mit dir.

REGINALD Du sprichst ja sowieso nicht mehr mit mir, oder? Denkst du etwa, ich komm dich besuchen, wenn du ihn heiratest?

HOTCHKISS Ich hoffe doch. Sie werden doch nicht nachtragend sein, Rejjy. Außerdem, Sie genießen dann all die Vorteile, die ich früher hatte. Sie sind der Besucher, Sie sind die Abwechslung, das neue Gesicht, die letzte Nachricht, die aussichtslose Neigung: Ich bin bloß der Ehemann.

REGINALD *wild:* Kann mir das bitte einer von euch erklären? Wieso wir immer bei Hotchkiss landen, wo wir uns um Edith kümmern sollten?

Er dampft quer durch die Küche bis zum Turm und zurück zu seinem Stuhl.

MRS. BRIDGENORTH Würde mir bitte irgend jemand erklären, wie das Leben weitergehen soll, wenn keiner mehr heiratet?

SYKES Würde mir bitte irgend jemand erklären, was ein anständiger Mann und ein aufrichtiger Anglikaner einer Frau sagen soll, die er liebt und die ihn liebt, die ihn aber nicht heiraten will?

LEO Würde mir bitte jemand erklären, wie ich es anstellen soll, für Rejjy zu sorgen, wenn ich mit Sinjon verheiratet bin? Rejjy darf auf keinen Fall irgendeine andere heiraten, schon gar nicht diese anrüchige ordinäre Person, die all die biestigen Lügen über ihn in der Verhandlung vorgebracht hat.

HOTCHKISS Dann wollen wir mal die erste englische Partnerschafts-Urkunde entwerfen.

LEO Schäm dich, Sinjon.

BISCHOF Einer muß den Anfang machen, meine Liebe. Ich habe den ziemlich starken Verdacht, daß, wenn die Sache erstmal dasteht, das Ganze sehr viel schlimmer ist als das geltende Recht, so daß ihr alle lieber heiratet. Wir tun also der Moralität den größtmöglichen Dienst, indem wir einfach ausprobieren, wie das neue System funktionieren würde.

LESBIA *den anderen ihre fast vergessene Gegenwart in Erinnerung rufend, während sie gedankenvoll in der Gartentür steht:* Ich hab nachgedacht.

BISCHOF *zu Hotchkiss:* Das ist das Allerbeste: Leute zum Nachdenken bringen, was, Sinjon?

LESBIA *an den Tisch tretend, links vom General:* Eine Frau hat kein Recht, sich ihrer Mutterschaft entgegenzustellen. Das geht klar aus der Statistik hervor, die Mr. Sidney Webb in der *Times* dargelegt hat.

GENERAL Mr. Webb hat nichts damit zu tun. Es geht um die Stimme der Natur.

LESBIA Aber wenn sie eine englische Lady ist, hat sie das Recht und die Pflicht, auf ehrenhaften Bedingungen zu bestehen. Wenn wir uns über die Bedingungen einigen können, bin ich bereit, in eine Gemeinschaft mit Boxer einzuwilligen.

Der General steht stolpernd auf, ist ein paar Sekunden lang wie vor den Kopf gestoßen und sprachlos.

EDITH *erhebt sich:* Und ich mit Cecil.

LEO *erhebt sich:* Und ich mit Rejjy und St. John.

GENERAL *fassungslos:* Eine Gemeinschaft. Meinen Sie – eine – eine – eine –

REGINALD Sie meint nur Bigamie, soweit ich sie verstehe.

GENERAL Alfred, wie lange noch willst du dastehen und diesem Wahnsinn zusehen? Ist es ein schrecklicher Traum, oder bin ich wach? Im Namen von *common sense* und Vernunft, laßt uns in die Wirklichkeit zurückkehren!

Collins kommt durch die Turmtüre herein, in der Tracht eines Ratsherrn. Die Damen, die gerade stehen, setzen sich eilig hin und sehen so unbekümmert wie möglich drein.

COLLINS Verzeihen Sie, wenn ich dränge, Herr Bischof, aber die Kirche ist schon seit einer Stunde voll, und der Organist hat die gesamte Hochzeitsmusik aus dem Lohengrin schon dreimal durchgespielt.

GENERAL Hier ist der Mann, den wir brauchen, Alfred, ich bin dieser Krise nicht gewachsen. Du bist ihr nicht gewachsen. Die Armee hat versagt. Die Kirche hat versagt. Ich werde alle sozialen Unterschiede beiseite tun und mich an den Magistrat wenden.

MRS. BRIDGENORTH Tu das, Boxer. Er kann uns gewiß raushelfen aus diesem Schlamassel.

Collins ist ein bißchen verwirrt, kommt freundlich nach vorn, links von Hotchkiss.

HOTCHKISS *erhebt sich, beeindruckt von der Amtstracht:* Ich hab noch nicht das Vergnügen gehabt. Würden Sie mich vorstellen?

COLLINS *vertraulich:* Lassen Sie mal, Sir. Bin nur der Obst- und Gemüsehändler, Sir, der sich hier ums Hochzeitsfrühstück kümmert. Ratsherr Collins, Sir, wenn ich die Tracht anhab.

HOTCHKISS *verdutzt:* Sehr erfreut. Wirklich. *Setzt sich wieder.*

BISCHOF Ich persönlich schätzte den Rat meines alten Freundes, jetzt Ratsherrn Collins, sehr hoch. Wenn Edith und Cecil ihm erlauben –

EDITH Collins hat mich schon gekannt, als ich noch ein Kind war. Ich glaub sicher, daß er mir recht gibt.

COLLINS Ja, Miss. Sie können sich ganz auf mich verlassen. Darf ich fragen, worum es geht?

EDITH Schlicht und einfach darum: Finden Sie, daß ich mich beim augenblicklichen Stand der Gesetze verheiraten sollte?

SYKES *erhebt sich und kommt auf die linke Seite von Collins:* Und ich frag Sie als ein vernünftiger Mann: Ist es etwa schlimmer für sie als für mich?

REGINALD *verläßt seinen Platz und drängt sich zwischen Collins und Sykes, der wieder auf seinen Platz zurückkehrt.*

Darum geht es gar nicht. Damit Sie klar sehen, Collins. Es ist nicht der Mann, der den Rückzieher macht: Es ist die Frau. *Er stellt sich an den Herd.*

LESBIA Wir sind damit nicht einverstanden, Collins. Die

Frauen sind durchaus zu einer praktischen Vereinbarung bereit.

LEO Mit beiden Männern.

GENERAL Da haben Sie den ganzen Fall, Mr. Collins. Und ich frage Sie von Mann zu Mann: Haben Sie je so einen wahnwitzigen Blödsinn gehört?

MRS. BRIDGENORTH Das Leben muß doch weitergehen, nicht wahr, Collins?

COLLINS *sich daran festhaltend, weil es die erste plausible Äußerung ist, die er gehört hat:* O, Madame, das Leben geht schon weiter, seien Sie ganz unbesorgt. Das ist nicht so leicht aufzuhalten, wie Grübler und ähnliche Leute immer denken.

EDITH Ich wußte, daß Sie mir recht geben, Collins. Dank Ihnen.

HOTCHKISS Haben Sie denn die leiseste Ahnung, worüber hier geredet wird, Ratsherr?

COLLINS O, ich komm schon zurecht, Sir. Details tun nichts zur Sache. Ich lese nie einen Ausschußbericht: Was schließlich kann da drinstehen, was man selber nicht wüßte. Man kapiert's, während die Leute reden.

Er geht zur Ecke des Tisches und spricht quer hinüber zu der Gesellschaft:

Nun, Herr Bischof und Miss Edith und Madame und meine Herren, ich seh das so: Eine Ehe ist in gewisser Weise durchaus erträglich, wenn Sie alles heiternehmen und nicht zu viel davon erwarten. Aber drüber nachdenken, das verträgt sie nicht. Das Entscheidende ist, daß man die jungen Leute dazu kriegt, sich zu binden, ehe sie wissen, worauf sie sich einlassen. Miss Lesbia zum Beispiel hat so lange gewartet, bis sie anfing, drüber nachzudenken, und damit war's aus. Wenn Sie erst einmal mit Argumenten beginnen, Miss Edith und Mr. Sykes, dann heiraten Sie nie. Nur zu, lassen Sie sich trauen! Hinterher werden Sie genug zu diskutieren haben, Miss, das können Sie mir glauben.

HOTCHKISS Ihre Warnung kommt zu spät. Die haben schon angefangen zu diskutieren.

GENERAL Aber so begreifen Sie doch den ganzen – nun, ich will nicht übertreiben, aber das einzige Wort, das mir dazu einfällt ist: den ganzen Horror der Situation. Diese Damen hier lehnen nicht nur unsere ehrenhaften Angebote ab, sondern wenn ich's recht verstehe – und ganz gewiß bitte ich dich herzlich um Vergebung, Lesbia, wenn ich irre, und ich hoffe, ich irre mich – sie ermuntern uns auch noch, mit ihnen, tut mir leid diesen Ausdruck zu gebrauchen, aber wie soll ich's sagen – Verhältnisse einzugehen aufgrund von Verträgen, die von unseren verfluchten Anwälten aufgesetzt werden sollen.

COLLINS Mein Gott, General! Das ist ja etwas Neues, jedenfalls wenn Parteien derselben Klasse angehören.

BISCHOF Nicht neu, Collins. Bei den Römern gab's das auch.

COLLINS Ja, gewiß doch, bei den Römern. Wenn du in Rom bist, mach's wie die Römer, das ist eine alte Redensart. Aber wir sind jetzt nicht in Rom, Herr Bischof.

BISCHOF Wir haben vieles von den Römern übernommen. Was halten Sie von dem Vertragssystem, Collins?

COLLINS Wissen Sie, Bischof, wenn's um Verträge geht, sag ich immer, ich muß sie geschrieben sehen. Ein Gespräch, gut und schön, kann ein Gespräch bleiben, aber ein Vertrag, den bitte Schwarz auf Weiß. Dann wissen wir, woran wir sind.

HOTCHKISS Sehr richtig, Herr Stadtrat. Lassen Sie uns gleich einen entwerfen. Darf ich mal ins Arbeitszimmer, etwas zu schreiben holen?

BISCHOF Bitte, Sinjon.

Hotchkiss geht ins Arbeitszimmer.

COLLINS Wenn ich auf eine Schwierigkeit hinweisen darf, Herr Bischof –

BISCHOF Aber gewiß.

Er geht zum vierten Stuhl links vom General; ehe er sich setzt, weist er höflich auf den Stuhl am Ende des Tisches

beim Kamin: Wollen Sie sich nicht setzen, Ratsherr?
Collins, sehr angetan von der besonderen Aufmerksamkeit des Bischofs, setzt sich. Dann erst nimmt der Bischof Platz.

COLLINS Wir sind zurzeit sechs Herren gegen vier Damen. Das ist nicht fair.

REGINALD Nicht fair gegenüber den Männern, meinen Sie?

LEO Oh, Rejjy hat was Gescheites gesagt! Sollte ich mich doch in ihm getäuscht haben?
Hotchkiss kommt mit einem Löscher und etwas Papier zurück. Er nimmt den leeren Platz ein in der Mitte des Tisches zwischen Lesbia und dem Bischof.

COLLINS Um die Wahrheit zu sagen, Herr Bischof und meine Damen und Herren: Ich trau mir in dieser Angelegenheit kein Urteil zu. Aber es gibt eine gewisse Dame, die ich immer bei so heiklen Punkten wie diesem zu Rat ziehe. Sie hat eine ganz außergewöhnliche Erfahrung und ein prächtiges Temperament und Instinkt dazu in Herzenssachen.

HOTCHKISS Verzeihung, Ratsherr: Ich bin ein Snob, und ich sag Ihnen gleich, daß es sinnlos ist, jemanden zu konsultieren, der uns nicht ganz offen nach den Regeln unserer Klasse bedient. Die Ehe ist gut genug für die unteren Schichten; die haben ja Ausweichmöglichkeiten, die unsereinem verwehrt sind. In welcher gesellschaftlichen Position ist diese Dame?

COLLINS In der höchsten der Gemeinde, Sir. Sie ist Bürgermeisterin. Aber Sie brauchen nicht in Ehrfurcht zu versinken, Sir. Sie ist meine Schwägerin.
Zum Bischof: Ich hab Mrs. Bridgenorth oft von ihr erzählt, Herr Bischof.
Zu Mrs. Bridgenorth: Mrs. George Collins, Madame.

MRS. BRIDGENORTH *überrascht:* Wollen Sie damit sagen, Collins, daß Mrs. George wirklich existiert?

COLLINS *gleichermaßen überrascht:* Aber haben Sie denn nicht daran geglaubt, Madame?

MRS. BRIDGENORTH Nicht einen Moment.

BISCHOF Wir haben immer gedacht, sie sei zu gut, um wahr

zu sein. Ich glaube immer noch nicht an diese Frau, Collins. Sie müssen sie schon herbeischaffen, wenn Sie mich überzeugen wollen.

COLLINS *überwältigt:* Also, jetzt bin ich aber doch perplex. Ich hätte doch nie – Nein, sowas! Sie ist gerade in der Kirche und möchte sich die Hochzeit ansehen.

BISCHOF Dann schaffen Sie sie her.

Collins schüttelt den Kopf. Kommen Sie, Collins, gestehn Sie! Die Person gibt's gar nicht.

COLLINS Aber ja doch, Herr Bischof! Ja doch! Ich versichere es Ihnen. Fragen Sie George. *Ich* kann sie aber nicht herschaffen. *Sie* könnten es, Herr Bischof.

BISCHOF Ich!?

COLLINS Ja, Herr Bischof, Sie. Aus irgendeinem Grund, ich bin nie dahintergekommen warum, hat sie mir verboten, über Sie zu sprechen oder sie gar mit Ihnen zusammenzubringen. Ich hab sie mal gebeten, an einem Hochzeitsmorgen mit herzukommen und bei den Blumen oder so mit Hand anzulegen, doch hat sie sich immer geweigert. Aber wenn Sie als Bischof sie herzitieren, dann wird sie kommen. Sie hat ein paar befremdliche Verrücktheiten an sich, die gute Mrs. George. Schicken Sie ihr Ihren Ring, Herr Bischof – Ihren Bischofsring – und schicken Sie ihn durch irgendeinen sehr eleganten Herrn – vielleicht wäre Mr. Hotchkiss hier so gut, das zu übernehmen – dann wird sie kommen.

BISCHOF *nimmt den Ring vom Finger und gibt ihn Hotchkiss:* Tun Sie mir den Gefallen und übernehmen Sie die Mission.

HOTCHKISS Aber wie soll ich die Dame erkennen?

COLLINS Sie ist piekfein zurechtgemacht für die Kirche und hat einen Amtsdiener mit einem Stab bei sich. Er wird sie Ihnen zeigen, und er wird bei der Rückfahrt auf dem Kutschbock Platz nehmen.

HOTCHKISS Beim Himmel, nein! Vergeben Sie mir, Bischof, aber Sie verlangen zuviel. Ich bin den Buren davongelaufen, weil ich ein Snob war. Vor dem Amtsdiener laufe ich aus dem gleichen Grund davon. Ich lehne die Mission strikt ab.

GENERAL *erhebt sich demonstrativ:* Seien Sie so gut, geben Sie mir den Ring, Mr. Hotchkiss.

HOTCHKISS Mit Vergnügen.

Er händigt den Ring dem General aus.

GENERAL Es wird mir ein Vergnügen sein, Ratsherr, der Bürgermeisterin den Auftrag des Bischofs auszurichten, und es wird mir eine Ehre sein, mit den Spitzen der Stadt zurückzukehren.

Er geht mit einiger Würde hinaus, Collins erhebt sich einen Augenblick lang, um sich mit betonter Ehrerbietung zu verbeugen.

REGINALD Boxer ist schon eine lustige Marke, auf seine Art.

HOTCHKISS Seine Uniform verschafft ihm aber auch jede Menge Vorteile. Er wird dem Amtsdiener noch die ganze Schau stehlen.

COLLINS Ich dächte, Herr Bischof, inzwischen könnten wir mit dem Vertrag weitersehen. Soviel steht fest, wenn Mrs. George erst da ist, kommen wir nicht mehr groß dazu. Wir sollten vielleicht wenigstens den schriftlichen Kram hinter uns haben, wenn sie erscheint.

HOTCHKISS Ich denk, die Präambel hab ich schon ganz schön hingekriegt.

Liest: »Memorandum der Übereinkunft, die unter dem Datum des – Punkt Punkt Punkt zwischen Hochwohlgeboren Punkt Punkt Punkt aus Punkt Punkt Punkt in der Grafschaft Punkt Punkt Punkt, im folgenden Herr genannt, einerseits, und Punkt Punkt Punkt aus Punkt Punkt Punkt in der Grafschaft Punkt Punkt Punkt im folgenden Frau genannt, andererseits, demgemäß das folgende erklärt und vereinbart wird.«

LEO *sich erhebend:* Wo bleiben deine Manieren, Sinjon, Ladies first. *Sie tritt hinter ihn und beugt sich über seine Schulter, um den Entwurf zu sehen.*

HOTCHKISS Aber ja. Bitte verzeih.

Er ändert den Entwurf.

LEO Außerdem hast du nur eine Dame und einen Herrn vorgesehen. Es müßten aber zwei Herren sein.

COLLINS O, das ist erstmal ein Entwurf. Man kann jede Anzahl Damen oder Herren einsetzen.

LEO Nicht jede Anzahl Damen. Nur eine Dame. Außerdem war diese Person keine Dame.

REGINALD Du hältst jetzt mal den Mund, Leo. Dies ist ein allgemein gehaltener Vertrag für jedermann: Es ist nicht dein Vertrag.

LEO Was hab ich dann davon?

HOTCHKISS Du wirst ein paar Hinweise für deinen eigenen Vertrag bekommen.

EDITH Ich hoffe, es bleibt nicht bei Hinweisen. Wir brauchen die blanke harte Wahrheit und nichts als die Wahrheit.

COLLINS Ja doch, Miss, das geht schon in Ordnung. Es wird nichts vertuscht, gewiß nicht. Es wird eine Modellvereinbarung, wie sie im Buch steht.

EDITH *nicht überzeugt:* Das hoff ich.

HOTCHKISS Was ist bei einer Vereinbarung die erste Klausel, normalerweise? Sie wissen das doch, Ratsherr.

COLLINS *überfragt:* Nun Sir, darum kümmert sich immer der Stadtschreiber. Ich bin ganz aus der Übung, mir über die kleinen Dinge den Kopf zu zerbrechen. Vielleicht weiß es der Herr Bischof.

BISCHOF Tut mir leid, ich weiß es nicht. Aber Soames wird's wissen. Alice, wo ist Soames?

HOTCHKISS Er ist da drinnen. *Zeigt auf das Arbeitszimmer.*

BISCHOF *zu seiner Frau:* Bitte ihn doch, uns Gesellschaft zu leisten, Liebe.

Mrs. B. geht ins Arbeitszimmer.

Soames ist mein Kaplan, Mr. Collins.

Das Hauptproblem mit den Bischöfen in der heutigen Kirche von England ist, daß bei den Amtsgeschäften der Diözese der Bischof vor allem ein Verwaltungsmann sein muß und imstande, sechzehn Stunden am Tag hinterm Schreibtisch zu sitzen. Und da man Bischöfe dieser Güte hat, ist die Folge, daß die geistlichen Interessen der Kirche und ihr Einfluß auf die Seelen und die Vorstellungswelt der Leute ziemlich bald zum Teufel gehen –

EDITH *schockiert:* Papa!

BISCHOF Ich spreche nur ganz praktisch, nicht so wie Boxer. Und die Bischöfe sind diesen Weg in der Tag schon so weit gegangen, daß sie heut im Ruf stehen, sie seien geistlich die gottverlassensten und wirtschaftlich die gesegnetsten Männer im Land. Ich hab einen Ausweg gefunden. Soames war mein Rechtsberater. Ich fand heraus, daß Soames, obwohl ein sehr tüchtiger Geschäftsmann, insgeheim eine romantische Vorgeschichte hatte. Sein Vater war ein hervorragender nonkonformistischer Geistlicher, der die Kirche von England immer als Dirne im Purpurgewand bezeichnete. Soames konvertierte heimlich zum Anglikanismus, als er fünfzehn war. Er wäre gern Geistlicher geworden, aber er traute sich nicht, weil sein Vater eine Herzschwäche hatte und ständig drohte, tot umzufallen, wenn ihn jemand kränkte. Ist Ihnen vielleicht schon aufgefallen, daß Leute mit Herzschwäche die eigentlichen Tyrannen des englischen Familienlebens sind. Also mußte der arme Soames Anwalt werden. Als sein Vater starb – die poetische Gerechtigkeit wollte kurioserweise, daß er am purpurroten Scharlach starb, bei übrigens völlig intaktem Herzen – da weihte ich Soames zum Priester und machte ihn zu meinem Kaplan. Er ist jetzt recht glücklich. Hält sich ans Zölibat, fastet freitags und während der ganzen Fastenzeit strikt, trägt Soutane und Barett und hat mehr Rechtsfälle zu erledigen als je in seiner früheren Kanzlei. Und ich hab durch ihn Zeit für die geistlichen und gelehrten Arbeiten, wie es sich für einen Bischof gehört.

MRS. BRIDGENORTH *kommt aus dem Arbeitszimmer mit einem Strickkorb zurück.* Hier ist er.

Sie setzt sich wieder und strickt.

Soames kommt in Priesterrock und Barett. Er begrüßt die Gesellschaft, indem er sie mit zwei Fingern segnet.

HOTCHKISS Bitte, Mr. Soames, nehmen Sie hier Platz.

Er bietet ihm seinen Stuhl an und zieht sich zur Eichentruhe zurück, auf die er sich setzt.

BISCHOF Nicht mehr Mr. Soames, Sinjon. Vater Anthony.

SOAMES *Platz nehmend:* Ich bin getauft auf Oliver Cromwell Soames. Mein Vater hatte aber kein Recht dazu. Ich hab den Namen Anthony angenommen. Wenn Sie mal Väter sind, meine Herren, hängen Sie bloß nicht einem hilflosen Kind einen Namen an, vor dessen Bedeutung es später mal das kalte Grausen kriegt.

BISCHOF Hat Alice Sie schon aufgeklärt über die Art des Dokuments, das wir aufsetzen wollen?

SOAMES Allerdings.

LESBIA Das klingt, wie wenn Sie dagegen wären.

SOAMES Es steht mir nicht zu, dafür oder dagegen zu sein. Ich tu die Arbeit, die mir zugewiesen wird von meinem kirchlichen Oberen.

BISCHOF Seien Sie doch nicht unbarmherzig, Anthony. Sie sollen uns Ihren bestgemeinten Rat geben.

SOAMES Mein Rat an Sie alle wäre, Ihre Pflicht zu erfüllen und das christliche Gelübde der Keuschheit und der Armut abzulegen. Die Kirche ist gegründet worden, um Schluß zu machen mit der Ehe und Schluß mit dem Eigentum.

MRS. BRIDGENORTH Aber wie soll denn das Leben weitergehen, Anthony? Tun Sie Ihre Pflicht, das reicht. Ihre Pflicht tun, das ist Ihre Sache. Daß das Leben weitergeht, darum kümmert sich ein Höherer.

LESBIA Anthony, Sie sind unmöglich.

SOAMES *greift zum Federhalter:* Sie wollen meinen Rat nicht. Hätte ich auch nicht erwartet. Nun, dann erwarte ich Ihre Instruktionen.

REGINALD Wir sind gleich bei der Anfangsklausel stecken geblieben. Womit sollen wir anfangen?

SOAMES Es ist usus, mit der Vertragsdauer anzufangen.

EDITH Was heißt das?

SOAMES Die Dauer der Zeit, für die der Vertrag gelten soll.

LEO Aber es handelt sich um einen Ehevertrag.

SOAMES Soll die Ehe über ein Jahr gehen, eine Woche oder einen Tag?

REGINALD Ich bitte Sie, Anthony! Sie sind ja schlimmer als wir alle zusammen. Einen Tag!

SOAMES Abwegig ist eben abwegig. Ob fingerbreit oder meilenweit, das spielt keine Rolle.

LEO Aber wenn die Ehe nicht für immer sein soll, dann will ich nichts damit zu tun haben. Eine Ehe von Anfang an auf Zeit, das nenn ich unmoralisch. Wenn die Leute nicht mehr wollen, können Sie sich ja scheiden lassen.

REGINALD Sag ich doch. Sie sollte genau so lange dauern, wie beide es wollen.

COLLINS Aber wenn sie sich gerade darüber nicht einig werden, Sir. Beim einen dauert's oft noch an, und der andere fühlt sich schon frei.

LESBIA Ich würde sagen: Solange sich der Mann benimmt.

BISCHOF Und angenommen, die Frau benimmt sich nicht?

MRS. BRIDGENORTH Die Frau hat womöglich gar keine Chancen mehr, anderweitig eine gute Partie zu machen. Man kann sie doch nicht auf die Straße setzen.

REGINALD Das gilt für den Mann genauso. Wo bleibt sein Zuhause?

LEO Die Frau müßte sich um ihn kümmern und aufpassen, daß er sich wohlfühlt und ordentlich für sich sorgt. Der andere Mann braucht sie ja sowieso nicht dauernd.

LESBIA Und wenn's keinen anderen gibt?

LEO Warum in aller Welt sollte sie ihn dann verlassen?

LESBIA Weil sie will.

LEO O, wenn's soweit kommt, daß die Leute tun und lassen können, was sie wollen – das nenn ich glatte Unmoral. *Sie geht ungehalten zur Eichentruhe und kauert sich darauf, dicht neben Hotchkiss.*

REGINALD *betrachtet beide säuerlich:* Na, und du? Genau das tust du doch.

LEO O das ist ganz was anders. Laß bitte deine albernen Sticheleien, Rejjy.

BISCHOF Scheint, wir kommen nicht weiter. Was meinen Sie, Ratsherr?

COLLINS Nun, Herr Bischof, wie Sie sehen, reden die Menschen immerzu von Ehen, als ob eine wie die andere wär. Dabei gibt es fast genauso viel verschiedene Sorten Ehen, wie es verschiedene Sorten Menschen gibt. Es gibt die jungen Dinger, die aus Liebe heiraten und nicht wissen, was sie tun; dann die Alten, die wegen Geld heiraten und Bequemlichkeit und Geselligkeit; dann die, die heiraten, um Kinder zu haben; dann Leute, die keine Kinder haben wollen oder keine kriegen können; dann diejenigen, die bloß heiraten, weil sie so sehr vom anderen Geschlecht verfolgt werden, daß sie mal einen Riegel vorschieben müssen, wie auch immer; dann die Leute, die mal eine neue Erfahrung machen wollen, und die, die genug haben von ihren Erfahrungen. Wie wollen Sie es denen allen recht machen? Tja, dazu brauchen sie mindestens ein halbes Dutzend verschiedener Verträge.

BISCHOF Na schön, dann wollen wir sie mal alle aufsetzen. Kneifen gilt nicht.

REGINALD Aber warum sollen wir denn zusammenbleiben müssen, ob wir wollen oder nicht. Das ist doch die Frage, die überhaupt zu stellen ist.

MRS. BRIDGENORTH Um der Kinder willen, Rejjy.

COLLINS Ja schon, Madame, aber zusammenbleiben, auch wenn das alles vorbei ist – wenn die Mädchen verheiratet sind, die Jungen draußen in der Welt und auf eigenen Füßen? Wenn das geschafft ist, dann ist doch auch die eigentliche Arbeit der Ehe geschafft. Wenn die zwei zusammenbleiben wollen, sollen sie zusammenbleiben. Aber wenn nicht, laßt sie gehen, wie die Alten aus den Arbeitshäusern gehen können. Sie haben genug voneinander. Sie kennen sich in- und auswendig. Warum noch aneinander binden, nur daß sie rumsitzen und sich anöden und hassen und sich das Leben schwer machen wie so viele? – Sagen wir: Zwanzig Jahre nach der Geburt des jüngsten Kindes.

SOAMES Und wenn keine Kinder da sind?

COLLINS Bei Nichtgefallen aufzulösen.

MRS. BRIDGENORTH Collins!

LEO Sie alter Zyniker.

BISCHOF *zur Ordnung rufend:* Meine Lieben, meine Lieben.

LESBIA Und wovon, bitteschön, soll eine Frau leben bei Nichtgefallen, wie Sie es nennen?

SOAMES *mit sarkastischer Formalität:* Vorschlag Nummer eins, daß die Dauer der Vereinbarung zwanzig Jahre von der Geburt des jüngsten Kindes an umfassen soll, wenn Kinder da sind. Irgendwelche Änderungen?

LEO Ich protestiere. Es muß fürs Leben sein. Das wär doch überhaupt keine Ehe, wenn nicht fürs Leben.

SOAMES Mrs. Reginald Bridgenorth schlägt vor für das ganze Leben: Noch jemand dafür?

LEO Seien Sie doch nicht so hartherzig, Anthony.

LESBIA Ich habe eine sehr wichtige Änderung: Wenn Kinder kommen, muß der Mann das Haus räumen, jedesmal für zwei Jahre. Denn dann ist er überflüssig, unbequem und lächerlich.

COLLINS Aber wo soll er denn hin, Miss?

LESBIA Wohin er will, solange er die Mutter nicht belästigt.

REGINALD Und sie soll also allein gelassen werden –

LESBIA Allein! Mit ihrem Kind. Die arme Frau wär doch nur zu froh, mal einen Augenblick für sich zu haben. Was Sie sagen, Rejjy, ist absurd.

REGINALD Der Vater soll also ein streunender, strauchelnder Ausgestoßener sein, dem nichts bleibt als sein Klub und die Gesellschaft der Frauen seiner Freunde!

LESBIA *ironisch:* Der Ärmste.

HOTCHKISS Die Frauen der Freunde, das ist vielleicht die Lösung. Denn, deren Männer sind ja auch Ausgestoßene, und die armen Damen werden ab und zu nach männlicher Gesellschaft geradezu lechzen.

LESBIA Es gibt keinen Grund, warum eine Mutter nicht in männlicher Gesellschaft sein sollte; was ihr erspart bleiben sollte, ist der Ehemann.

SOAMES Sonst noch was, Miss Grantham?

LESBIA Ja, ich brauch ein eigenes Haus für mich oder doch einen Teil des Hauses. Boxer raucht. Ich kann Tabak nicht ausstehen. Boxer hält ein offenes Fenster für den Tod – Erkältung und, o weh, die Nachtluft. Ich muß immer frische Luft haben. Wir können Freunde sein, aber wir können nicht zusammenleben, und das müßte in unserer Vereinbarung stehen.

EDITH Ich hab nichts gegen das Rauchen und gegen offene Fenster. Da muß Cecil natürlich machen, was für seine Gesundheit das beste ist.

BISCHOF Und wer befindet darüber, mein Liebes? Du oder er?

EDITH Keiner von uns. Wir müssen tun, was der Arzt anordnet.

REGINALD Arzt – Schei –

LEO *ermahnend:* Rejjy!

REGINALD *zu Soames:* Lassen Sie sich das sagen, Anthony. Nehmen Sie einen Passus in die Vereinbarung auf, daß der Arzt bei der ganzen Geschichte nichts zu sagen hat. Schlimm genug, wenn die beiden miteinander verheiratet sind, fehlte gerade noch, daß sie mit dem Doktor verheiratet werden.

LESBIA Das bringt mich auf etwas Wichtiges. Boxer glaubt ans Impfen, ich nicht. Es muß eine Klausel geben, daß ich in solchen Dingen entscheiden kann, wie ich es für richtig halte.

LEO *zum Bischof:* Taufen ist fast so wichtig wie Impfen, nicht?

BISCHOF Das war in der Tat mal die gängige Überzeugung, meine Liebe.

LEO Ja, und Sinjon lacht darüber. Er sagt, Paten sind lachhaft. Da müßte ich bestimmen dürfen.

REGINALD Es wären seine Kinder so gut wie deine.

LEO Sei bitte nicht taktlos, Rejjy.

EDITH Ihr vergeßt etwas ganz Wichtiges: das Geld.

COLLINS Ah ja, Geld! Jetzt kommen wir zur Sache.

EDITH Wenn ich heirate, habe ich so gut wie kein Geld außer dem, was ich verdiene.

BISCHOF Tut mir leid, Cecil. Eine Bischofstochter ist ein Armeleute-Kind.

SYKES Aber Sie glauben doch wohl nicht, daß ich Edith arbeiten lasse, wenn wir verheiratet sind. Ich bin nicht reich, aber soviel hab ich, um ihr das zu ersparen. Und wenn meine Mutter stirbt –

EDITH So ein Quatsch! Natürlich werd ich arbeiten, wenn wir verheiratet sind. Ich führ dir den Haushalt.

SYKES Ach so, ja.

REGINALD Das nennst du Arbeit?

EDITH Du nicht? Leo hat's ja immer umsonst gemacht, also denkst du sicher, es war gar keine Arbeit. Und deine Haushälterin jetzt, macht die's denn umsonst?

REGINALD Aber das gehört doch zu deinen Pflichten als Ehefrau.

EDITH Nicht nach diesem Vertrag. Kommt gar nicht in Frage. Wenn ich die Hausarbeit machen soll, verlang ich von Cecil mindestens das Geld, das er einer Haushaltshilfe zahlen müßte. Ich denk nicht dran, ihn jedesmal zu bitten, wenn ich ein neues Kleid brauch oder Fahrgeld fürs Taxi, wie das so viele Frauen tun müssen.

SYKES Du weißt sehr wohl, Edie, daß ich dir nie was verweigern würde.

EDITH Warum verweigerst du mir dann Selbstachtung und Unabhängigkeit. Ich besteh darauf, gerade um dir gegenüber fair zu sein, Cecil, denn so hab ich ein Konto ganz für mich; und wenn einer dich verklagt wegen irgendwas, was ich gesagt habe, kannst du den Schadenersatz aus meiner Kasse bezahlen.

SOAMES Sie vergessen, daß er nach diesem Vertrag gar nicht zur Rechenschaft gezogen werden kann, weil Sie gesetzlich gar nicht seine Frau sind.

EDITH Unsinn! Natürlich werde ich seine Frau sein.

COLLINS *mit wachsendem Interesse:* Will denn jemand gegen Sie klagen, Miss? Slattox ist im Stadtrat mit mir. Soll ich mich vielleicht einschalten?

EDITH Er hat mich noch nicht verklagt, aber Cecil sagt, das kommt noch.

COLLINS Weshalb denn, wenn ich fragen darf?

EDITH Der Mann ist ein Lügner und ein Dieb, und es ist meine Pflicht, ihn zu entlarven.

COLLINS Sie überraschen mich, Miss. Natürlich ist er in einem gewissen Sinn ein Lügner. Wir alle – ich will damit niemanden hier kränken – sind Lügner, und sei es nur deshalb, weil wir niemandem zu nahe treten wollen. Aber ich würde Herrn Slattox nicht einen Dieb nennen. Er ist nicht ganz das, was er sein sollte, aber er tut doch was für sein Geld.

EDITH Wenn Sie damit nur auf nette Art sagen wollen, daß Slattox der allerungeeignetste Mann ist und zweihundert junge Frauen als absolute Sklavinnen in seiner Gewalt hat, dann werde ich genau das auf der nächsten öffentlichen Versammlung sagen. Er betrügt sie um ihren Lohn unter dem Vorwand von Geldstrafen. Er betrügt sie ums tägliche Brot unter dem Vorwand, es für sie einzukaufen. Er lügt, wenn er das abstreitet. Und er macht auch noch andere Sachen, wie Sie offenbar wissen, Collins. Also lassen Sie sich's gesagt sein, daß ich ihn vor ganz England bloßstellen werde, ohne Rücksicht auf die Konsequenzen für mich.

SYKES Und für mich.

EDITH Chancengleichheit. Angenommen, du würdest es als deine Pflicht ansehen, Slattox zu erschießen, was würde dann aus mir und den Kindern? Klar, daß ich niemanden erschossen haben möchte, nicht mal Slattox; aber wenn die Öffentlichkeit selbst von so himmelschreienden Mißständen keine Kenntnis nehmen will, bis jemand erschossen wird, was soll man da anders tun, als jemanden erschießen?

SOMAES *unerbittlich:* Ich warte immer noch auf Instruktionen, was die Dauer des Vertrages betrifft.

REGINALD *ungeduldig, vom Herd weggehend und hinter Soames tretend:* Es hat doch keinen Sinn, vom Hundersten ins Tausendste zu kommen. Dann sitzen wir noch heute abend hier. Ich schlage vor, da die Vereinbarung gilt, bis die Partner sich scheiden lassen.

SOAMES Sie können sich doch gar nicht scheiden lassen. Sie sind ja nicht richtig verheiratet.

REGINALD Aber wenn sie sich nicht scheiden lassen können, dann ist das ja schlimmer als eine Ehe.

MRS. BRIDGENORTH Natürlich ist es das. Nun hört bitte mit dem Unsinn auf. Überhaupt, wem sollen eigentlich die Kinder gehören?

LESBIA Das haben wir doch schon geklärt, sie sollen zur Mutter gehören.

REGINALD Nein, ich müßte ja behämmert sein, wenn das schon geklärt wäre. Ich werde um den Besitz meiner eigenen Kinder kämpfen bis zum letzten; und da bin ich nicht der einzige, das kann ich euch sagen.

EDITH Mir scheint, man sollte sie zwischen den Eltern aufteilen. Wenn Cecil will, daß ihm eins oder mehrere unserer Kinder allein gehören, dann müßte er mir eine bestimmte Summe für das Risiko und Mühsal, sie zur Welt zu bringen, zahlen: Sagen wir tausend Pfund pro Kopf. Die Zinsen dafür könnten für den Unterhalt des Kindes verwendet werden, solange wir zusammenleben. Aber das Stammkapital wäre meins. Wenn Cecil mir also das Kind wegnähme, bekäme ich wenigstens etwas für das, was es mich selbst gekostet hat.

MRS. BRIDGENORTH *ihr Strickzeug bestürzt niederlegend:* Edith! Sowas! Das ist ja unerhört!

EDITH Ja, welche Regelung würdest du denn vorschlagen?

BISCHOF Es gibt doch so etwas wie ein Lieblingskind. Was machen wir mit dem jüngsten – dem Benjamin –, Sproß reifer Eltern, die stärker und menschenfreundlicher geworden sind, mit dem Kind also, das immer den unglücklichen älteren aus den ersten störrischen Ehejahren der Unwissenheit vorgezogen wird? Welchem Elternteil soll dieses jüngste Kind gehören, ob mit oder ohne Bezahlung?

COLLINS Es gibt noch eine dritte Partei, Herr Bischof. Es gibt ja auch noch das Kind. Meine Frau hängt so sehr an den Kindern, die hatten überhaupt kein eigenes Leben. Sie sind alle von zu Hause ausgerissen, um ihr zu entkommen. Kinder haben ja nicht soviel Appetit auf Zuneigung wie ein Erwachsener. Ein kleines Bißchen reicht ihnen schon sehr lang, und eine gute Imitation ist ihnen weit lieber, als die echte, wie jedes Kindermädchen weiß.

SOAMES Meinen Sie wirklich, daß irgend jemand von uns, jung oder alt, etwas Echtes lieber hat als eine kunstvolle Imitation? Ist nicht das Echte eine verflixte Sache? Sind nicht die guten Schauspieler beliebter als die wahren Leidenden? Wird nicht in Romanen und Stücken die Liebe immer verfälscht, damit man sie aushält? Ich habe entdeckt, daß ich meine helle Freude an Heiligen- und Marienbildern habe. Aber wenn mich der furchtbarste Fluch für einen Priester trifft, der Fluch Josephs, dem Potiphars Weib hinterher ist, dann bin ich immer entsetzt und erschreckt.

HOTCHKISS Sprechen Sie jetzt als Heiliger, Vater Anthony, oder als Anwalt?

SOAMES Das bleibt sich gleich. Es gibt kein christliches Gebot extra für Anwälte und eins extra für Heilige. Ihre Herzen sind sich gleich, und ihr Weg zum Seelenheil führt sie entlang derselben Bahn.

BISCHOF »Und wenige sind es, die ihn finden.«

SOAMES Er liegt breit und offen vor Ihnen. Nur der Weg zur Vernichtung ist schmal und qualvoll. Heiraten ist ein Greuel, den die Kirche auslöschen und durch die Gemeinschaft der Heiligen hat ersetzen müssen. Das ist mir durch jeden Heiratsvertrag, den ich als Anwalt aufgesetzt habe, genauso klar geworden wie durch göttliche Offenbarung. Und Sie haben sich hier zusammengetan, um Ihre Sünde schwarz auf weiß niederzulegen, aber es gibt keinen Punkt, über den Sie einig oder gar froh sind.

SYKES Das ist allerdings wirklich seltsam, daß die ganze Sache auseinanderzufallen scheint, sobald man sie nur berührt.

BISCHOF Aber seht doch, wenn man dem Teufel eine Chance gibt, zieht er den kürzeren. Er hat's nicht mal geschafft, auch nur die erste Klausel einer praktikablen Vereinbarung beizutragen. Ich fürchte, wir können nicht länger auf ihn warten.

LESBIA Dann muß der Staat eben ohne meine Kinder auskommen.

EDITH Und Cecil ohne mich.

LEO *kommt von der Truhe herunter:* Und ich denke nicht dran, Sinjon zu heiraten, wenn er nicht gescheit genug ist, sich einen Passus auszudenken, damit ich mich weiter um Rejjy kümmern kann.

Sie geht von Hotchkiss weg und zurück zu ihrem Stuhl am Ende des Tisches hinter Mrs. Bridgenorth.

MRS. BRIDGENORTH Und das Leben hört mit dieser Generation auf, scheint's.

COLLINS Ist denn da nichts zu machen, Herr Bischof?

BISCHOF Die Scheidung vernünftig und anständig regeln, das ist alles.

LESBIA Danke bestens! Die Ehe vernünftig und anständig zu regeln, das wäre wichtig. Dann kann man's mit der Scheidung halten, wie man will. Von meinem innersten gegen die Ehe hab ich noch gar nichts gesagt, das laß ich auch lieber weg. Es gibt einfach gewisse Rechte, die ich niemandem einräume über mich.

REGINALD Also, ich finde es ganz schön hart, daß ein Mann jahrelang für seine Frau sorgen soll und dabei die Chance versäumt, eine wirklich gute Frau zu kriegen, und obendrein weigert sie sich auch noch, ihm überhaupt eine Ehefrau zu sein.

LESBIA Ich habe nicht vor, mit Dir darüber zu debattieren, Rejjy. Wenn dir dein Gefühl für Takt und Ehre nicht sagt, um was es geht, ist dir nicht zu helfen.

SOAMES *unerbittlich:* Ich warte noch immer auf meine Instruktionen.

Sie sehen sich gegenseitig an; jeder wartet darauf, daß der andere einen Vorschlag macht. Stille.

REGINALD *gedankenlos:* Immerhin, meine ich, ist die Ehe besser als – na, als die übliche Alternative.

SOAMES *sich zornig ihm zuwendend:* Wer gibt Ihnen das Recht, so etwas zu sagen! Sie wissen, daß die Sünden, von denen diese unselige Nation verwüstet und verwirrt wird, allesamt im Ehejoch begangen werden.

COLLINS Nun ja, die Ledigen können es sich halt nicht leisten, genauso loszulegen wie die Verheirateten.

SOAMES Schluß mit der ganzen Geschichte. Es gibt ja schließlich die Gebote Gottes. Haltet euch an die.

HOTCHKISS *erhebt sich und stützt sich auf die Rückenlehne des Stuhls, in dem der General gesessen hatte:* Ich muß doch wirklich darauf hinweisen, Vater Anthony, daß die frühen christlichen Lebensweisheiten schon deshalb keine bleibende Erinnerung sein sollten, weil die frühen Christen nicht daran dachten, diese Welt als eine bleibende Stätte anzusehen. Heute wissen wir, daß es ewig so weitergeht. Wir haben herausgefunden, daß Millionen Jahre hinter uns liegen, und wir sind sicher: Millionen liegen noch vor uns. Die Frage von Mrs. Bridgenorth ist immer noch ohne Antwort: Wie soll d a s L e b e n weitergehen? Sie sagen, das sei nicht unsere Sache – sondern die der Vorsehung. Aber nach moderner christlicher Anschauung sind wir dazu da, die Sache der Vorsehung zu unserer eigenen zu machen, weiter nichts. Fragt sich bloß wie. Sollte ich nicht meinen Verstand dazu gebrauchen, dieses Wie herauszukriegen?

Wozu ist mein Verstand sonst da? Gut, und alles, was ich an Verstand habe, sagt mir gerade jetzt, daß Sie ein armer Irrer von Umstandskrämer sind.

SOAMES Hilft das weiter?

HOTCHKISS Nein.

SOAMES Dann bitten Sie um Erleuchtung.

HOTCHKISS Nein. Ich bin ein Snob, kein Bettler.

Er setzt sich in den Stuhl des Generals.

COLLINS Scheint, wir kommen nicht weiter, oder? Miss Edith: Sie und Mr. Sykes sollten jetzt lieber in die Kirche gehen und hinterher das Für und Wider besprechen. Das wird die Geister beruhigen, glauben Sie mir, ich spreche aus Erfahrung. Man muß erst mal sozusagen alle Brücken hinter sich abbrechen.

SOAMES Wir sollten nie alle Brücken abbrechen. Das ist der Tod, mitten im Leben.

COLLINS Nun, Vater, es spricht für Sie, daß Sie Ihre eigenen Ansichten haben und sich nicht scheuen, sie auszusprechen. Aber ein paar Leute hier sind etwas fröhlicher veranlagt. Im Stadtrat wären Sie 'ne große Minderheit, einer gegen alle. Nehmen Sie doch die Menschen, wie sie sind.

SOAMES Warum sollte ich? Ich nehme Gott, wie er ist. Dem Teufel werd ich nicht den kleinen Finger reichen.

BISCHOF Das heißt aber, den Teufel sehr unchristlich behandeln.

REGINALD Ja, wie es scheint kommen wir nicht viel weiter, oder?

BISCHOF Gibst du also endlich auf Edith, und heiratest?

EDITH Nein. Was ich vorgeschlagen habe, scheint mir wirklich ganz vernünftig.

BISCHOF Und du, Lesbia?

LESBIA Nie.

MRS. BRIDGENORTH Nie ist ein langes Wort, Lesbia. Sag niemals nie.

LESBIA *mit einem Anflug von Zorn:* Fang bitte nicht an, mich zu bemitleiden, Alice. Ich hab schon gesagt, ich bin eine englische Lady und durchaus bereit, auszukommen ohne das, was ich nicht zu ehrenvollen Bedingungen haben kann.

SOAMES *nach einem Schweigen, das von völliger Ratlosigkeit zeugt:* Ich erwarte immer noch Ihre Instruktionen.

REGINALD Ja, wie es scheint, kommen wir nicht viel weiter, oder?

LEO *am Ende ihrer Geduld:* Das hast du schon mal gesagt, Rejjy. Wiederhol dich doch nicht dauernd.

REGINALD Ach, laß mich in Ruh!

Er geht zur Gartentür und sieht düster hinaus.

SOAMES *erhebt sich, die Papiere in der Hand:* Hach! *Er zerreißt sie.* Da haben Sie Ihren Vertrag!

DIE STIMME DES AMTSDIENERS Mit Verlaub, meine Herren. Machen Sie Platz für die Bürgermeisterin. Platz da für die verehrliche Bürgermeisterin, meine Herrschaften!

Er kommt durch den Turm herein, mit Dreispitz und goldbesticktem Mantel, in der Hand den Amtsstab, und stellt sich am Eingang auf.

Mit Verlaub, meine Herren, Platz für die Bürgermeisterin.

COLLINS *drückt sich an die Wand:* Meine Schwägerin, Herr Bischof.

Mrs. George Collins ist, was ihre extravagante Kleidung angeht, jeder Zoll eine Bürgermeisterin, und diese Extravaganz steht ihr sehr gut. An ihr ist nichts Ruhiges; sie hat keine Angst vor Farben, und weiß, wie man das meiste daraus macht. Sie ist keineswegs eine Lady in dem Sinne des Wortes, wie Lesbia es als Klassenbezeichnung einsetzt, aber sie weist sich schon beim ersten Blick als die triumphierende, verwöhnte, eigenwillige und lebenslustige Frau aus, die unter armen Leuten immer reich gewesen ist. In einer historischen Museumsschau stünde sie als Erklärung dafür, daß Edward IV. soviel Gefallen an Kaufmannsfrauen fand. Ihr Alter, sicherlich vierzig, vielleicht auch fünfzig, wird überspielt von ihrer Vitalität, ihrer elastischen Figur und ihrem Selbstvertrauen. So weit ist sie eine bemerkenswert guterhaltene Frau. Aber ihre Schönheit ist dahin, und das hat Spuren hinterlassen, wie in einer zeitlosen Landschaft, die von langen und verheerenden Kriegen heimgesucht worden ist. Ihre Augen sind lebhaft, faszinierend, beinah stechend, und ihrem unbezähmbaren Kinn haftet immer noch ein Zug von Stolz und heikler Schönheit an. Aber ihre Wangen sind eingefallen und gezeichnet, ihr Mund ist welk und kläglich, das ganze Gesicht ein Schlachtfeld der Leidenschaften, fast erbarmungswürdig, bis sie spricht: Dann wird sie von einem alerten Sinn für Humor im Nu verjüngt, und ihre Gesellschaft gewinnt etwas Unwiderstehliches.

Alle erheben sich, außer Soames, der sich setzt. Leo tritt zu Reginald an die Gartentür. Mrs. Bridgenorth eilt zum Turm, um ihren Gast zu empfangen, kommt aber nur bis zu Soames Platz, als Mrs. George schon erscheint. Hotchkiss, der sie offenbar wiedererkennt, zieht sich vor ihr, völlig verwirrt, in die fernste Ecke des Raums zurück, in die Nähe der Tür zum Arbeitszimmer.

MRS. GEORGE *geht direkt auf den Bischof zu, den Ring in der Hand:* Hier ist Ihr Ring, Herr Bischof, und hier bin ich. Sie wollten es so, nicht ich.

BISCHOF Schön von Ihnen, daß Sie gekommen sind.

MRS. BRIDGENORTH Wie geht es Ihnen, Mrs. Collins?

MRS. GEORGE *geht auf sie zu, hinter dem Bischof vorbei, und starrt sie aufmerksam an:* Sind Sie seine Frau?

MRS. BRIDGENORTH Die Frau des Bischofs? Ja.

MRS. GEORGE Was für ein Zufall. Und Sie sehen aus wie alle anderen Frauen!

MRS. BRIDGENORTH *stellt Lesbia vor:* Meine Schwester, Miss Grantham.

MRS. GEORGE Die so eigenartig verstrickt ist in die Lebensgeschichte des Generals?

BISCHOF Dann kennen Sie seine Lebensgeschichte?

MRS. GEORGE Nicht alles. Aber soweit waren wir schon, bis wir hier ankamen. Genug, um zu wissen, welche Rolle

Miss Grantham darin spielt.

MRS. BRIDGENORTH *stellt Leo vor:* Mrs. Reginald Bridgenorth.

REGINALD Die verflossene Mrs. Reginald Bridgenorth.

LEO Halt den Mund, Rejjy. Hab wenigstens soviel Takt und warte, bis die Scheidung rechtskräftig ist.

MRS. GEORGE *zu Leo:* Nun, Ihnen bleibt jedenfalls mehr Zeit, sich wieder zu verheiraten, als ihm, nicht wahr?

MRS. BRIDGENORTH *stellt Hotchkiss vor:* Mr. St. John Hotchkiss.

Hotchkiss immer noch weit abseits an der Tür zum Arbeitszimmer, verbeugt sich.

MRS. GEORGE Was! Was!

Sie durchquert die Küche und bleibt direkt vor ihm stehen: Junger Mann, wissen Sie noch, wie Sie in meinen Laden gekommen sind und mir erzählt haben, die Kohlen meines Mannes wären in Ihrem Keller fehl am Platz, da sie von Natur aus mehr zu Dachziegeln taugten?

HOTCHKISS Ich denke voller Scham und Bestürzung an diese beklagenswerte Ungehörigkeit. Und Sie waren noch so freundlich zu erwidern, daß Mr. Collins gerade Ausschau halte nach einem cleveren jungen Mann für Werbeanzeigen, und daß ich den Job haben könnte, wenn ich wollte.

MRS. GEORGE Er steht auch jetzt noch zur Verfügung. *Sie wendet sich Edith zu.*

MRS. BRIDGENORTH Meine Tochter Edith. *Sie geht zur Tür des Arbeitszimmers, um Edith vorzustellen.*

MRS. GEORGE Die Braut!

Auf Ediths Morgenmantel blickend: Aber Sie wollen sich doch nicht *so* trauen lassen!

BISCHOF *kommt um den Tisch und bleibt links von Edith stehen:* Gerade darüber diskutieren wir ja. Wären Sie wohl so gut, sich zu uns zu setzen, damit wir von Ihrer Weisheit und Erfahrung etwas profitieren können?

MRS. GEORGE Wollen Sie den Amtsdiener auch? Der ist auch verheiratet.

Alle drehen sich unwillkürlich um und betrachten den Amtsdiener, der ihre Blicke mit Würde aushält.

BISCHOF Ich dächte, die Männer sind ohnehin schon in der Überzahl, das wär wohl nicht fair für die Frauen.

MRS. GEORGE Gewiß, Herr Bischof.

Sie geht in Richtung Turm und spricht mit dem Amtsdiener: Nimm dein Spielzeug mit, Joseph. Und warte auf mich, wo immer du's hier in der Nachbarschaft am gemütlichsten findest.

Der Amtsdiener zieht sich zurück. Jetzt erst bemerkt sie Collins.

Hallo, Bill, du hast dich ja auch in Schale geworfen. Sieh doch mal zu, daß Joseph etwas zu trinken kriegt, sei so lieb.

Collins geht hinaus. Sie sieht auf Soames' Priestergewand und Barett.

Was! Noch eine Uniform! Sind Sie der Küster?

Er steht auf.

BISCHOF Mein Kaplan, Vater Anthony.

MRS. GEORGE Oh Gott!

Zu Soames, begütigend: Sie machen sich doch nichts draus, oder?

SOAMES Ich mach mir nur was aus meiner Arbeit.

BISCHOF So, jetzt kennen Sie wohl alle hier.

MRS. GEORGE *sich zum Herd wendend:* Und wer ist das?

BISCHOF Oh, ich bitte um Verzeihung, Cecil. Mr. Sykes, der Bräutigam.

MRS. GEORGE *zu Sykes:* Sehr schmuck. Zum Opfergang bereit, was?

SYKES Es ist noch sehr zweifelhaft, ob es überhaupt zum Opfergang kommt.

MRS. GEORGE Also, ich würde gern erstmal mit den Frauen reden. Sollen wir hinaufgehen und uns die Kleider und Geschenke ansehen?

MRS. BRIDGENORTH Wie Sie wollen, bitte sehr.

REGINALD Aber die Herren möchten auch hören, was Sie zu sagen haben.

MRS. GEORGE Mit Ihnen sprech ich hinterher, einzeln.

HOTCHKISS *zu sich selbst:* Gütiger Himmel.

MRS. BRIDGENORTH Hier lang, Mrs. George Collins.

Sie geht durch den Turm voraus, hinter ihr Mrs. George, Lesbia, Leo und Edith.

BISCHOF Sollen wir versuchen, mit der Post fertig zu werden, solange sie weg sind, Soames?

SOAMES Ja, gewiß doch.

Zu Hotchkiss, der ihm im Wege steht: Pardon.

Bischof und Soames gehen in das Arbeitszimmer, wobei sie Hotchkiss aufschrecken, der in eine merkwürdige Geistesabwesenheit versunken ist und vergessen hat, wo er sich befindet. Von Soames aufgeweckt, sieht er zerstreut um sich her; dann geht er, mit jähem Entschluß, schnell in die Mitte der Küche.

HOTCHKISS Cecil, Rejjy.

Von seiner Dringlichkeit überrascht, kommen die beiden rasch auf ihn zu.

Tut mir furchtbar leid, daß ich gerad heute schlappmache, aber ich muß weg. Diesmal ist es wirklich schiere Feigheit. Ich kann nichts dafür.

REGINALD Wovor haben Sie denn Angst?

HOTCHKISS Ich weiß nicht. Hören Sie zu. Ich war ein unbedarfter junger Mann und lebte noch ganz allein in London, da bestellte ich meine erste Tonne Kohlen bei dem Ehemann dieser Frau. Damals wußte ich noch nicht, daß es falsche Sparsamkeit ist, wenn man das Billigste kauft: Ich dachte, Kohle ist Kohle, und nahm die Sorte zu 13 Shilling, das schien mir preiswert. Stellte sich aber heraus, daß sie viel schlechter war, als was wir zu Hause brannten; und in der Erregung, in die mich das erste Kohlenfeuer versetzte, geh ich hin zu dem Laden und benehm mich wie ein Idiot, sie hat's ja beschrieben.

SYKES Na, wenn schon. Schwamm drüber.

HOTCHKISS Darüber schon. Aber es war noch was Schlimmeres. Stellen Sie sich meinen Schrecken vor, wie ich da hinkomme zum Kohlenhändler, um meine geringfügige Beschwerde vorzubringen, weil mein Kamin sich wie eine Batterie von Schnellfeuergewehren benimmt, und auf einmal steht seine ordinäre Frau vor mir, und mich überfällt in ihrer Gegenwart ein völlig ungewohntes Gefühl von Unruhe, Emotion und ungestillter Lust. Ich will Sie nicht mit Details meiner Verrücktheit und Besessenheit anwidern, die diese Begegnung zur Folge hatte. Aber es kam soweit, daß ich nachts um den Laden herumstrich, unter irgendeinem verzweifelten Zwang, in der Nähe des Ortes zu sein, wo sie gewesen war. Eine ekelhafte Versuchung, die Türschwelle zu küssen, weil ihr Fuß darauf getreten war, brachte mir zu Bewußtsein, wie verrückt ich war. Ich riß mich mit äußerster Anstrengung aus London los, war aber bald drauf und dran zurückzukehren wie eine Nadel zum Magneten. Da rettete mich der Kriegsausbruch. An der Front legte sich der Wahnsinn. Die Billiter-Affäre hat einen neuen Menschen aus mir gemacht. Ich spürte, daß ich die Rasereien und Tollheiten von früher für immer hinter mir hatte. Aber vor einer halben Stunde – als der Bischof den Ring auf den Weg schickte – packte mich, wie ein plötzlicher Zugriff in mein Herzinneres, namenloses Entsetzen – mich, den Furchtlosen. Ich erkannte die Ursache, als die Frau den Raum betrat. Cecil, sie ist eine Loreley, eine Sirene, eine Nixe, ein Vampir. Ich hab nur eine Chance: Flucht, eiligste rasende Flucht. Sagt den andern, daß es mir leid tut. Vergeßt mich. Lebt wohl.

Er geht auf die Tür zu und steht plötzlich Mrs. George gegenüber, die hereinkommt.

Zu spät, ich bin verloren.

Er dreht sich und wirft sich verzweifelt in den Stuhl bei der Tür zum Arbeitszimmer; er legt die größte Distanz zwischen sich und Mrs. George.

MRS. GEORGE *geht auf den Herd zu und wendet sich an Reginald:* Mr. Bridgenorth, würden Sie mir den Gefallen tun und mich mit diesem jungen Mann allein lassen. Ich mochte wie eine Mutter mit ihm reden, und zwar wegen *Ihrer* Geschichte.

REGINALD Ja doch, Madame. Das hat ihm grade noch gefehlt. Kommen Sie, Sykes.

Er geht ins Arbeitszimmer.

SYKES *sieht unentschlossen zu Hotchkiss hinüber.*

HOTCHKISS Zu spät, Sie können mich nicht mehr retten, Cecil. Gehen Sie nur.

Sykes geht ins Arbeitszimmer. Mrs. George schlendert langsam auf Hotchkiss zu, betrachtet ihn neugierig.

HOTCHKISS Sinnlos, diesen Todeskampf zu verlängern.

Er steht auf.

Sie Verhängnis von einer Frau – wenn Sie überhaupt eine Frau sind und nicht ein Satan in Menschengestalt –

MRS. GEORGE Das stammt wohl aus einem Buch? Oder ist das Ihr normaler Plauderton?

HOTCHKISS *ungehalten:* Sticheleien nützen Ihnen gar nichts. Die Macht, die mich mitreißt, wird auch Sie nicht verschonen. Erst aber muß ich das Schlimmste wissen. Was war ihr Vater?

MRS. GEORGE Ein Gastwirt, der seine Serviererin geheiratet hat. Sie würden ihn wahrscheinlich einen Kneipier nennen.

HOTCHKISS Dann sind Sie eine Frau, die absolut unter mir steht. Wollen Sie das leugnen? Wollen Sie sich erdreisten, zu behaupten, daß Sie mir nach Rang, Alter oder Bildung gleich sind?

MRS. GEORGE Haben Sie irgendwas gegessen, das Ihnen nicht bekommen ist?

HOTCHKISS Primitiv!

MRS. GEORGE Dankeschön. Sonst noch was?

HOTCHKISS Ja. Ich liebe Sie. Meine Absichten sind aber nicht ehrenvoll.

Sie zeigt keinerlei Unwillen.

Schreien Sie schon los. Läuten Sie um Hilfe. Lassen Sie mich rauswerfen.

MRS. GEORGE *plötzlich mit viel Gefühl:* Ach, wenn Sie meinem wüsten erschöpften Herzen hier einen Strahl der Leidenschaft zurückgeben könnten, die früher beim Anblick – bei der Berührung eines Liebhabers aufwallte. Dann wäre es an Ihnen zu schreien, junger Mann. Sehen Sie mein Gesicht, einst frisch und rosig wie ihrs, jetzt zerfurcht und faltig von hundert ausgebrannten Feuern.

HOTCHKISS *wild:* Ja, Dachziegel-Feuer. Dreizehn Shilling, die Tonne. Feuer, das zerstörerische Meteore auswirft, brennend und blendend, und junge Männer auf die Straße treibt vor lauter Tollheit.

MRS. GEORGE Sie scheint es ganz schön erwischt zu haben, Sinjon.

HOTCHKISS Unterstehen Sie sich, mich Sinjon zu nennen.

MRS. GEORGE Ich heiße Zenobia Alexandrina. Sie können mich einfach Polly nennen.

HOTCHKISS Sie! Sie heißen sicher Tortunia Dragonia. Es gibt noch gar keinen Namen, der böse genug wäre für Sie.

MRS. GEORGE *sich bequem hinsetzend:* Kommen wir zur Sache! Glauben Sie eigentlich wirklich, daß Sie besser zu dieser kleinen dreisten Person passen als ihr bisheriger Mann? Sie hatten Spaß an ihrer Gesellschaft, als Sie bloß der Freund der Familie waren – als der Ehemann da war, gegen den Sie abstechen und den Sie ausstechen konnten, zumal er ja die Verantwortung hatte. Sind Sie sicher, daß es Ihnen noch genauso viel Spaß macht, wenn Sie der Ehemann sind? Sie ist nicht witzig, wissen Sie. Sie ist nur vorwitzig.

HOTCHKISS *lehnt sich unbehaglich gegen den Tisch und bleibt in dieser Stellung, um seine nervösen Bewegungen abzufangen:* Müssen Sie mir das sagen? Sie Teufelin, Sie!

MRS. GEORGE Aber den Ehemann haben Sie ganz gut amüsiert, ja?

HOTCHKISS Er hat mehr Sinn für Humor als Leo. Und er ist besser erzogen. Dafür kann ich aber nichts.

MRS. GEORGE Mein Mann hat auch viel Sinn für Humor.

HOTCHKISS Der Kohlenhändler? – Ich meine, der Dachziegel-Lieferant?

MRS. GEORGE *genießerisch:* Der hätte seine Freude, wenn Sie so reden. In letzter Zeit ist er ein bißchen langweilig, lernt keine neuen Leute kennen, die Abwechslung fehlt ihm und ein paar frische Pointen.

HOTCHKISS *stellt einen Stuhl genau ihr gegenüber hin und setzt sich mit einem überzogenen Versuch einstudierter Unverschämtheit hin:* Ich bitte Sie, was soll ich denn mit der vulgären Leutseligkeit Ihres abgewrackten Herrn Gemahls anfangen?

MRS. GEORGE Sie lieben mich doch?

HOTCHKISS Ich hasse Sie.

MRS. GEORGE Das ist dasselbe.

HOTCHKISS Dann bin ich verloren.

MRS. GEORGE Sie können kommen und mich besuchen, wenn Sie versprechen, daß Sie George unterhalten.

HOTCHKISS Kränken, verspotten, hochnehmen, das werd ich Ihren George.

MRS. GEORGE Nein, gewiß nicht, guter Junge. Sie werden ein perfekter Gentleman sein.

HOTCHKISS *geschlagen; an ihre Gnade appellierend:* Zenobia!

MRS. GEORGE Polly, bitte.

HOTCHKISS Mrs. Collins –

MRS. GEORGE Mein Herr?

HOTCHKIS Etwas, das stärker ist als mein Verstand und meine Vernunft, bindet mir die Hände und reißt mich mit. Ich mache nicht den geringsten Versuch zu leugnen, daß es mich hinreißt, wohin Sie wollen, und daß Sie mit mir machen können, was Sie wollen. Aber lassen Sie mich doch wenigstens Ihre Seele kennenlernen, so wie Sie meine schon zu kennen scheinen. Lieben Sie denn diesen absurden Kohlenhändler?

MRS. GEORGE Nennen Sie ihn George.

HOTCHKISS Lieben Sie Ihren George-Porgy?

MRS. GEORGE Ach, ich weiß nicht, ob ich ihn liebe. Er ist mein Mann, wissen Sie. Aber wenn mir Georges Gesundheit Sorgen machte, und ich wüßte, daß er kräftiger wird, wenn ich *Sie* mit Zwiebeln zum Frühstück braten würde – ich würde es tun und mir nichts dabei denken. George und ich sind gute Freunde. George gehört zu mir. Andere Männer können kommen und gehen, aber das mit George geht immer weiter.

HOTCHKISS Eben! Ein Ehemann ist bald nur noch Gewohnheit. Hören Sie, ich glaube, diese ekelhafte Faszination, die Sie für mich haben, ist Liebe.

MRS. GEORGE Heutzutage wird jede Art Gefühl für eine Frau als Liebe bezeichnet.

HOTCHKISS Lieben Sie mich?

MRS. GEORGE *schlagfertig:* Meine Liebe ist kein Ausverkaufsartikel, wie Sie vielleicht denken. Ich würde nicht mal über die Straße gehen, um einen zweiten Blick auf Sie zu werfen – noch nicht. Ich schmachte nicht nach Liebe wie die Rotkehlchen im Winter – das tun die netten Damen, mit denen Sie sonst Umgang pflegen. Ein Mann muß schon sehr gescheit und sehr gut und sehr echt sein, wenn ich mich für ihn interessieren soll. Wenn George an Ihnen Spaß hat, und Sie ihn bei Laune halten, dann dürfen Sie ab und zu mal vorbeischauen – sagen wir einen Monat lang. Wenn Sie's schaffen, daß ich in dieser Zeit Ihre Freundin werde, um so besser für Sie. Wenn Sie mein armes sterbendes Herz auch nur für einen Augenblick rühren können, dann werde ich Sie segnen und nie mehr vergessen. Sie dürfen's versuchen – vorausgesetzt, George findet Sie sympathisch.

HOTCHKISS Ich soll auf einen Monat zur Probe kommen?

MRS. GEORGE Unter der Bedingung, daß Sie Mrs. Reginald Bridgenorth aufgeben.

HOTCHKISS Aber s i e wird mich nicht aufgeben. Denken Sie denn, ich hätte sie je heiraten wollen? Ich war ein heimatloser Junggeselle und fühlte mich ganz wohl in ihrem Haus, als ihr Freund. Leo war eine amüsante kleine Teufelin, aber ich mochte Reginald viel lieber als sie. Das verstand sie nicht. Eines Tages kam sie zu mir und sagte, das Unvermeidliche sei passiert. Ich war taktvoll genug, nicht zu fragen, was das Unvermeidliche sei, und reimte mir sofort zusammen, daß sie Reginald erklärt hatte, ihre Ehe sei ein Fehler und sie liebe mich und sie könne nicht länger mitansehen, wie mir das Herz bricht vor stummem Verlangen nach ihr. Was konnte ich sagen? Was konnte ich tun? Und was soll ich jetzt sagen? Was soll ich jetzt tun?

MRS. GEORGE Sagen sie ihr, daß die Angewohnheit, sich in die Frauen anderer Männer zu verlieben, bei Ihnen immer mächtiger wird, und daß ich Ihre jüngste Liebe bin.

HOTCHKISS Was! Leo sitzen lassen, wo sie meinetwegen Reginald hat sitzen lassen!

MRS. GEORGE *sich erhebend:* Sie wollen nicht? Na schön. Tut mir leid, daß wir uns nicht mehr begegnen werden. Ich hätte Sie gern ein bißchen ausführlicher kennengelernt, George zuliebe. Adieu. *Sie geht von ihm weg zum Herd.*

HOTCHKISS *beschwörend:* Zenobia –

MRS. GEORGE Und ich dachte, ich hätte eine schwierige Eroberung gemacht. Jetzt seh ich, daß Sie nur einer von den armen Schürzenjägern sind, die jede Frau kriegen kann. Nichts für mich, danke.

Unerbittlich wendet sie sich zum Turm, um zu gehen.

HOTCHKISS *ihr folgend:* Seien Sie doch nicht so ein Aas, Polly.

MRS. GEORGE *stehenbleibend:* Das ist schon besser.

HOTCHKISS Sehen Sie denn nicht ein, daß ich Leo nicht sitzen lassen kann, auch wenn ich's allzu gerne täte. Das wäre doch nicht ehrenhaft.

MRS. GEORGE Werden Sie denn glücklich sein, wenn Sie Leo heiraten?

HOTCHKISS Du lieber Himmel, nein. Aber nein!

MRS. GEORGE Wird sie glücklich sein, wenn sie das Ganze durchschaut?

HOTCHKISS Sie versteht sich nicht aufs Glücklichsein. Worauf sie sich aber versteht, ist das Vergnügen, einen Mann gegen seinen Willen zu halten.

MRS. GEORGE Gut, junger Mann. Sie werden ihr bitte sagen, daß Sie mich lieben. Vor allen Leuten hier, klar? Sowie sie wieder hereinkommt.

HOTCHKISS Aber –

MRS. GEORGE Das ist ein Befehl, Sinjon. Ich kann nicht zulassen, daß Sie eine andere Frau heiraten, bevor George nicht *Ihrer* überdrüssig wird.

HOTCHKISS O wenn ich bloß nicht so selbstsüchtig wäre, und Ihnen gehorchen wollte.

Der General kommt vom Garten herein. Mrs. George geht ein Stück in Richtung Gartentür, um mit ihm zu sprechen. Hotchkiss stellt sich an den Herd.

MRS. GEORGE Wo waren Sie denn die ganze Zeit?

GENERAL Tut mir leid, meine Nerven waren ein bißchen angegriffen von unserer Konversation. Ich war nur im Garten und hab geraucht. Bin wieder auf dem Posten.

Er geht in Richtung Arbeitszimmer und setzt sich auf einen Stuhl in der Nähe der Tür.

MRS. GEORGE Geraucht! Wo Sie mir erzählt haben, das kann sie nicht ausstehen!

GENERAL Himmel, ja. Hab ich ganz vergessen. Aber es ist doch auch eine so selbstverständliche Sache, irgendwie.

Lesbia kommt durch den Turm herein.

MRS. GEORGE Er hat wieder geraucht.

LESBIA Meine Nase weiß schon Bescheid.

Sie geht zum Tischende beim Herd und setzt sich.

GENERAL Lesbia, es tut mir sehr leid. Aber wenn ich's aufgäbe, würde ich so melancholisch und reizbar werden, daß Sie die erste wären, die mich bittet, um Gottes willen wieder damit anzufangen.

MRS. GEORGE Das stimmt. Frauen treiben ihre Ehemänner in alle möglichen Schlechtigkeiten, um sie bei Laune zu halten. Sinjon, raus mit Ihnen, das hier geht Sie nichts an.

LESBIA Keine Umstände, Sinjon. Boxer hat sein gebrochenes Herz schon zu lange wie einen Lebkuchen um den Hals getragen, da treten Sie niemandem mehr zu nahe.

GENERAL Sie sind grausam, Lesbia, höllisch grausam.

Er setzt sich verwundet hin.

LESBIA Und Sie sind niveaulos.

HOTCHKISS In welcher Hinsicht? Ich frage als ein Fachmann für Niveaulosigkeiten.

LESBIA In zweierlei Hinsicht. Erstens redet er, als wenn sich sein Leben nie um etwas anderes gedreht hätte als darum, eine bestimmte Frau zu heiraten, und zweitens hat er keine Selbstbeherrschung.

GENERAL Aber für mich ist doch nicht eine Frau wie die andere, Lesbia.

MRS. GEORGE Bitte sehr, warum auch? Die Frauen sind alle verschieden, nur die Männer sind sich alle gleich. Überdies, Miss Grantham scheint mir weder von Männern noch von Frauen sehr viel Ahnung zu haben. Sie hat zu viel Selbstbeherrschung.

LESBIA *reißt die Augen weit auf und hebt hochmütig ihr Kinn:* Und würden Sie mir bitte sagen, warum mich das hindern sollte, ebensoviel über Männer und Frauen zu wissen wie Leute ohne Selbstbeherrschung?

MRS. GEORGE Weil die Leute sich aus lauter Angst vor Ihnen anders geben. Wie wollen sie also herausfinden, was die Menschen wirklich sind? Sehen Sie mich an. Ich war ein verwöhntes Kind. Meine Geschwister wurden sehr gut erzogen, wie alle Kinder ordentlicher Gastwirtsleute. Mir wäre das auch passiert, bloß: Ich war die Jüngste, zehn Jahre jünger als mein jüngster Bruder. Da waren es meine Eltern schon leid, sich dauernd um die Kinder zu kümmern. So haben sie mich nach Strich und Faden verzogen. Ich wußte nie, wie es ist, wenn Geld fehlt oder irgendwas anderes, was für Geld zu haben war. Wenn ich meinen Willen haben wollte, brauchte ich nur zu schreien, und ich bekam ihn. Wenn mir was nicht paßte: Ich hab mich nicht beherrscht. Gekratzt hab ich und gemault. Haben Sie je, als erwachsener Mensch, eine erwachsene Frau an den Haaren gezogen? Haben Sie je einen erwachsenen Mann gebissen?

Haben Sie je einer Frau oder einem Mann die wüstesten Beschimpfungen, die Ihnen einfallen, an den Kopf geworfen?

LESBIA *sich vor Abscheu schüttelnd:* Nein.

MRS. GEORGE Aber ich. Ich weiß auch, wie eine Frau ist, wenn man sie an den Haaren gezogen hat. Ich weiß, wie ein Mann ist, wenn man ihn gebissen hat. Ich weiß, wie Frau und Mann sind, wenn man ihnen mal richtig Bescheid gesagt hat. Und daher weiß ich mehr von der Welt als Sie.

LESBIA Die Chinesen wissen sogar, wie ein Mann ist, wenn man ihn in tausend Stücke schneidet oder ihn in Öl siedet. Von solcher Wissenschaft halte ich gar nichts. Ich fürchte, wir werden niemals miteinander auskommen, Mrs. George. Ich lebe wie ein Fechter, immer auf der Hut. Und ich stehe auch gern Leuten gegenüber, die immer auf der Hut sind. Ich hasse saloppe und schlampige Leute, Leute, die nicht gerade sitzen, und Leute, die sentimental sind.

MRS. GEORGE Ach, lassen Sie doch Ihre Großmutter sentimental sein! Sie lernen nie Ihr eigenes Leben leben, wenn Sie immer auf der Hut sind. Angreifen muß man, auch wenn man dabei selbst was abkriegt.

LESBIA Ich bin kein Berufskämpfer, Mrs. Collins. Wenn ich etwas nur unter der unwürdigen Voraussetzung bekomme, daß ich darum kämpfe, verzichte ich gern.

MRS. GEORGE Wirklich? Merken Sie nicht, daß es nicht mehr viel gäbe, wofür es sich lohnt zu leben, wenn wir alle so klug wären wie Sie und nicht kämpfen würden?

GENERAL Ich fürchte, Lesbia, die Dinge, auf die du verzichtest, sind genau die, die du nicht magst.

LESBIA *erstaunt, wie geistreich er ist:* Das ist nicht schlecht für den unbedarften Soldaten. Ja, Boxer, es ist wahr, ich mag dich nicht genug, um all die unvernünftigen Opfer auf mich zu nehmen, die eine Ehe verlangt. Und doch ist das genau der Grund, weshalb ich heiraten sollte. Eben weil ich Qualitäten habe, die diesem Land am meisten nottun, werde ich ohne Nachkommen ins Grab sinken, während Frauen, die weder die Kraft haben, der Ehe zu widerstehen, noch die Intelligenz, ihre unendliche Schmach zu begreifen, für das England der Zukunft sorgen werden.

Sie erhebt sich und geht auf das Arbeitszimmer zu.

GENERAL *als sie an ihm vorbeigehen will:* Also gut, ich werde Sie nicht wieder bitten, Lesbia.

LESBIA Danke, Boxer.

Sie geht weiter bis zur Tür des Arbeitszimmers.

MRS. GEORGE Sie haben völlig mit ihm abgeschlossen, ja?

LESBIA Was die Ehe betrifft, ja. Die Bahn ist frei für Sie, Mrs. George.

Sie geht ins Arbeitszimmer.

Der General birgt sein Gesicht in den Händen. Mrs. George kommt um den Tisch herum zu ihm.

MRS. GEORGE *teilnahmsvoll:* Sie ist eine nette Frau, doch. Und hat eine besondere Art von Schönheit, ganz anders als die anderen.

GENERAL *überwältigt:* O Mrs. Collins, danke, ich danke Ihnen tausendmal.

Er erhebt sich. Überschwenglich: Sie haben meine Seele vom Eis befreit. *Er küßt ihre Hand.* Vergeben Sie mir, und seien Sie bedankt, gesegnet.

Er rettet sich wieder in den Garten, von Gefühlen überwältigt.

MRS. GEORGE *sieht ihm triumphierend nach:* Der alte Krieger ist scheint's ganz schön aus dem Gleichgewicht, wie?

HOTCHKISS Mir untreu, schon jetzt?

MRS. GEORGE Ich bin nicht Ihr Eigentum, junger Mann, glauben Sie bloß das nicht.

Sie geht zu ihm hinüber und sieht ihn an: Haben Sie verstanden?

Er reißt sie plötzlich in seine Arme und küßt sie.

Oh! Wagen Sie das noch einmal, Sie Lümmel, und ich schmettere Ihnen einen von diesen Stühlen ins Gesicht!

Sie packt einen Stuhl und hält ihn wurfbereit.

Jetzt werden Sie mich einen Monat lang nicht zu sehen bekommen.

HOTCHKISS *mit Überlegung:* Ich werde noch heute nachmittag meinen ersten Besuch bei Ihrem Mann machen.

MRS. GEORGE Sie werden schon sehen, was er Ihnen sagt, wenn ich ihm das hier erzähle.

HOTCHKISS Was soll er schon sagen. Was traut der sich überhaupt zu sagen?

MRS. GEORGE Angenommen, er schmeißt Sie raus?

HOTCHKISS Wie sollte er? Ich hab sieben Säbelduelle hinter mir. Ich hab Muskeln wie Eisen. Nichts tut mir weh, nicht mal gebrochene Knochen. Kämpfen ist für mich absolut uninteressant, weil es mir keine Angst macht und keinen Spaß, und immer gewinne ich. Ihr Mann ist wahrscheinlich in all diesen Dingen ein Durchschnittsmensch. Er wird wahnsinnige Angst vor mir haben, und wenn er, von Ihrer Gegenwart animiert und um Ihretwillen und weil's unter einfachen Leuten nun mal so Sitte ist, mich angreifen sollte, müßte ich ihn besiegen und demütigen. *Er schafft es, sich nach und nach des Stuhls zu bemächtigen und ihn ihr wegzunehmen, während seine Worte ihr bitter eingehen.* Eh Sie ihm das zumuten, würden Sie doch lieber tausend gestohlene Küsse über sich ergehen lassen, nicht wahr?

MRS. GEORGE *völlig konsterniert:* Sie kleine Giftnatter.

HOTCHKISS Haha. Sie sind in meiner Gewalt. Das ist nämlich eine der blinden Stellen in Ihrem Ehren-Kodex: Ein Mann, der einen Ehemann zu schikanieren versteht, kann dessen Frau ungestraft beleidigen. Erzählen Sie's ihm doch, wenn Sie sich trauen. Wenn ich Lust hätte auf zehn Küsse, wie wollen Sie mich hindern?

MRS. GEORGE Bleiben Sie mir vom Leib, sonst lasse ich Ihnen kein Haar auf dem Kopf.

HOTCHKISS *ihre Hände geschickt umklammernd:* Ich hab Ihre Hände.

MRS. GEORGE Sie haben aber meine Zähne nicht! Loslassen,

oder ich beiße. Ich beiße, sag ich Ihnen. Loslassen!

HOTCHKISS Beißen Sie nur. So gut wie George schmecke ich auch.

MRS. GEORGE Sie Biest. Loslassen. Sie wollen ein Gentleman sein und wenden rohe Gewalt an gegen eine Frau?

HOTCHKISS Sie sind stärker als ich, in jeder andern Hinsicht. Denken Sie, ich werde meinen einzigen Vorteil preisgeben? Versprechen Sie, daß Sie mich heute empfangen, wenn ich komme.

MRS. GEORGE Jetzt, nachdem Sie das getan haben? Nicht mal, wenn's um mein Leben ginge.

HOTCHKISS George wird seinen Spaß haben.

MRS. GEORGE Der wird gar nicht da sein.

HOTCHKISS *überrascht:* Sie meinen, wir wären allein?

MRS. GEORGE *macht ihre Hände triumphierend frei, da sein Griff sich gelockert hat:* Aha! Das kühlt Sie ab, was?

HOTCHKISS *eifrig:* Wann wird George denn zu Hause sein?

MRS. GEORGE Das kann Ihnen doch egal sein, ob er da ist oder nicht. Wann immer Sie kommen, wird Ihnen die Tür vor der Nase zugeknallt.

HOTCHKISS Kein Diener in London ist stark genug, vor mir eine Tür zu schließen, die ich aufhaben möchte. Sie können mir nicht entkommen. Wenn Sie so weitermachen, steig ich ein in den Kohlenhandel, lerne George auf dem Kohlenmarkt kennen und bring ihn dazu, mich zu sich einzuladen und mit Ihnen bekannt zu machen.

MRS. GEORGE Wir können nichts mit Ihnen anfangen, junger Mann, George nicht und ich nicht.

Sie eilt weg von ihm und setzt sich ans Ende des Tisches beim Arbeitszimmer.

HOTCHKISS *folgt ihr und setzt sich auf den nächststehenden Stuhl um die Ecke des Tisches:* Doch, Sie können etwas davon haben; George kann für sie kämpfen und ich auch.

MRS. GEORGE Sie Kraftprotz. Sie alberner Kraftprotz.

HOTCHKISS Sie haben Mut und sind faszinierend. Ich habe Mut und ein Paar Fäuste. Protzen tun wir beide, Polly.

MRS. GEORGE Sie haben eine tückische Zunge. Das reicht schon, um Sie nicht ins Haus zu lassen.

HOTCHKISS Dann muß es ja ein ziemliches Kartenhaus sein. Ein Wort von mir zu George – genau das richtige Wort, auf die richtige Weise gesagt – und Ihr Haus stürzt schon zusammen?

MRS. GEORGE Eben deshalb würde ich lieber sterben, als Sie reinlassen.

HOTCHKISS Dann werf ich mich eben, so wahr ich lebe, auf den Kohlenhandel. Georges Spaß an amüsanter Gesellschaft wird ihn mir ausliefern. Es dauert keinen Monat, und Ihr Haus ist in meiner Hand.

MRS. GEORGE *erhebt sich, aufs äußerste erregt:* Sie glauben doch nicht, daß ich mich in so eine Falle locken lasse!

HOTCHKISS Sie sind schon drin. Die Ehe ist eine Falle. Sie sind verheiratet. Jeder Mann, der die Macht hat Ihre Ehe kaputtzumachen, hat auch die Macht, ihr Leben kaputtzumachen. Und ich habe diese Macht über Sie.

MRS. GEORGE *verzweifelt:* Im Ernst?

HOTCHKISS Ja.

MRS. GEORGE *resolut:* Also, machen Sie meine Ehe kaputt, und scheren Sie sich zum –

HOTCHKISS *aufspringend:* Polly!

MRS. GEORGE Bevor ich Ihre Sklavin werde, nehm ich jedes andere Unglück auf mich.

HOTCHKISS Wie? Und George?

MRS. GEORGE Zwischen George und mir muß es ehrlich zugehen, ob mit Gück oder ohne. Lassen Sie es zum Schlimmsten kommen.

HOTCHKISS *sie bewundernd:* Wollen Sie wirklich gegen mich antreten? Polly? Sie wagen es, mich herauszufordern?

MRS. GEORGE Wenn Sie sich noch e i n e Frage erlauben, bleibt mir nichts anderes übrig, als Ihnen ein paar zu langen.
Sie stürzt zerstreut an ihm vorbei zum anderen Ende des Tisches, die Hände bereit zum Schlag.

HOTCHKISS Damit ist alles klar, Polly, ich bewundere Sie!

Wir sind füreinander bestimmt. Da ich nun mal ein Gentleman bin, werde ich nie irgendwas tun, was Sie ärgert oder kränkt, wobei ich mir aber das Recht vorbehalte, Ihnen ein blaues Auge zu verpassen, wenn Sie mich beißen. Sie werden mich jetzt bis ans Ende Ihres Lebens nicht mehr los.

MRS. GEORGE Ich werde Sie los, und wenn der Amtsdiener Ihnen mit dem Stab den Schädel einschlagen muß.

Sie wendet sich zum Turm.

HOTCHKISS *läuft zwischen Tisch und Eichentruhe zum Turm, um ihr den Weg abzuschneiden:* Das werden Sie nicht.

MRS. GEORGE *keuchend:* Wieso eigentlich nicht?

HOTCHKISS Weil Sie mich nun mal nicht loswerden. Ich habe noch einen Trumpf, den Sie vergessen. Warum haben Sie sich eigentlich so merkwürdig benommen, als Sie mit dem Bischof sprachen.

MRS. GEORGE *über die Maßen erregt:* Schluß! Nicht das! Das wenigstens werden Sie respektieren, wenn schon sonst nichts. Ich verbiete es Ihnen.

Er kniet vor ihr nieder. Was machen Sie denn? Aufstehen! Seien Sie doch nicht albern!

HOTCHKISS Polly, ich bitte Sie auf den Knien, lassen Sie mich heute nachmittag in Ihr Haus kommen und George kennenlernen, sonst bleib ich auf den Knien, bis der Bischof hereinkommt und uns so sieht. Was wird er dann von Ihnen denken?

MRS. GEORGE *außer sich:* Wo ist der Schürhaken?

Sie stürzt zum Herd, greift sich den Schürhaken, rast auf Hotchkiss zu, der auf das Arbeitszimmer zu flieht. Just da tritt der Bischof ein, mitten zwischen sie, wobei er nur knapp einem Schlag mit dem Eisen entgeht.

BISCHOF Schlagen Sie ihn nicht, Mrs. Collins. Er ist mein Gast.

Mrs. George wirft den Schürhaken weg, sinkt im nächsten Stuhl zusammen und bricht in Tränen aus. Der Bischof tritt zu ihr und klopft ihr tröstend auf die Schulter. Bei seiner

Berührung überfliegt sie ein Schauder.

BISCHOF Kommen Sie. Sie sind im Haus Ihrer Freunde. Können wir Ihnen helfen?

MRS. GEORGE *zu Hotchkiss, aufs Arbeitszimmer zeigend:* Gehen Sie da rein, Sie! Sie sind hier nicht erwünscht.

HOTCHKISS Sie müssen verstehen, Bischof, Mrs. Collins kann nichts für diese Szene. Ich hab sie, fürcht ich, ziemlich irritiert.

BISCHOF Das kann ich mir denken, Sinjon.

Hotchkiss geht ins Arbeitszimmer.

BISCHOF *wendet sich Mrs. George zu mit großer Freundlichkeit:* Tut mir leid, daß man sie geärgert hat.

Er setzt sich links von ihr.

Machen Sie sich nichts draus. Ein kleiner Ruck, ein kleines bißchen Beherztheit, ein kleines Gebet, und Sie werden über Hotchkiss lachen.

MRS. GEORGE Keine Angst. Das mach ich schon. Es war mein Fehler, sogut wie seiner, und ich hätte ihn mit einem Hieb dieses Hakens auf seinen Kopf schon zur Raison gebracht, wenn Sie nicht reingekommen wären.

BISCHOF Ins Grab hätten Sie ihn bringen können auf diese Art, Mrs. Collins. Und es hätte mir sehr leid getan. Wir alle mögen Sinjon sehr.

MRS. GEORGE Ja, es ist Ihre Pflicht, mich zurechtzuweisen. Aber denken Sie, ich wüßte das nicht selbst?

BISCHOF Ich weise Sie nicht zurecht. Wer bin ich, Sie zurechtzuweisen? Außerdem, ich weiß, daß es Diskussionen gibt, wo der Schürhaken das einzig mögliche Argument ist.

MRS. GEORGE Herr Bischof, reden Sie ernsthaft mit mir! Ich bin zwar eine sehr komische Frau, aber ich komme doch aus derselben Werkstatt wie Sie. Das hab ich sie selbst sagen hören, vor Jahren.

BISCHOF Ganz recht. Aber ich bin auch ein sehr komischer Bischof. Da wir also beide komische Leute sind, wollen wir nicht vergessen, daß Humor eine göttliche Gabe ist.

MRS. GEORGE Ich kenn mich nicht aus mit göttlichen Gaben

oder wie Sie das nennen. Aber ich spüre, wenn jemand mich nicht für voll nimmt. Von Ihnen hab ich erst gelernt, mich selbst zu achten. Durch Sie bin ich soweit gekommen, daß ich über manche wilden und sprunghaften Wege heil hinweggekommen bin. Verleugnen Sie doch Ihre eigene Lehre nicht!

BISCHOF Ich bin kein Lehrer, nur unterwegs wie Sie, die Sie nach dem Weg gefragt haben. Ich habe vorwärts gezeigt – vorwärts für mich, vorwärts für Sie.

MRS. GEORGE *erhebt sich und bleibt vor ihm fast drohend stehen:* So wahr ich hier und heute eine lebendige Frau bin, wenn ich entdecke, daß Sie ein Heuchler sind, bring ich mich um.

BISCHOF Was! Sich umbringen, weil man was entdeckt hat? Weil Sie klüger werden und dadurch eine bessere Frau? Ein schlechter Grund.

MRS. GEORGE Ich habe schon manchmal dran gedacht, Sie umzubringen, und hinterher mich selbst.

BISCHOF Warum in aller Welt sollten Sie sich umbringen – von mir gar nicht zu reden?

MRS. GEORGE Damit unsere Verabredung im Himmel auch stattfinden kann.

BISCHOF *erhebt sich und starrt sie atemlos an:* Mrs. Collins! Sie sind Incognita Appassionata?

MRS. GEORGE Dann lesen Sie also meine Briefe?

Mit einem Seufzer dankbarer Erleichterung setzt sie sich ruhig hin und sagt: Ich danke Ihnen.

BISCHOF *bedauernd:* Und ich habe den Zauber zerstört, indem ich Sie bat, herzukommen.

Er setzt sich wieder.

Können Sie mir je verzeihen?

MRS. GEORGE Sie konnten ja nicht wissen, daß es bloß die Frau des Kohlenhändlers war, nicht?

BISCHOF Warum sagen Sie: bloß die Frau des Kohlenhändlers?

MRS. GEORGE Viele Leute würden mich auslachen.

BISCHOF Die Armen. Es ist nicht schwer, an der richtigen Stelle zu lachen, nicht wahr?

MRS. GEORGE Ich wollte allerdings auch nicht, daß Sie denken, die Briefe kämen von einer feinen Dame. Ich habe billiges Papier benutzt, und in Rechtschreibung war ich nie besonders.

BISCHOF Ich auch nicht. Das also hat mir keinerlei Hinweis gegeben.

MRS. GEORGE Etwas hätte ich Ihnen noch gern gesagt.

BISCHOF Ja?

MRS. GEORGE Wir haben Ihren Freund nicht betrogen. Die Ware war so gut, wie wir sie eben für 13 Shilling die Tonne liefern konnten.

BISCHOF Das ist wichtig. Danke, daß Sie es mir sagen.

MRS. GEORGE Ich muß Ihnen noch was sagen, aber wären Sie so gut und würden jemanden bitten dabeizusein, solange wir miteinander sprechen? *Er steht auf und wendet sich zum Arbeitszimmer.* Keine Frau, wenn's Ihnen nichts ausmacht. *Er nickt verständnisvoll und geht weiter.* Und auch keinen Mann.

BISCHOF *bleibt stehen:* Keinen Mann und keine Frau! Wir haben keine Kinder mehr hier, Mrs. Collins. Die sind alle groß und verheiratet.

MRS. GEORGE Den anderen Geistlichen, den fänd ich gut.

BISCHOF Was! Den Küster?

MRS. GEORGE Ja. Er hat sich doch nicht daran gestört, daß ich ihn so genannt habe, oder? Es war nur meine Unwissenheit.

BISCHOF Nicht im geringsten. *Er öffnet die Tür zum Arbeitszimmer und ruft:* Soames! Anthony!

Zu Mrs. George: Nennen Sie ihn Vater, das hat er gern.

Soames erscheint in der Tür.

Mrs. Collins möchte, daß Sie uns Gesellschaft leisten, Anthony.

Soames sieht verdutzt aus.

MRS. GEORGE Sie haben doch nichts dagegen, Väterchen, oder?

Bei dieser Begrüßung ist Soames spürbar schockiert, wie es der Ratschlag des Bischofs nicht hätte vermuten lassen, so daß sie ängstlich sagt: So haben Sie doch gesagt, soll ich ihn anreden, oder nicht?

SOAMES Ich werde Vater Anthony genannt, Mrs. Collins. Aber es ist egal, wie Sie mich anreden. *Er kommt herein, und geht an ihr vorbei zum Herd.*

BISCHOF Mrs. Collins will mir etwas sagen, das Sie auch mit anhören sollen.

SOAMES Ich höre.

BISCHOF *kehrt auf seinen Platz neben Mrs. George zurück:* Also.

MRS. GEORGE Herr Bischof, Sie hätten nie heiraten sollen.

SOAMES Diese Frau ist erleuchtet. Hören Sie ihr zu.

BISCHOF *bestürzt über die Direktheit der Attacke:* Ich habe geheiratet, weil ich Alice so sehr liebte, daß alle die Zwiste und Zweifel und Zwiespältigkeiten der Ehe mir wie der schönste Mondschein vorkamen.

MRS. GEORGE Ja, es ist gemein, jungen Leuten so viel Dauerhaftigkeit einzubrocken, wenn sie in dem Zustand sind. Würden Sie jetzt, da Sie's besser wissen, nochmal heiraten, wenn Sie Witwer wären?

BISCHOF Jetzt bin ich alt. Es wäre so oder so egal.

MRS. GEORGE Aber wenn es nicht egal wäre?

BISCHOF Ich glaube, ich würde wieder heiraten, damit niemand denkt, ich wäre in meiner Ehe mit Alice unglücklich gewesen.

SOAMES *ernsthaft:* Liegt Ihnen Ihre Frau mehr am Herzen als Ihr Seelenheil?

BISCHOF O sehr viel mehr. Wenn Sie einen Mann treffen, der sich sehr wichtig tut mit seinem Seelenheil, dann suchen Sie eine Frau, die sich sehr wichtig tut mit ihrem Charakter, und trauen Sie die beiden. Sie werden ein perfektes Paar. Ich rate Ihnen: Verlieben Sie sich, Anthony.

SOAMES *erschreckt:* Ich!!

BISCHOF Ja, Sie! Denken Sie doch, was Sie davon hätten. Der

Frau zuliebe würden Sie es schaffen, sich selbstlos und strebsam ums Geld zu kümmern, anstatt es selbstsüchtig und träge zu ignorieren. Ihr zuliebe würden Sie dahin kommen, sich um die Beförderung zu kümmern. Ihr zuliebe würden Sie dahin kommen, sich um Ihre Gesundheit, Ihre äußere Erscheinung, die gute Meinung Ihrer Nachbarn und all die wirklich wichigen Dinge zu kümmern, derentwegen Männer arbeiten und streben, statt dahinzudämmern und aufs Seelenheil zu setzen.

SOAMES Mit einem Wort: Um *einer* Todsünde willen müßte ich dahin kommen, auch noch um alle anderen Gedanken zu machen.

BISCHOF Heiliger Antonius! Führen Sie ihn in Versuchung, Mrs. Collins, bitte.

MRS. GEORGE *erhebt sich und sieht merkwürdig vor sich hin:* Nicht doch, Herr Bischof! Sie haben noch so viel Macht über mich, ich könnte Ihre Befehle befolgen. Und Sie, Herr Küster, sollten sich vor einem leeren Herzen hüten.

BISCHOF Ja. Die Natur haßt das Vakuum, Anthony. Ich würde nicht wagen, mit einem leeren Herzen herumzulaufen, wo mir das erste Mädchen, dem ich begegne, durch bloßen atmosphärischen Druck schon reingeflogen käme. Alice hält sie mir jetzt alle ab. Mrs. Collins weiß das.

MRS. GEORGE *während eine Zuckung, wie eine Welle, über sie hinweggeht:* Ich weiß mehr als Sie beide zusammen. Einer von Ihnen ist mit seiner ersten Liebe immer noch nicht zu Rande, der andere hat sie noch gar nicht erreicht. Aber ich – ich –

sie krümmt sich und wird wieder von der Zuckung überfallen.

BISCHOF *verhindert, daß sie hinfällt:* Was ist los? Sind Sie krank, Mrs. Collins?

Er setzt sie wieder zurück in den Stuhl: Soames, im Arbeitszimmer steht ein Glas Wasser – rasch!

Soames eilt auf das Arbeitszimmer zu.

MRS. GEORGE Nein.

Soames bleibt stehen.

Rufen Sie niemanden. Keiner soll kommen. Können Sie nichts hören?

BISCHOF Nichts Ungewöhnlichs.

Er setzt sich neben sie und betrachtet sie mit eindringlicher Überraschtheit und Aufmerksamkeit.

MRS. GEORGE Keine Musik?

SOAMES Nein.

Er geht leise ans Ende des Tisches und setzt sich rechts von ihr hin, gleichermaßen interessiert.

MRS. GEORGE Sehen Sie nichts – kein großes Licht?

BISCHOF Wir wandern noch in Finsternis.

MRS. GEORGE Legen Sie mir Ihre Hand auf die Stirn – die Hand mit dem Ring.

Er tut es. Sie schließt die Augen.

SOAMES *wie in prophetischer Inspiration:* Und es war da ein Weib, die Frau eines Kohlenhändlers, die war eine Sünderin vor dem Herrn –

nimmt bestürzt seine Hand weg. Mrs. George schlägt schnell die Augen auf und unterbricht Soames.

MRS. GEORGE Sie weissagen falsch, Anthony. Ich habe nie in meinem Leben etwas getan, was mir nicht bestimmt war. *Ruhiger:* Ich bin ich gewesen. Ich hab keine Angst vor mir gehabt. Und zuletzt bin ich mir entkommen und eine Stimme geworden für alle, die Angst haben zu sprechen, und ein Schrei für die Herzen, die schweigend zerbrechen.

SOAMES *flüsternd:* Ist sie erleuchtet?

BISCHOF Großartig. Pst.

MRS. GEORGE Ich hab mir das Recht erworben zu sprechen. Ich habe gewagt, und ich habe gewonnen. Ich bin nicht zu Asche geworden im Feuer. Ich bin im Jenseits wieder aufgetaucht, jenseits aller Abschiedswinke.

BISCHOF Und was sehen Sie da, in diesem Jenseits?

SOAMES *eifrig:* Sagen Sie uns Ihre Botschaft.

MRS. GEORGE *mit tieftraurigem Vorwurf:* Als du mich liebtest, schenkte ich dir die Sonne und alle Sterne zum Spielen.

Ich schenkte dir Ewigkeit in einem Augenblick, die Stärke der Berge im Zugriff deiner Arme und die Weite der Meere in einem Impuls deiner Seele. Nur einen Augenblick. Aber war das nicht genug? War das nicht Lohn genug für den Rest deines irdischen Kampfes? Muß ich auch noch deine Anzüge bürsten und deine Fußböden schrubben? War es nicht genug? Ich hab den Preis bezahlt und nicht gefeilscht, ich hab die Kinder ausgetragen ohne Murren. War das ein Grund, mir neue Bürden aufzulasten? Ich trug das Kind in meinen Armen. Muß ich auch noch den Vater tragen? Als ich dir das Paradies öffnete, warst du da blind? War das denn nichts für dich? Als alle Sterne dir im Ohr klangen und die Winde dich ins Herz des Himmels trugen, warst du da taub? Warst du da träg? War ich nicht mehr für dich als ein Knochen für einen Hund? War es denn nicht genug? Wir haben eine Ewigkeit erlebt, und du bittest mich um ein bißchen mehr Lebenszeit. Wir haben das Weltall zusammen besessen, und du möchtest auch noch mein bißchen verdientes Geld. Ich habe dir die allergrößten Dinge geschenkt, und jetzt soll ich dir die kleinen geben? Ich habe dir deine eigene Seele geschenkt, und du willst meinen Körper als Spielzeug. War es nicht genug? War es denn nicht genug?

SOAMES Verstehen Sie das, Bischof?

BISCHOF Ich hab da einen Vorsprung, Anthony, durch Alice.
Er nimmt Mrs. Georges Hand:
Ihre Hand ist sehr kalt. Können Sie zurückfinden zur Erde? Wissen Sie noch, wer ich bin, und wer Sie sind?

MRS. GEORGE Für mich war es genug. Ich habe nicht darum gebeten, dich zu treffen – dich zu berühren – *der Bischof läßt rasch ihre Hand los.* Als Sie einmal vor Jahren von der Kanzel herunter meine Seele ansprachen, haben Sie die Pforten der Seligkeit für mich aufgetan, und jetzt stehen sie für immer offen. Das war genug. Ich hab Sie nie wieder um etwas gebeten. Ich bitte auch jetzt um nichts. Ich habe gelebt, das ist genug. Ich habe meinen Lohn bekommen, und ich bin bereit, meine Arbeit zu tun. Ich danke Ihnen und segne Sie und verlasse Sie. Sie sind glücklicher dran als ich; denn wenn ich für Männer tue, was Sie für mich getan haben, gibt es keinen Dank und keinen Segen. Ich bin Beute, die Liebe der Männer gibt keine Ruhe, und ihr Haß kennt keine Gnade.

BISCHOF Sie müssen uns nehmen, wie wir sind, Mrs. Collins.

SOAMES Nein. Nehmen Sie uns so, wie wir sein könnten.

MRS. GEORGE Nehmen *Sie* mich, wie ich bin. Mehr verlang ich nicht.

Sie wendet den Kopf zum Arbeitszimmer und schreit: Ja, kommen Sie rein, nur herein!

Hotchkiss kommt leise aus dem Arbeitszimmer.

HOTCHKISS Würden Sie die Güte haben, mir zu sagen, ob ich träume? Ich habe Mrs. Collins hier drin die tollsten Dinge sagen hören und kein Sterbenswörtchen von Ihnen beiden.

SOAMES Bischof, ist das Besessenheit vom Teufel?

BISCHOF Oder die Ekstase einer Heiligen?

HOTCHKISS Oder die Zuckung der Pythia auf dem Dreifuß?

BISCHOF Könnten die drei nicht eins sein?

MRS. GEORGE *zerquält:* Sie plagen und quälen mich mit eitlen Fragen. Sie zerren mich zu mir selbst zurück. Sie foltern mich mit Ihren bösen Träumen von Heiligen und Teufeln und – wie war das? –

Versucht, daraufzukommen: der Pythia – der Pythia

gibt es auf: versteh ich nicht. Ich bin eine Frau, ein menschliches Wesen wie Sie auch. Wollen Sie mich nicht nehmen, wie ich bin?

SOAMES Ja. Aber sollen wir Sie nehmen und verbrennen?

BISCHOF Oder heiligsprechen?

HOTCHKISS *fröhlich:* Oder Sie nehmen wie etwas Selbstverständliches?

Rasch zum Bischof: Wir müssen sie aus dem Zustand rausholen: das ist gefährlich.

Laut zu ihr: Darf ich vorschlagen, daß Sie für Anthony der Teufel und für den Bischof eine Heilige und für mich meine angebetete Polly sind?

Er tritt hinter sie, nimmt ihre Hand und küßt sie über die Schulter hinweg.

MRS. GEORGE Was war das? Wer hat meine Hand geküßt? *Zum Bischof, eifrig:* Waren Sie das? *Er schüttelt den Kopf. Sie ist bestürzt.*

Ich bitte Sie um Verzeihung.

BISCHOF Aber nicht doch. Ich weise diese Ehre nicht von mir. Gestatten Sie? *Er küßt ihre Hand.*

MRS. GEORGE Ich dank Ihnen. Aber der Küster war es doch nicht, oder?

SOMAES Ich!

HOTCHKISS Ich war es, Polly, Ihr Treuergebener.

MRS. GEORGE *wendet sich um und bemerkt ihn:* Wehe, Sie tun das noch mal! Dann ist's aus. Wie kommen Sie überhaupt hierher? Ich hab Sie doch weggeschickt.

Mit großer Energie und wieder ganz sie selbst: Was um Himmels willen ist passiert?

HOTCHKISS Wenn ich es recht sehe, haben Sie gerade eine sehr reizende und eloquente Art von Anfall gehabt.

MRS. GEORGE *entzückt:* Wie!? Mein zweites Gesicht!

Zum Bischof: Oh, wie hab ich gebetet, es möchte mir passieren, wenn ich Ihnen je begegne! Und jetzt ist es passiert! Erstaunlich! Sie können jedes Wort glauben, das ich gesagt habe. Ich selbst weiß nichts mehr, aber es war irgendwas, das einfach gesagt werden mußte. Es hat mich gepackt und sprach wie von selbst. Genau so ist es, Sie verstehen doch?

Edith und Cecil Sykes kommen durch den Turm herein. Sie hat einen Hut auf. Leo kommt hinter ihnen her. Sie sind offensichtlich zusammen weggewesen. Sykes wirft sich, bei unnatürlichem Benehmen, halb verrückt, halb forsch, wie wenn er alle Selbstachtung eingebüßt hätte und trotzdem entschlossen wäre, sich nichts anmerken zu lassen, in einen Stuhl am Tischende beim Herd, steckt die Hände in die Taschen, wie Hogarths Wüstling, ohne abzuwarten bis Edith sich setzt. Sie nimmt im Lehnstuhl Platz. Leo nimmt sich den Stuhl dicht beim Turm an der Längsseite des Tisches; sie grübelt, mit zusammengepreßten Lippen.

BISCHOF Warst du weg, mein Liebes?

EDITH Ja.

BISCHOF Mit Cecil?

EDITH Ja.

BISCHOF Habt ihr euch ausgesprochen?

Keine Antwort. Völliges Schweigen.

SYKES Sag's ihnen lieber, Edith.

EDITH Sag du es doch.

Der General kommt aus dem Garten herein.

GENERAL *zum Tisch tretend:* Ob jemand wohl ein bißchen Tabak für mich hätte? Meiner ist alle, aber meine Nerven sind alles andere als beruhigt.

BISCHOF Kleinen Augenblick, Boxer. Cecil hat uns was Wichtiges zu sagen.

SYKES Wir haben's unter uns, weiter nichts.

HOTCHKISS Was soll das heißen, Cecil?

SYKES Na, was denkst du?

EDITH Die Hochzeit, natürlich.

GENERAL Die Hochzeit? Und euer Trauzeuge?

SYKES *mit dem Kopf zum Turm winkend:* Dieser Herr da.

Da er merkt, daß die anderen ihn nicht begreifen, sieht er sich um, aber es ist niemand zu sehen.

O ich dachte, er wär mit uns reingekommen. Er ist wahrscheinlich nach unten. Der Amtsdiener.

GENERAL Der Amtsdiener! Was, zum Teufel hat er dafür bekommen?

SYKES Ich weiß nicht. Ich hab nichts mit ihm ausgemacht. *Zu Mrs. George:* Wieviel sollte ich ihm denn geben, Mrs. Collins?

MRS. GEORGE Fünf Shilling. *Zum Bischof:* Ich würde mich gern einen Moment ausruhen, dort! In Ihrem Arbeitszimmer. Ich hab's hier drin gesehen *sie berührt ihre Stirn.*

BISCHOF Aber ja doch. Werfen Sie meinen Bruder raus, wenn er Sie stört. Soames, bringen Sie die Post hierher.

SYKES Und er ist nicht gekränkt, wenn ich ihm etwas gebe?

MRS. GEORGE Der und gekränkt! Der berührt Kinder mit dem Stab und heilt sie von der Ringelflechte für ein paar Pence.

Sie geht ab ins Arbeitszimmer. Soames folgt ihr.

GENERAL Edith, ich bin schon ein bißchen enttäuscht, muß ich sagen. Immerhin bin ich froh, daß wenigstens jemand in einer regelrechten Uniform dabei war.

Mrs. Bridgenorth und Lesbia kommen durch den Turm herein. Mrs. Bridgenorth geht auf den Bischof zu. Er kommt ihr entgegen, und sie treffen bei der Eichentruhe aufeinander. Lesbia bleibt zwischen Sykes und Edith stehen.

BISCHOF Alice, meine Liebe, die zwei sind verheiratet.

MRS. BRIDGENORTH *sanft:* Gut so, es ist schon recht. Aber du solltest Collins Bescheid sagen.

Soames kommt aus dem Arbeitszimmer zurück mit seinen Schreibutensilien. Er setzt sich ans nächste Tischende und macht mit seiner Arbeit weiter. Hotchkiss setzt sich in den Stuhl gleich um die Tischecke; kehrt ihm den Rücken.

LESBIA Ihr habt also klein beigegeben, ja?

EDITH Keineswegs. Wir haben für alles vorgesorgt.

SOAMES Und wie?

EDITH Vor der Kirche sind wir ins Büro einer Versicherungsgesellschaft gegangen – wie heißt sie gleich, Cecil?

SYKES *»Britische Familienversicherungsgesellschaft.«* Die versichern einen gegen arme Verwandte und alle möglichen anderen Familiengeschichten.

EDITH Die haben sich darauf eingelassen, Cecil gegen Beleidungsklagen zu versichern, die ich ihm vielleicht an den Hals hetze. Und sie geben uns extra niedrige Prämien, weil ich eine Bischofstochter bin.

SYKES Und ich habe Edith mein heiliges Ehrenwort gegeben; wenn ich je ein Verbrechen begehe, schlag ich sie vor einem Zeugen nieder und verzieh mich mit einer andern Dame nach Brighton.

LESBIA Und das nennt ihr für alles vorsorgen?

Sie geht zur Mitte des Tisches – Richtung Garten – und setzt sich.

LEO Er soll aber auch zusehen, daß nicht grade Würmer da sind, wo du dann hinfällst, Edith. Wo ist Rejjy?

REGINALD *kommt aus dem Arbeitszimmer herein:* Hier. Was gibt's?

LEO *springt auf und stürzt auf ihn zu:* Was es gibt! Du stellst Fragen. Solange Edith und Sykes im Versicherungsbüro waren, hab ich ein Taxi genommen und bei dir nach dem Rechten gesehen. Ein Tohuwabohu. Deine Anzüge sind vielleicht in einem Zustand! Und aus deinem Leberwickel hast du einen Kesselhalter gemacht! Man kann dich so wenig alleinlassen wie ein einjähriges Kind.

REGINALD Ach was, ich kann mich nicht auch noch um solche Dinge kümmern. Ich bin schon in Ordnung.

LEO Bist du nicht, eine Schande bist du. Du überlegst nie, daß du mir Schande damit machst. Du denkst nur an dich. Du mußt mit mir nach Haus, damit ich dich richtig versorgen kann. Das bring ich nicht über mein Gewissen, dich wie ein Schwein leben zu lassen. *Sie zupft an seiner Krawatte:* Du bleibst bei mir, bis ich Sinjon heirate, und dann adoptieren wir dich oder so.

REGINALD *rückt von ihr weg und begibt sich, an Hotchkiss vorbei, zum Herd:* Nein, das mach ich nicht mit! Mich von Sinjon adoptieren lassen! Adoptier doch ihn, wenn's dir Spaß macht.

HOTCHKISS *erhebt sich:* Ich finde, das wäre wirklich der bessere Vorschlag. Leo, ich muß dir ein Geständnis machen. Ich bin nicht der Mann, für den du mich hältst. Dein Einwand gegen Rejjy war doch, daß er einen schlechten Geschmack hat –

REGINALD *dreht sich um:* Was! Tatsächlich!?

LEO Schlampige Manieren, hab ich gesagt. Ich habe nie geglaubt, daß er einen schlechten Geschmack hat, bis ich die Frau gesehen habe vor Gericht. Wie konnte er sich nur auf eine solche Kreatur einlassen, und dann schreibt sie ihm auch noch Briefe! –

REGINALD Ist das fair? Nie hab ich –

HOTCHKISS Natürlich nicht, Rejjy. Sei doch nicht albern, Leo. Ich bin es, der einen schlechten Geschmack hat.

LEO Du!?

HOTCHKISS Ich hab mich verliebt in die Frau eines Kohlenhändlers. Ich bete sie an. Mir ist ein Schnürsenkel von ihr lieber als von dir eine ganze Haarlocke.

Er verschränkt die Arme und steht da wie ein Fels.

REGINALD Du verdammter Schurke! Wie können Sie es wagen, meine Frau so zu erniedrigen, vor meinen Augen!

Er scheint im Begriff, Hotchkiss anzugreifen, als Leo dazwischentritt und Reginald zum Arbeitszimmer hin wegzieht.

LEO Mußt ihn gar nicht beachten, Rejjy. Auf der Stelle gehst du und läßt dieses gräßliche Scheidungspapier vernichten oder annullieren oder was immer. Sag dem Anwalt, ich hab mir's anders überlegt.

Zu Hotchkiss: Ich hätte es wissen sollen, daß Sie zu clever sind, um wirklich ein Gentleman zu sein.

Sie nimmt Reginald mit zur Eichentruhe, er setzt sich dort hin und kichert. Hotchkiss nimmt wieder Platz, grübelnd.

BISCHOF Wie es scheint, lösen sich alle Probleme von selbst.

LESBIA Meine nicht.

GENERAL Aber meine liebe Lesbia, Sie sehen ja, was heute hier alles vorgefallen ist.

Er tritt etwas näher und beugt sich über sie: Nun möchte ich Sie aber wirklich fragen: Zeigt Ihnen das nicht, wie dumm es ist, nicht zu heiraten?

LESBIA Nein, kann ich wirklich nicht behaupten. *Und sie steht auf*

Sie haben schon wieder geraucht.

GENERAL Sie bringen mich dazu, Lesbia. Ich kann nicht anders.

LESBIA *stellt sich hinter ihren Stuhl, die Hände auf der Rük-*

kenlehne, und sieht sehr strahlend aus: Nun, heute laß ich Sie ungeschoren. Ich bin gerade besonders guter Stimmung.

GENERAL Darf ich fragen warum, Lesbia?

LESBIA *tief atmend:* Wenn ich bedenke – all die Gefahren von heute vormittag, und ich immer noch unverheiratet! Immer noch unabhängig! Immer noch mein eigener Herr! Immer noch ein beherztes, prächtiges Mädchen, eine alte Jungfer wie zu alten Zeiten.

Soames springt plötzlich auf und geht den weiten Weg von seinem Ende des Tisches bis zu ihr, um ihr die Hand zu schütteln.

GENERAL Und das macht Sie wirklich glücklicher: Ihr eigener Herr zu sein? Wäre es nicht großherziger – wären Sie nicht noch glücklicher, wenn Sie Geliebte und Herrin eines anderen Menschen wären?

LESBIA Boxer!

GENERAL *erhebt sich, erschreckt:* Nicht doch, nein, Sie wissen, meine liebe Lesbia, ich hab das nicht so gemeint. Ich drück mich manchmal etwas unglücklich aus, aber Sie wissen, was ich meine. Ich bin sicher, als meine Frau wären Sie glücklicher.

LESBIA Freilich, so richtig eingelullt und Heimchen am Herd. Aber mir ist meine Würde und Unabhängigkeit mehr wert. Tut mir leid, aber ich finde dieses Jagen nach dem Glück ziemlich vulgär.

GENERAL Ist schon gut, Lesbia. Ich werde Sie nicht wieder bitten. *Er setzt sich gekränkt.*

LESBIA Das werden Sie zwar doch, Boxer, aber es nützt nichts.

Sie setzt sich ebenfalls wieder, und legt ihre Hand fast zärtlich auf die seine: Eines Tages, hoffe ich, werden Sie mein Freund, und dann werden wir gut miteinander auskommen.

GENERAL *springt wieder auf:* Ha! Sie treiben es zu weit, Lesbia. Ich mach mich zum Narren, wenn ich hierbleibe.

Alice, ich geh ein bißchen in den Garten.

COLLINS *erscheint im Turm:* Ich dächte, es ist jetzt alles in Ordnung, Madame.

GENERAL *geht auf ihn zu:* Ach, bitte, wären Sie so gut – *der Rest des Satzes geht in einem Flüstern unter.*

COLLINS Gewiß doch, General.

Er nimmt einen Tabaksbeutel heraus und gibt ihn dem General, der ihn nimmt und damit in den Garten geht.

LESBIA Ich glaube nicht, daß es einen Mann in England gibt, der seine Frau so wirklich und wahrhaftig liebt wie seine Pfeife.

BISCHOF Übrigens, was ist denn aus der Hochzeitsgesellschaft geworden?

SYKES Ich weiß nicht. War kein Mensch in der Kirche bei unserer Trauung außer dem Kirchendiener und dem Geistlichen, der die Sache erledigte.

EDITH Die waren alle schon heimgegangen.

MRS. BRIDGENORTH Aber die Brautjungfern?

COLLINS Ich und der Amtsdiener sind mit zwei Taxis überall rumgesaust, Madame, und haben sie alle aufgesammelt. Die waren ganz schön enttäuscht, wo sie sich so fein gemacht hatten, und fanden alles einen ziemlichen Kuddelmuddel, aber sie wollen nun doch zum Frühstück kommen. Um ehrlich zu sein, die platzen vor Neugier, was eigentlich los war. Der Organist hat durchgehalten, bis die Orgel fast hin war, und er selbst noch schlimmer dran als die Orgel. Er hat mich gebeten, speziell Ihnen, Herr Bischof zu bestellen, daß er sich den Mendelssohn bis ganz zuletzt aufgespart hat; aber weil die Sache ins Wasser fiel, hat er gedacht, er könnte auch gehen, und spielte nur noch »God save the King«. Dann war er weg. Aber er kommt zum Frühstück, und erklärt es Ihnen selbst.

LEO Vergessen Sie bitte nicht, Collins, es ist nichts dran an dem Gerücht, daß ich von meinem Mann getrennt lebe, und es gibt nichts und hat auch nichts gegeben zwischen mir und Mr. Hotchkiss.

COLLINS Gott ja, Madame, das konnte doch jeder sehen. *Zu Mrs. Bridgenorth:* Wollen Sie den Empfang hier haben oder in der Eingangshalle?

MRS. BRIDGENORTH In der Halle. Alfred, du und Boxer, ihr müßt hinausgehen und die Gäste erstmal unterhalten, bis wir soweit sind. Wir müssen Edith anziehen. Komm, Lesbia, komm, Leo, wir müssen alle mithelfen. Auf geht's, Edith!

Lesbia, Leo und Edith gehen durch den Turm hinaus.

Collins, Sie brauchen wir, wenn Edith fertig st. Sie müssen nachsehen, ob der Schleier und alles andere richtig sitzt.

COLLINS Ja, Madame. Und soll noch irgendwas über Miss Lesbia gesagt werden, Madame?

MRS. BRIDGENORTH Nein. Sie nimmt den General nicht. Ich denke, das können Sie als endgültig betrachten.

COLLINS Ein Jammer, Madame. Schade um die schöne Dame, Madame.

Sie schütteln beide betrübt den Kopf, und Mrs. Bridgenorth geht durch den Turm hinaus.

BISCHOF Ich geh schon mal in die Halle, Collins, die Leute empfangen. Rejjy, sag bitte Boxer Bescheid, und dann kommt beide und helft ein bißchen bei der Begrüßung. Komm, Cecil.

Er geht zum Turm hinaus, Sykes hinter ihm her.

REGINALD *zu Hotchkiss:* Sie haben doch immer so herrlich viel erzählt von wegen Benehmen wie ein Gentleman. Nun, wenn Sie glauben, Sie haben sich Leo gegenüber wie ein Gentleman benommen, dann irren sie. Und ich muß die Partei meiner Frau ergreifen, bedenken Sie das.

HOTCHKISS Ich verstehe. Ihr Haus ist für mich tabu.

REGINALD *rasch:* Nicht doch. Nicht so voreilig. Ich meine, ich fände es gut, wenn Sie nach einer gewissen Zeit mal vorbeikämen. Sie wird immer so gereizt und aufgebracht, wenn gar keiner kommt und das Haus ein bißchen belebt.

HOTCHKISS Ich werde mein Bestes tun.

REGINALD *erleichtert:* Recht so. Ist doch nicht so schlimm, alter Knabe, oder?

HOTCHKISS Schicksal. Ich habe mir die Finger verbrannt, und meine Hände sind schwarz, aber nicht schmutzig. Bis dann, Rejjy.

Sie schütteln sich die Hände, und Reginald geht in den Garten, um Boxer zu holen.

COLLINS Verzeihung, Sir, bleiben Sie nun zum Frühstück oder nicht? Ihr Name steht auf einem der Gedecke, aber ich würde es gern ändern, falls Sie nicht bleiben.

HOTCHKISS Was weiß ich? Hab ich mein Schicksal denn noch in der Hand? Fragen Sie bitte die, der wir alle gehorchen müssen.

COLLINS *ehrfürchtig:* Was denn, Mrs. George schwärmt für Sie!?

HOTCHKISS Schön wärs. Viel schlimmer, Mann, ich schwärme für Mrs. George.

COLLINS Verzagen Sie nicht, Sir! Wenn George Gefallen findet an Ihrer Unterhaltung, werden Sie sein Haus sehr angenehm finden, lustiger jedenfalls als das von Mr. Reginald.

HOTCHKISS *ruft:* Polly!

COLLINS *prompt:* O wenn Sie schon Polly sagen, Sir, dann sind Sie auf dem besten Weg.

Mrs. George erscheint in der Tür des Arbeitszimmers.

HOTCHKISS Ihr Herr Schwager möchte gern wissen, ob ich zum Hochzeitsfrühstück bleibe. Sagen Sie's ihm.

MRS. GEORGE Er bleibt, Bill, vorausgesetzt, er weiß sich zu benehmen.

HOTCHKISS *zu Collins:* Darf ich, als Freund der Familie, um das Privileg bitten, Sie Bill zu nennen.

COLLINS Mit Vergnügen, Sir, gewiß doch, Sir.

HOTCHKISS Mein eigener Spitzname, im Schoß der Familie, ist Sonny.

MRS. GEORGE Warum haben Sie mir das nicht gleich gesagt? Sonny ist genau der Name, den ich Ihnen geben wollte.

Sie tätschelt seine Backe ganz familiär. Er steht abrupt auf und geht zum Herd, wo er sich düster in den Lehnstuhl wirst.

Bill, ich geh nicht in die Halle, bis genug Leute da sind, daß ich auch ein bißchen Hof halten kann. Der Amtsdiener soll mich holen, wenn du meinst es ist soweit.

COLLINS Sehr wohl, Madame.

Er geht durch den Turm hinaus.

Mrs. George, mit Hotchkiss und Soames alleingelassen, legt plötzlich ihre Hände auf die Schultern von Soames und beugt sich über ihn.

MRS. GEORGE Der Bischof hat gesagt, ich soll Sie in Versuchung führen.

SOAMES *ohne den Blick zu wenden:* Weib, hebe dich hinweg!

MRS. GEORGE Anthony: »Wenn andere Lippen dich betörn mit Küssen, stets bereit –«

HOTCHKISS *sarkastisch:* »Wenn andre Herzen dir gehörn in neuer Seligkeit –«

MRS. GEORGE »Vielleicht ist's nur ein falsches Herz das dir dein eignes bricht: So bitt ich, denk in deinem Schmerz noch einmal dann an mich.« Und das werden Sie tun, Anthony. Ich werde Sie in meinem Bann halten – mit Zauberkraft.

SOAMES Glauben Sie etwa, ein Mann, der das Magnificat gesungen und die Himmelskönigin angebetet hat, hätte Ohren für solchen Plunder wie das Gedicht oder Augen für solchen Plunder, wie Sie es sind – es sei denn für Ihr winziges bißchen Seele? Geh heim und an die Arbeit, Weib.

MRS. GEORGE *die seine Standhaftigkeit durchaus schätzt:* Anthony, ich adoptiere Sie als meinen Vater. Das wär doch was. Man gebe mir einen Mann, dessen ganzes Leben *nicht* an der nächstbesten schäbigen Schürze hängt, und ich laß ihn nicht mehr los.

Sie klopft ihm herzhaft auf den Rücken.

SOAMES Das reicht. Hier ist ja noch ein Mann, mit dem Sie reden können. Ich hab zu tun.

MRS. GEORGE *geht von Soames weg und tritt ein paar Schritte näher an Hotchkiss heran:* Warum bist du nicht wie er, Sonny? Warum hängst du an der nächstbesten schäbigen Schürze?

HOTCHKISS *nachdenklich:* Ich muß mich bei Billiter entschuldigen.

MRS. GEORGE Wer ist Billiter?

HOTCHKISS Ein Mann, der Kartoffeln mit dem Messer ißt. Seit ich Sie kenne, Polly, esse ich Kartoffeln auch mit dem Messer.

Er steht auf.

Wir alle essen unsere Kartoffeln doch mit dem Messer, nicht wahr, Soames?

SOAMES Wir alle gehören zu einem großen Ganzen. Sie brauchen sich durchaus nicht nur an mich zu wenden. Erstens hab ich zu tun, zweitens finden Sie alles im Katechismus, der schon die meisten neuen Entdeckungen enthält, die dieses Jahrhundert erschüttern. Natürlich sollten Sie sich bei Billiter entschuldigen. Er ist Ihnen gleich. Er kommt in denselben Himmel, wenn er sich gut benimmt, und in dieselbe Hölle, wenn nicht.

MRS. GEORGE *setzt sich:* Wie mein Mann, der Kohlenhändler.

HOTCHKISS Wenn ich hier und jetzt über Ihrem Mann stehe, dann müßte ich auch im Himmel oder in der Hölle über ihm stehen. Aber die Gleichheit liegt eben tiefer. Der Kohlenhändler und ich, wir lieben dieselbe Frau. Das erledigt die Frage für mich, ein für allemal.

Er schlendert quer durch die Küche zur Gartentür, tief in Gedanken.

SOAMES Sowas!

MRS. GEORGE Sie glauben nicht an Frauen, nicht wahr, Anthony? Er könnte Ihnen ebensogut erzählen, daß er und George beide gerne Brathering essen.

HOTCHKISS Ich esse n i c h t gern Brathering. Seien Sie nicht primitiv, Polly.

SOAMES Weib, maßen Sie sich nicht an, mir Unglauben nachzusagen. Und Sie, Hotchkiss, sollten die Seele dieses Weibes nicht verachten, nur weil sie von Brathering spricht. Ein paar Opfer des wundersamen Fischzuges wurden auch gebraten. Und ich esse Bratfisch jeden Freitag, und ich mag ihn. Sie sind ein so eingefleischter Snob wie eh und je.

HOTCHKISS *ungeduldig:* Mein lieber Anthony, ich finde Sie einfach lächerlich als Prediger, weil Sie mich immer wieder auf Schauplätze und Quellen und angebliche Vorkommnisse verweisen, an die ich nun mal nicht glaube. Ich glaube an nichts als an meinen Willen, meine Ehre und meinen Stolz. Ihre Fische und Ihre Katechismen und der ganze andere Kram ergeben eine zauberhafte Dichtung, die Sie Ihren Glauben nennen. Der steht Ihnen ganz vorzüglich, mir steht er nicht. Mir ist, wie Napoleon, die Lehre Mohammeds viel lieber.

Mrs. George, die den Islam mit Polygamie in Verbindung bringt, sieht ihn mit einem kurzen Blick des Verdachts an.

Ich glaube, das ganze Britische Empire wird sich noch vor Ende dieses Jahrhunderts auf einen reformierten Islam einstellen. Mohammeds Charakter ist dem meinen kongenial. Ich bewundere ihn und teile seine Lebensanschauungen weitgehend. Und damit sind Sie geschlagen, Soames. Die Religion ist eine große Kraft, die einzige wirklich bewegende Kraft in der Welt. Aber was Ihr Burschen nicht versteht ist, daß man einen Menschen erreichen muß durch seine eigene Religion und nicht durch eure. Anstatt das einzusehen, bleibt ihr dabei und versucht, alle Leute zu eurer eigenen kleinen Sekte zu bekehren, so daß ihr diese hinterher gegen die Bekehrten verwenden könnt. Ihr seid alle Missionare und Eiferer, ihr versucht, die natürliche Religion aus dem Blumenbeet eurer Nächsten zu reißen und eure eigene einzupflanzen. Lieber würdet ihr ein Kind in Unwissenheit verkümmern, als es vom Anhänger einer anderen Sekte erziehen lassen. Sie reden von der prinzipiellen Gleichheit von Kohlenhändlern und britischen Offizieren. Aber Sie sehen ja nicht mal die prinzipielle Gleichheit aller Religionen. Wer sind Sie überhaupt, daß Sie es besser wissen wollen als Mohammed oder Konfuzius oder irgendeiner von den andern Typen, die schließlich in dem Geschäft sind, seit die Erde existiert.

MRS. GEORGE *bewundert seine Eloquenz:* George wird Sie mögen, Sonny. Sie sollten ihn über die Kirche reden hören.

SOAMES Schön und gut, dann gehen Sie Ihren Weg, Sie beide, in die Verdammnis. Für mich gibt es nur eine Religion, diejenige, die meine Seele als wahr erkannt hat, aber sogar das Heidentum hat die Heiligkeit der Ehe zum Grundsatz. Sie beide stehen an der Schwelle zu einer Todsünde. Wollen Sie das bestreiten?

HOTCHKISS Sie vergessen, Anthony, daß Sie selbst gesagt haben, die Ehe sei eine Todsünde.

SOAMES Die Frage ist nicht, was *ich* glaube, sondern was Sie glauben. Legen Sie Ihr Gelübde ab vor mir, und geben Sie dieses Weib da auf, wenn Sie die Stärke und die Kraft dazu haben. Aber wenn Sie noch immer in den Fängen dieser Welt sind, dann achten Sie wenigstens deren Institutionen. Glauben Sie nun an die Ehe oder nicht?

HOTCHKISS Meine Seele ist vollkommen frei von solcher Art Aberglauben. Ich erkläre feierlich, daß zwischen diesem Weib, wie Sie sie unhöflicherweise nennen, und mir kein Hindernis ist, das mir mein Gewissen zu respektieren gebietet. Ich verabscheue die ganze Ehemoralität der Mittelschicht mit jeder Faser. Wäre ich ein Marquis im achtzehnten Jahrhundert, ich würde mich angesichts einer Pariser Bürgersfrau nicht freier fühlen als jetzt bei Polly. Ich empfinde diese ganze eheliche Keuschheitsveranstaltung als tiefste Stufe einer engen selbstischen, sinnlichen, frauenverschlingenden Primitivität.

MRS. GEORGE *steht prompt auf:* Ach nein! Dann kommen Sie nicht zu mir nach Haus, junger Mann. Tut mir leid. Es ist zwar erfrischend, einmal im Leben einem Mann begegnet zu sein, der sich nicht einschüchtern läßt von meinem Ehering, aber ich suche einen Freund und keinen Marquis. Also kommen Sie nicht mit.

HOTCHKISS *unerbittlich:* Ich komme.

MRS. GEORGE Nein.

HOTCHKISS Doch. Überlegen Sie mal. Sie kennen Ihr Milieu ziemlich gut, nehm ich an, Ihr kleinkariertes Händlermilieu. Sie kennen alle Skandale und Heucheleien, die Eifersüchte und Kabbeleien, die Hunderte von Scheidungsaffären, die nie bis vors Gericht kommen, und die wenigen, die wirklich verhandelt werden –

MRS. GEORGE Wir sind keine Engel. Ich kenne ein paar Skandale, aber die meisten von uns sind zu einfallslos, um was anderes zu sein als gut.

HOTCHKISS Dann müssen Sie aber auch bemerkt haben, daß alle, die zügellos leben, Männer oder Frauen, durchweg Leute sind, die vor häuslicher Sentimentalität triefen und sich immer lautstark zu den Konventionen bekennen, die sie heimlich verletzen – wie alle Mörder, hält man sich an ihre erbaulichen Sprüche auf dem Schafott, demütige Christen zu sein scheinen.

MRS. GEORGE Aber Sie erwarten doch nicht, daß die Leute sich selbst überführen, oder?

HOTCHKISS Es sind eben Leute des Gefühls, nicht der Ehre. Nun, ich selbst bin kein Mann des Gefühls, sondern der Ehre. Ich weiß genau, was auf mich zukommt, wenn ich erst einmal über die Schwelle Ihres Hauses trete und Brot mit Ihrem Mann breche. Dieses eheliche Band, das ich verabscheue, wird mich fesseln, wie es offenbar die Leute, die daran glauben, nie fesselt – denn die machen sich eine Hauptunterhaltung daraus, ins Theater zu gehen, wo noch darüber gelacht wird. Soames, Sie sind Kommunist, nicht wahr?

SOAMES Ich bin Christ. Das zwingt mich, Kommunist zu sein.

HOTCHKISS Und Sie glauben, daß viele unserer großen Ländereien, die einst der Kirche gehörten, von Heinrich dem Achten gestohlen wurden?

SOAMES Das glaube ich nicht nur: als Anwalt weiß ich das.

HOTCHKISS Würden Sie eine Rübe von einem Feld dieser gestohlenen Ländereien stehlen?

SOAMES *kämpft mit der Frage:* Die Gutsherren haben kein Recht auf ihr Land.

HOTCHKISS Das ist nicht die Frage. Würden Sie eine Rübe stehlen von einem der Felder, auf die jene Gutsherren eigentlich kein Recht haben?

SOAMES Ich mag Rüben nicht.

HOTCHKISS Sie sind Anwalt, also antworten Sie.

SOAMES Ich gebe zu, ich würde es wohl nicht tun. Es wäre vielleicht falsch, die Rübe nicht zu stehlen, und ich kann meinen Widerwillen dagegen nicht gutheißen, aber ich würde es nicht tun. Ich weiß, daß ich es nicht tun darf.

HOTCHKISS Ebensowenig könnte ich Georges Frau stehlen. Ich habe meine Hand schon einmal nach dieser verbotenen Frucht ausgestreckt, und ich weiß, daß ich sie immer wieder leer zurückziehe. Nicht an die Ehe zu glauben ist leicht und eine verheiratete Frau zu lieben ist leicht, aber einen Kameraden zu betrügen, einen Gastgeber zu hintergehen, den Bund von Salz und Brot zu brechen, das ist unmöglich. Sie können mich mit nach Hause nehmen, Polly! Sie haben nichts zu befürchten.

MRS. GEORGE Und nichts zu hoffen?

HOTCHKISS Da Sie in so liebenswürdiger Weise fragen, Polly: Nein, absolut nichts.

MRS. GEORGE Hm. Wie alle Männer glauben Sie, daß Sie alles wissen, was eine Frau sich wünscht. Aber das, was man sich am allermeisten wünscht, hat überhaupt nichts mit der Ehe zu tun. Vielleicht hat Anthony hiervon eine Ahnung. Na, Anthony?

SOAMES Das christliche Miteinander?

MRS. GEORGE So nennen Sie das, wirklich?

SOAMES Wie nennen Sie es denn?

COLLINS *erscheint im Turm mit dem Amtsdiener:* Nun, Polly, die Halle ist voll, man wartet auf dich.

DER AMTSDIENER Platz da, meine Herrschaften, bitte. Platz für die verehrliche Bürgermeisterin. Bitte sehr, meine Damen und Herren. Mit Verlaub, meine Herrschaften, Platz für die Bürgermeisterin.

Mrs. George nimmt den Arm von Hotchkiss und geht mit ihm hinaus, der Amtsdiener voran. Soames kehrt ruhig zu seiner Korrespondenz zurück.

Anhang

Editorische Notiz

Mit der Thematik des häuslichen Zusammenlebens in Form von Ehe und Familie hat Bernhard Shaw sich bis ins hohe Alter leidenschaftlich auseinandergesetzt, am direktesten im geistigen Florettspiel seiner beiden Stücke *Heiraten* und *Mesallianz* (mittlerweile in neuer Übersetzung unter dem Titel *Falsch Verbunden*) und den dazugehörigen Vorreden. Heim und Herd samt der englischen Wunschvorstellung »my home is my castle« waren ihm nicht nur aus biographischen Gründen zuwider, sondern speziell, weil er den Verdacht hegte, die Kleinfamilie fördere, wenn sie sich absondert und vorwiegend mit sich selbst beschäftigt, schlechte Manieren, Tyrannei und einen gewissen Realitätsverlust gegenüber den eigentlichen Problemen der Welt.

Seine Feinde – und diese waren zu Shaws Lebzeiten zahlenmäßig der Menge seiner Freunde durchaus gleichzustellen – fanden es daher immer wieder erstaunlich, daß er selbst fünfundvierzig Jahre lang in einer für seine Umgebung überraschend skandalfreien und weitgehend unproblematischen Ehe lebte, die jedoch auf Wunsch seiner Frau Charlotte kinderlos blieb, zumal beide Ehepartner nicht mehr ganz jung und, wie sie selbst glaubten, für die übliche »romantische« Häuslichkeit nicht geschaffen waren. Ihre anfängliche Skepsis sollte sich als faire und haltbarere Basis erweisen denn mancher hochfliegende Traum vom Glück.

Das auf der Bühne kaum gespielte Stück *Heiraten* spiegelt zahlreiche persönliche Bedenken Shaws und seiner Frau wider, verteilt auf mehrere Charaktere, um am Ende doch in einem Ja zur Heirat aufzugehen. Es entstand zwischen dem 5. August 1907 und dem 14. März 1908, also im zehnten Jahr der Ehe mit Charlotte Frances Payne-Townshend, die Shaw am 1. Juni 1898, nach längerem Sträuben seinerseits, zum Gang auf das Standesamt hatte bewegen können. Als »schreckliches Abenteuer« soll er, damals kränkelnd und wegen einer Fußoperation auf Krücken erscheinend, die nüchterne Formalität vor dem städtischen Beamten in Covent Garden und mehr noch natürlich die daraus resultierenden Konsequenzen empfunden haben. Kein Grund zum Feiern sei es, wie er in Briefen an Freunden betont, er sehe diese Formsache vielmehr als einen Akt der Rücksicht auf Charlotte und Dankbarkeit gegen sie, die ihn während seiner Krankheit gepflegt, sich um praktische Dinge gekümmert hatte und vor allem seinen allgemein erschreckenden Gesundheitszustand durch Aufnahme des Patienten in ihre Wohnung verbessern wollte. Shaw hatte bis dahin noch – man sagt, in ziemlicher Verwahrlosung – bei seiner Mutter gewohnt, die ihm Logis gab, sich ansonsten aber wenig im Bemuttern verstand (was Shaw übrigens schätzte, weil es ihm jeden Freiraum ließ).

Außer dem Paar, das die Legalisierung seiner Gemeinschaft schnellstmöglich hinter sich zu bringen suchte, waren nur die beiden dazu notwendigen Trauzeugen erschienen. »Wenn ich jemals heiraten sollte, dann muß das sehr geheim geschehen«, hatte Shaw in einem früheren Brief erklärt. Ohne Familie, ohne Freunde und ohne jede Öffentlichkeit war die Angelegenheit eine Sache von Minuten, dann konnte der reguläre Alltag weitergehen. Shaw stürzte sich in die Arbeit an seinem *Wagner-Brevier*, dem rasch aufeinander die Stücke *Cäsar und Cleopatra* und *Kapitän Brassbounds Bekehrung* folgten, Charlotte sah sich mehr denn je als Krankenpflegerin und Sekretärin eingespannt, nachdem der ungeduldige Kranke sich gleich zu Beginn ihres gemeinsamen Lebens auch noch Knochenbrüche zugezogen hatte und nun achtzehn Monate lang Invalide blieb. Aber, so betonten beide, sie hatten ja nicht geheiratet, um glücklich zu werden, und sich möglichst schlimme Konstellationen schon vorher lebhaft genug ausgemalt, um gegen fast jede Unbill gefeit zu sein.

In *Heiraten* wird Jahre später die Überlegung anklingen, daß zu vieles Nachdenken im voraus der Ehe nicht förderlich sei. Trotzdem stellt Shaw der Buchausgabe seines Stückes einen Essay voran, der weit ausholt und fast noch mehr Einwände gegen die bestehende Institution der Ehe vorbringt als das Stück selbst. Aber es handelt sich in erster Linie um eine Kritik an den Gesetzen, nie an den Menschen, denn Shaw läßt den Leser spüren, daß auch unter bedenklichsten Bedingungen eine Ehe letztlich so gut oder schlecht ist wie die Menschen, die sie eingehen. Die Vorrede, unter dem Titel ihres ersten Teilabschnittes »Der Aufstand gegen die Ehe« bekannt geworden, zählt zu den populärsten seiner Schriften überhaupt und hat das Stück tatsächlich fast verdrängt. Die Gründe dafür sind vor allem im Formalen zu suchen. Bereits mit einigen vorangegangenen Theaterwerken hatte Shaw sein Publikum, zwar auf amüsante Weise, aber doch ziemlich unbarmherzig gegenüber jedwedem Bedürfnis nach Entspannung, strapaziert, weil er die Handlung, das »plot«, für zweitrangig hinter der Auseinandersetzung der Ideen erachtete. Die Gespräche selbst, Rede und Gegenrede, waren für ihn Handlung genug, und seit *Candida* (1894) fühlte er sich aufgerufen, diese seine Besonderheit in der Behandlung von Stoffen wiederholt zu rechtfertigen; Zeit seines

Lebens wird er dem Wort größere Bedeutung als der *action* beimessen und jeweils nur vorübergehend handlungspralle Stücke zur Freude des Theaterpublikums als Köder für sein eigentliches Anliegen auswerfen. Auch das berühmte Zwischenspiel im dritten Akt seines 1901–1903 entstandenen Dramas *Mensch und Übermensch* zum Beispiel, das mit *Don Juan in der Hölle* überschrieben ist, stellt ein philosophisches Streitgespräch vor, keine handlungsgetragene Spielszene. Mit *Heiraten* und wenig später mit *Falsch Verbunden* erreicht Shaw dann offensichtlich die Grenze des seinerzeit auf der Bühne Zumutbaren an ausschließlich durch Sprache vermittelter Handlung.

Heiraten wurde am 12. Mai 1908 am Haymarket Theatre, London, uraufgeführt und fand mäßigen Anklang bei einem intellektuellen und gesellschaftskritischen Publikum, während die Äußerungen der professionellen Kritik in offen aggressive Kampfansagen übergingen – mit der rühmlichen Ausnahme Eric Bentleys, der von einer völlig »neuen Dramaturgie« sprach und lobende Worte fand. Sich gegen rabiate Verrisse wehrend, speziell gegen die Zeitschrift *The Academy*, in welcher Lord Alfred Douglas *Heiraten* auch inhaltlich angriff und von einem »unsittlichen Machwerk« sprach, das von »Anzüglichkeiten nur so wimmelt«, also die Zensur gar nicht hätte passieren dürfen (der Artikel erschien unter dem Titel »Schämen Sie sich, Mr. Shaw«), aber auch die wohlwollende Sicht Bentleys korrigierend, erklärte Shaw sein Stück zu einem am Vorbild der Antike ausgerichteten Drama, das die Einheit von Zeit und Ort vollkommen wahre, wie es den klassischen Regeln des Aristoteles entsprach. Publikumswirksamer wurde *Heiraten* dadurch zunächst nicht. Die große Überraschung folgte erst während des Ersten Weltkriegs, als eine Aufführung in den USA (1916/17) sogar den Kartenverkaufsrekord von *Pygmalion* brach.

Die erste deutsche Übersetzung erschien bereits 1910 im S. Fischer Verlag, Berlin, unter dem Titel *Ehe*, der später in *Heiraten* abgewandelt wurde. Im gleichen Jahr hatte Shaw auch die Vorrede zu dem Stück geschrieben, dessen Originalversion 1911 in einem Sammelband, gemeinsam mit den Dramen *Des Doktors Dilemma* und *Blanco Posnets Erweckung* publiziert wurde. Die Übersetzung, die wir in unseren Band übernommen haben, entstand 1970, war zunächst betitelt mit *W(Ehe)* und lag bisher nur als hektographierter Text für den Bühnengebrauch vor; allein die Vorrede war in einer separaten Buchausgabe lieferbar, die für die vorliegende Ausgabe revidiert wurde.

Heiraten weist keine Einteilung in Akte oder getrennte Szenen auf, doch gibt eine Anmerkung Shaws den Hinweis, daß es dem Regisseur freistehe, die Aufführung durch beliebig viele Vorhänge zu unterteilen. Eine größere Pause solle man jedoch nicht einlegen, da sonst leicht die einheitliche Empfindung für das Ganze verloren ginge. Im übrigen sei *Heiraten* eine »lehrreiche Konversation« und »weder eine Tragödie noch eine Komödie«. Und weiter: »Dieses Stück ist meine Rache an den Kritikern für ihre grobe Undankbarkeit uns gegenüber, ihr ausgesprochenes Philistertum, ihre schamlose intellektuelle Faulheit, ihren niedrigen Geschmack, ihren Widerwillen gegen gute Arbeit, ihren puerilen Romantizismus, ihre mangelhafte Loyalität zur dramatischen Literatur, ihre umwerfende Ignoranz, ihre Empfänglichkeit für billige Sentimentalität, ihre fehlende Sensibilität für Ehre, Tugend, intellektuelle Redlichkeit und alles, worauf Stärke und Würde im Charakter eines Menschen beruhen ... Ich bin ein dramatischer Dichter, kein Handlungsmacher.« (Aus einem fingierten Interview vom 7. Mai 1908 im *Daily Telegraph*, zur Vorankündigung der Premiere von Shaw selbst entworfen.)

Ursula Michels-Wenz

Zeittafel

Die Jahreszahlen bezeichnen, wo nicht anders vermerkt, immer die Entstehungszeit der jeweiligen Werke (nicht deren Publikation). Es sind nur die wichtigsten Titel aufgeführt. Die zahllosen politischen Schriften, Kritiken und allgemeinen Essays sowie die kleinen Stücke und die umfangreichen Briefwechsel mit namhaften Zeitgenossen können in diesem Rahmen aus Platzgründen nicht berücksichtigt werden.

1856 Am 26. Juli wird *George Bernard Shaw*, kurz G. B. S. genannt, als drittes Kind und einziger Sohn von George Carr Shaw und Lucinda Elizabeth Shaw geb. Gurly in Dublin geboren. (Der Autor verzichtet später auf den ersten Vornamen, wahrscheinlich aus Protest gegen den Vater.)

1871–1876 Fünfzehnjährig muß Shaw die Schule verlassen, um Geld zu verdienen, da die Familie verarmt und sich allmählich entfremdet. Arbeit im Büro eines Grundstücksmaklers, autodidaktische Weiterbildung. Die Mutter siedelt mit den beiden Töchtern um nach London.

1876 Shaw folgt seiner Mutter nach London, verdient seinen Lebensunterhalt mit Gelegenheitsarbeiten, u. a. als Klavierspieler und Journalist.

1879 Shaw erhält eine feste Anstellung bei der Edison Telephone Company; Besuch politischer Veranstaltungen, Eintritt in die »Zetetical Society« (eine freie Vereinigung mit Diskussionsabenden zu gesellschaftlichen, politischen und philosophischen Fragen), in der er sich als Vortragsredner übt. Der erste Roman *Immaturity* (deutsch: *Unreif*; früher u. d. T. *Junger Wein gärt*) entsteht. Mehrere Verlage lehnen eine Veröffentlichung ab. (1930 wird das Buch erstmals publiziert.)

1880–1883 Shaw schreibt vier Romane in seiner Freizeit: *The Irrational Knot* (deutsch: *Die törichte Heirat*), *Love among the Artists* (deutsch: *Künstlerliebe*), *Cashel Byron's Profession* (deutsch: *Cashel Byrons Beruf*) und *An Unsocial Socialist* (deutsch: *Der Amateursozialist*), die aber erst ab 1894 in den Zeitschriften *To-Day* und *Our corner* zum Abdruck gelangen.

1884 Shaw tritt der neu gegründeten sozialistischen »Fabian Society« (Gesellschaft der Fabier) bei, der er 27 Jahre lang als provokatorischer Wortführer angehoren wird; Beginn der Freundschaft mit Beatrice und Sidney Webb, William Archer (der Shaw entscheidend fördert), Florence Farr, Annie Besant u. a. m.

1885 Tod des Vaters.

Bis 1894 zahlreiche Buchrezensionen, Kunst- und Musikkritiken; Mitarbeit an der namhaften *Pall Mall Gazette*; Arbeit an *Widower's Houses* (deutsch: *Die Häuser des Herrn Sartorius*), Shaws erstem Stück, das 1892 uraufgeführt wird. Unter dem Pseudonym Corno di Bassetto schreibt Schaw vielbeachtete Musikkritiken für *The Star* und *The World* und engagiert sich mit Vorlesungen und Vorträgen zu sozialen und volkswirtschaftlichen Themen.

1891 Ibsen-Brevier *The Quintessence of Ibsenism.*

1893 *The Philanderer* (deutsch: *Der Liebhaber*).

1894 *Mrs. Warrens Profession* (deutsch: *Frau Warrens Beruf*), *Arms and the Man* (deutsch: *Helden*) und *Candida.*

1895–1898 Arbeit als Theaterkritiker für *The Saturday Review* unter Frank Harris.

1895 *The Man of Destiny* (deutsch: *Der Mann des Schicksals*; früher u. d. T. *Der Schlachtenlenker*).

1895–1896 (mit Unterbrechung) *You Never Can Tell* (deutsch: *Man kann nie wissen*), das ab 1899 ein Publikumserfolg wird.

1896 Arbeit an *The Devil's Disciple* (deutsch: *Der Teufelsschüler*; früher u. d. T. *Ein Teufelskerl*). Das Stück wird

1897 in New York uraufgeführt und verschafft seinem Autor den ersten großen Durchbruch als Dramatiker mit internationaler Resonanz.

1897–1903 Stadtrat von St. Pancras/London.

1898 Heirat mit Charlotte Frances Payne-Townshend, die ebenfalls aus Irland stammt. Entstehung von *Caesar und Cleopatra* (deutsch: Cäsar und Cleopatra), *Captain Brassbound's Conversion* (deutsch: *Kapitän Brassbounds Bekehrung*) und des Wagner-Breviers *The Perfect Wagnerite*/Kommentar zum »Ring der Nibelungen«.

1901 Frankreich-Reise; Sommer in Dorset.

1901–1903 *Man and Superman* (deutsch: *Mensch und Übermensch*).

1902 Aufenthalt an der Küste von Norfolk.
Bekanntschaft mit seinem deutschsprachigen Übersetzer Siegfried Trebitsch, der Shaw binnen eines Jahres den Weg auf die Bühnen Deutschlands und Österreichs ebnen wird.

1903 Frühjahr: Italienreise; Sommer: Schottlandreise.

1904 *John Bull's Other Island* (deutsch: *John Bulls andere Insel*), *How He Lied To Her Husband* (deutsch: *Wie er ihren Mann belog*). Frühjahr: Italienreise; Sommer: Schottlandreise.

1905 Umzug nach Ayot St. Lawrence/Hertfordshire. In London behalten die Shaws eine Zweitwohnung, in der sie wöchentlich einige Tage verbringen. *Major Barbara.*

1906 *The Doctor's Dilemma* (deutsch: *Des Doktors Dilemma*; früher u. d. T. *Der Arzt am Scheideweg*).

1907–1908 *Getting married* (deutsch: *Heiraten*; auch u. d. T. *[W]Ehe*).

1909 *The Shewing-Up of Blanco Posnet* (deutsch: *Blanco Posnets Erweckung*).

Misalliance (deutsch: *Mesallianz*; neuer Titel *Falsch verbunden*).

1910 *Funny's First Play* (deutsch: *Fannys erstes Stück*).

1912 *Androcles and the Lion* (deutsch: *Androklus und der Löwe*), *Pygmalion*; beide Stücke werden uraufgeführt in der deutschen Übersetzung, Berlin bzw. Wien 1913.

Overruled (deutsch: *Es hat nicht sollen sein*).

1913 Tod der Mutter.

Freundschaft mit der Schauspielerin Stella Patrick Campbell. Reisen nach Irland, Deutschland und Frankreich.

Great Catherine (deutsch: *Die große Katharina*).

1914 Shaw gilt in England als persona non grata, da er sich deutschfreundlich äußert; schreibt *Commonsense about the War* (deutsch: *Der gesunde Menschenverstand im Krieg,* 1919), eine umfangreiche Abhandlung, die ihn noch unbeliebter macht.

1916–1917 *Heartbreak House* (deutsch: *Haus Herzenstod*).

1918–1920 *Back to Methuselah* (deutsch: *Zurück zu Methusalem*: Fünf Stücke, zu spielen an fünf aufeinanderfolgenden Abenden.

1923 *Saint Joan* (deutsch: *Die heilige Johanna*).

1925 Nobelpreis für Literatur.

1926 Shaw erhält den Nobelpreis rückwirkend für *1925* verliehen; hatte zunächst die Annahme verweigert, willigt dann ein unter der Bedingung, daß er der offiziellen Feier nicht beiwohnen muß und das Geld zur Förderung des schwedischen und englischen Literatur- und Kunstaustausches verwendet wird.

1928 *The Intelligent Woman's Guide to Socialism and Capitalism* (deutsch: *Wegweiser für die intelligente Frau zum Sozialismus und Kapitalismus*).

The Apple Cart (deutsch: *Der Kaiser von Amerika*; das Stück wird

1929 in Warschau (14. Juli) uraufgeführt.

1931 *Too True to be Good* (deutsch: *Zu wahr, um schön zu sein*). Rußlandreise.

1932 Reise nach Südafrika.
The Adventures of the Black Girl in Her Search For God (deutsch: *Die Abenteuer des schwarzen Mädchens auf der Suche nach Gott*; früher u. d. T. *Ein Negermädchen sucht Gott*).

1933 USA-Reise.
Village Wooing (deutsch: *Ländliche Werbung*).
On the Rocks (deutsch: *Festgefahren*).

1934 Weltreise.
The Simpleton of the Unexpected Isles (deutsch: *Die Insel der Überraschungen*).
The Millionairess (deutsch: *Die Millionärin*).

1936 *Geneva* (deutsch: *Genf*); Revision des Stückes 1939.

1936–1937 *Buoyant Billions* (deutsch: *Zu viel Geld*); das Stück bleibt vorerst Fragment.

1938 Shaw erkrankt an perniziöser Anämie.

1938–1939 *In Good King Charles's Golden Days* (deutsch: *Die goldenen Tage des guten Königs Karl;* früher u. d. T. *Der gute König Karl*).
Aufzeichnung autobiographischer Miszellen u. d. T. *Shaw Gives Himself Away*.

1943 *Everybody's Political What's What* (deutsch: *Politik für Jedermann*).
Tod Charlotte Shaws (12. September)

1947 *Buoyant Billions* (deutsch: *Zu viel Geld*) beendet; das Stück wird
1948 in Zürich uraufgeführt.
Farfetched Fables (deutsch: *Phantastische Fabeln*).

1949 *Sixteen Self-Sketches* (deutsch: *Sechzehn selbstbiographische Skizzen*); Revision der Texte von 1939 u. d. T. *Shaw Gives Himself Away*.

1950 Arbeit an *Why She Would Not*, einer Kurzkomödie, die unvollendet bleibt.
2. November: Bernard Shaw stirbt in seinem Haus in Ayot St. Lawrence an den Folgen eines Sturzes, den er sich Anfang Herbst bei Gartenarbeiten zugezogen hatte.

70/1/5.90

Bernard Shaw
im Suhrkamp Verlag

70/2/5.90

265/1/6.89

suhrkamp taschenbücher
Eine Auswahl

Bioy Casares: Der Traum der Helden. st 1185
Blackwood: Die gefiederte Seele. PhB 229. st 1620
– Der Tanz in den Tod. PhB 84. st 848
Blatter: Kein schöner Land. st 1250
– Die Schneefalle. st 1170
– Wassermann. st 1597
Böni: Ein Wanderer im Alpenregen. st 671
Bohrer: Ein bißchen Lust am Untergang. st 745
Brasch: Der schöne 27. September. st 903
Braun, V.: Gedichte. st 499
– Hinze-Kunze- Roman. st 1538
Bertolt Brechts Dreigroschenbuch. st 87
Brecht: Gedichte. st 251
– Gedichte für Städtebewohner. st 640
– Gedichte über die Liebe. st 1001
– Geschichten vom Herrn Keuner. st 16
Brecht-Liederbuch. st 1216
Brentano, B.: Berliner Novellen. st 568
Broch: Die Verzauberung. st 350
– Der Tod des Vergil. st 296
– Die Schuldlosen. st 209
– Massenwahntheorie. st 502
Brod: Der Prager Kreis. st 547
Buch: Die Hochzeit von Port-au-Prince. st 1260
– Karibische Kaltluft. st 1140
Cain: Serenade in Mexiko. st 1164
Campbell: Der Heros in tausend Gestalten. st 424
Carossa: Der Arzt Gion. st 821
– Ungleiche Welten. st 521
Carpentier: Explosion in der Kathedrale. st 370
– Die Harfe und der Schatten. st 1024
Carroll: Das Land des Lachens. PhB 170. st 1247
Celan: Gesammelte Werke in fünf Bänden. st 1331/1332
Christo: Der Reichstag. st 960
Cioran: Syllogismen der Bitterkeit. st 607
Clarín: Die Präsidentin. st 1390
Cortázar: Album für Manuel. st 936
– Alle lieben Glenda. st 1576
– Bestiarium. st 543
– Rayuela. st 1462
Dorst: Merlin oder Das wüste Land. st 1076
Duras: Heiße Küste. st 1581
– Hiroshima mon amour. st 112
– Der Lastwagen. st 1349
– Der Liebhaber. st 1629
– Ein ruhiges Leben. st 1210
Eich: Fünfzehn Hörspiele. st 120
Eliade: Bei den Zigeunerinnen. st 615
– Kosmos und Geschichte. st 1273
– Yoga. st 1127
Eliot: Werke. 4 Bde.
Enzensberger: Gedichte. st 1360
– Der kurze Sommer der Anarchie. st 395
– Politische Brosamen. st 1132
Fanon: Schwarze Haut, weiße Masken. st 1186
Federspiel: Die Liebe ist eine Himmelsmacht. st 1529
– Die Märchentante. st 1234
– Massaker im Mond. st 1286

265/2/6.89

suhrkamp taschenbücher
Eine Auswahl

Federspiel: Paratuga kehrt zurück. st 843
Feldenkrais: Bewußtheit durch Bewegung. st 429
– Die Entdeckung des Selbstverständlichen. st 1440
Fleißer: Abenteuer aus dem Englischen Garten. st 925
– Ein Pfund Orangen. st 991
– Eine Zierde für den Verein. st 294
Franke: Der Atem der Sonne. PhB 174. st 1265
– Endzeit. PhB 150. st 1153
– Keine Spur von Leben. PhB 62. st 741
– Tod eines Unsterblichen. PhB 69. st 772
– Zone Null. PhB 35. st 585
Freund: Drei Tage mit James Joyce. st 929
Frisch: Gesammelte Werke in zeitlicher Folge. 7 Bde. st 1401-1407
– Andorra. st 277
– Herr Biedermann und die Brandstifter. Rip van Winkle. st 599
– Homo faber. st 354
– Mein Name sei Gantenbein. st 286
– Der Mensch erscheint im Holozän. st 734
– Montauk. st 700
– Stiller. st 105
Fromm / Suzuki / de Martino: Zen-Buddhismus und Psychoanalyse. st 37
Fühmann: 22 Tage oder Die Hälfte des Lebens. st 463
– Bagatelle, rundum positiv. st 426
Fuentes: Nichts als das Leben. st 343
Gabeira: Die Guerilleros sind müde. st 737
Gandhi: Mein Leben. st 953
García Lorca: Dichtung vom Cante Jondo. st 1007
– Das Publikum. Komödie ohne Titel. st 1207
Gauland: Gemeine und Lords. st 1650
Genzmer: Manhattan Bridge. st 1396
Ginzburg: Caro Michele. st 853
– Mein Familien-Lexikon. st 912
Goetz: Irre. st 1224
Goytisolo: Johann ohne Land. st 1541
– Rückforderung des Conde don Julián. st 1278
Gulyga: Immanuel Kant. st 1093
Handke: Die Angst des Tormanns beim Elfmeter. st 27
– Der Chinese des Schmerzes. st 1339
– Das Ende des Flanierens. st 679
– Kindergeschichte. st 1071
– Langsame Heimkehr. st 1069
– Die Lehre der Sainte-Victoire. st 1070
– Die linkshändige Frau. st 560
– Die Stunde der wahren Empfindung. st 452
– Über die Dörfer. st 1072
– Wunschloses Unglück. st 146
Hart Nibbrig: Spiegelschrift. st 1464
Hesse: Gesammelte Werke. 12 Bde. st 1600
– Berthold. st 1198

265/3/6.89

suhrkamp taschenbücher
Eine Auswahl

Hesse: Casanovas Bekehrung und Pater Matthias. st 1196
– Demian. st 206
– Gertrud. st 890
– Das Glasperlenspiel. st 79
– Innen und Außen. st 413
– Karl Eugen Eiselein. st 1192
– Klein und Wagner. st 116
– Kleine Freuden. st 360
– Klingsors letzter Sommer. st 1195
– Knulp. st 1571
– Die Kunst des Müßiggangs. st 100
– Kurgast. st 383
– Ladidel. st 1200
– Der Lateinschüler. st 1193
– Legenden. st 909
– Die Morgenlandfahrt. st 750
– Narziß und Goldmund. st 274
– Die Nürnberger Reise. st 227
– Peter Camenzind. st 161
– Robert Aghion. st 1379
– Roßhalde. st 312
– Schön ist die Jugend. st 1380
– Siddharta. st 182
– Der Steppenwolf. st 175
– Unterm Rad. st 52
– Der vierte Lebenslauf Josef Knechts. st 1261
– Walter Kömpff. st 1199
– Der Weltverbesserer und Doktor Knölges Ende. st 1197
– Der Zyklon. st 1377
Hildesheimer: Das Ende der Fiktionen. st 1539
– Marbot. st 1009
– Mitteilungen an Max über den Stand der Dinge. st 1276
– Mozart. st 598
– Die Theaterstücke. st 1655
Hohl: Notizen. st 1000
Horváth: Gesammelte Werke. 15 Bde. st 1051-1065
– Italienische Nacht. st 1053
– Geschichten aus dem Wiener Wald. st 1054
– Glaube Liebe Hoffnung. st 1056
– Don Juan kommt aus dem Krieg. st 1059
– Jugend ohne Gott. st 1063
– Ein Kind unserer Zeit. st 1064
Hrabal: Erzählungen, Moritaten und Legenden. st 804
– Harlekins Millionen. st 1615
– Das Städtchen am Wasser. st 1613-1615
Hürlimann: Die Tessinerin. st 985
Hughes: Ein Sturmwind auf Jamaika. st 980
Im Jahrhundert der Frau. st 1011
Innerhofer: Die großen Wörter. st 563
– Schöne Tage. st 349
Inoue: Die Eiswand. st 551
– Der Stierkampf. st 944
Janker: Zwischen zwei Feuern. st 1251
Johnson: Berliner Sachen. st 249
– Das dritte Buch über Achim. st 169
– Ingrid Babendererde. st 1387
– Mutmassungen über Jakob. st 147
– Eine Reise nach Klagenfurt. st 235
Jonas: Materie, Geist und Schöpfung. st 1580
– Das Prinzip Verantwortung. st 1085
Joyce: Anna Livia Plurabelle. st 751

265/4/6.89

265/5/6.89

suhrkamp taschenbücher
Eine Auswahl

265/6/6.89

suhrkamp taschenbücher
Eine Auswahl

Nossack: Bereitschaftsdienst. st 1460
Onetti: Das kurze Leben. st 661
– So traurig wie sie. st 1601
Oz: Im Lande Israel. st 1066
– Mein Michael. st 1589
Paz: Essays. 2 Bde. st 1036
Pedretti: Harmloses, bitte. st 558
– Die Zertrümmerung von dem Kind Karl. st 1156
Ernst Penzoldts schönste Erzählungen. st 216
Percy: Der Idiot des Südens. st 1531
– Lancelot. st 1391
Platschek: Über die Dummheit in der Malerei. st 1139
Plenzdorf: Gutenachtgeschichte. st 958
– Legende vom Glück ohne Ende. st 722
– Die neuen Leiden des jungen W. st 300
Poniatowska: Stark ist das Schweigen. st 1438
Proust: Auf der Suche nach der verlorenen Zeit. 10 Bde.
– Briefe zum Leben. st 464
Puig: Der Kuß der Spinnenfrau. st 869
– Der schönste Tango der Welt. st 474
– Verraten von Rita Hayworth. st 344
Rochefort: Frühling für Anfänger. st 532
– Eine Rose für Morrison. st 575
– Die Welt ist wie zwei Pferde. st 1244
– Zum Glück gehts dem Sommer entgegen. st 523
Rodoreda: Auf der Plaça del Diamant. st 977
– Der zerbrochene Spiegel. st 1494
Rolfs: Rost im Chrom. st 1648
Russell: Eroberung des Glücks. st 389
Sanzara: Die glückliche Hand. st 1184
– Das verlorene Kind. st 910
Schimmang: Das Ende der Berührbarkeit. st 739
– Der schöne Vogel Phönix. st 527
Schivelbusch: Intellektuellendämmerung. st 1121
Schneider: Philipp der Zweite. st 1412
– Dem lebendigen Geist. st 1419
Semprun: Die große Reise. st 744
– Was für ein schöner Sonntag. st 972
– Yves Montand: Das Leben geht weiter. st 1279
– Der zweite Tod des Ramón Mercader. st 564
Shaw: Der Aufstand gegen die Ehe. st 328
– Mensch und Übermensch. st 987
Sloterdijk: Der Zauberbaum. st 1445
Soriano: Das Autogramm. st 1252
Steiner, J.: Auf dem Berge Sinai sitzt der Schneider Kikrikri. st 1572
– Ein Messer für den ehrlichen Finder. st 583
– Das Netz zerreißen. st 1162
Sternberger: Drei Wurzeln der Politik. st 1032

265/7/6.89

suhrkamp taschenbücher
Eine Auswahl

Sternberger: Herrschaft und Vereinbarung. st 1289
– Die Politik und der Friede. st 1237
Stierlin: Delegation und Familie. st 831
– Eltern und Kinder. st 618
– Das Tun des Einen ist das Tun des Anderen. st 313
Struck: Lieben. st 567
– Die Mutter. st 489
Strugatzki / Strugatzki: Der ferne Regenbogen. PhB 111. st 956
– Die häßlichen Schwäne. PhB 177. st 1275
– Eine Milliarde Jahre vor dem Weltuntergang. PhB 186. st 1338
Tendrjakow: Die Abrechnung. st 965
– Frühlingsspiel. st 1364
Unseld: Der Autor und sein Verleger. st 1204
– Begegnungen mit Hermann Hesse. st 218
– Peter Suhrkamp. st 260
Vargas Llosa: Gespräch in der ›Kathedrale‹. st 1015
– Der Hauptmann und sein Frauenbataillon. st 959
– Der Krieg am Ende der Welt. st 1343
– Tante Julia und der Kunstschreiber. st 1520
Wachenfeld: Camparirot. st 1608
Walser, M.: Die Anselm Kristlein Trilogie. st 684
– Brandung. st 1374
– Ehen in Philippsburg. st 1209
– Ein fliehendes Pferd. st 600
– Halbzeit. st 94
– Jenseits der Liebe. st 525
– Liebeserklärungen. st 1259
– Die Ohrfeige. st 1457
– Das Schwanenhaus. st 800
– Seelenarbeit. st 901
Walser, R.: Fritz Kochers Aufsätze. st 1101
– Der Spaziergang. st 1105
– Seeland. st 1107
– Geschwister Tanner. st 1109
– Jakob von Gunten. st 1111
– Der Räuber. st 1112
– Wenn Schwache sich für stark halten. st 1117
Watts: Der Lauf des Wassers. st 878
– Vom Geist des Zen. st 1288
Weber-Kellermann: Die deutsche Familie. st 185
Weiß, E.: Franziska. st 785
– Der Aristokrat. st 792
– Georg Letham. st 793
– Der arme Verschwender. st 795
– Der Augenzeuge. st 797
Weiss, P.: Das Duell. st 41
– In Gegensätzen denken. st 1582
Wilhelm: Die Wandlung. st 1146
Wilson: Brüchiges Eis. st 1336
Winkler: Das wilde Kärnten. 3 Bde. st 1042-1044
Zeemann: Einübung in Katastrophen. st 565
– Das heimliche Fest. st 1285
Zweig: Brasilien. st 984

265/8/6.89